鲁迅文学院第二期公安作家研修班学员作品选

追梦

全国公安文联◎编

群众出版社·北京·

图书在版编目（CIP）数据

追梦：鲁迅文学院第二期公安作家研修班学员作品选／全国公安文联编．—北京：群众出版社，2014.2

ISBN 978－7－5014－5213－2

Ⅰ.①追…　Ⅱ.①全…　Ⅲ.①中国文学—当代文学—作品综合集　Ⅳ.①I217.1

中国版本图书馆 CIP 数据核字（2014）第 022273 号

追　梦

全国公安文联　编

出版发行：群众出版社
地　　址：北京市西城区木樨地南里
邮政编码：100038
经　　销：新华书店
印　　刷：北京蓝空印刷厂

版　　次：2014 年 2 月第 1 版
印　　次：2014 年 2 月第 1 次
印　　张：14.125
开　　本：890 毫米×1270 毫米　1/32
字　　数：388 千字

书　　号：ISBN 978－7－5014－5213－2
定　　价：48.00 元

网　　址：www.qzcbs.com
电子邮箱：qzcbs@sohu.com

营销中心电话：010－83903254
读者服务部电话（门市）：010－83903257
警官读者俱乐部电话（网购、邮购）：010－83903253
文艺分社电话：010－83901330　　010－83903973

领导与学员合影

目录

小说

散 文

诗　词

报告文学

电影文学剧本

文学评论

追逐在公安文学之梦的路上

（代序）

祝春林

新春伊始，一本厚厚的《追梦——鲁迅文学院第二期公安作家研修班学员作品选》摆在我面前，仔细翻阅，欣喜油然而生。这是鲁迅文学院第二期公安作家研修班全体学员创作成果的一次集中展示，也是公安文学繁荣发展的又一精彩集结。

文化是民族的血脉，文学是时代的号角。公安文学是各门类公安艺术创作的母体，其繁荣必然会带来公安文艺的兴旺。国务委员、公安部部长郭声琨同志指出：建设学习型公安机关、打造高素质公安队伍，必须牢固树立文化育警理念，大力实施文化强警战略，培养造就一支德艺双馨的公安作家群，创作一批优秀的公安文学艺术精品。基于此，全国公安文联和部宣传局按照部党委、政治部安排部署，在人训局、装财局、公安大学、人民公安出版社和人民公安报社等单位大力支持和配合下，经过与中国作协、鲁迅文学院多次研究磋商，创办了鲁迅文学院公安作家研修班这一全新的公安作家养成机制。鲁迅文学院是我国唯一的国家级文学培训教育机构，被誉为中国文学最高殿堂、当代中国作家的“摇篮”。全国公安文联与鲁迅文学院合作举办公安作家研修班的成功范例，开创了用国内一流文学教育资源成规模、成系统培训公安作家的先河，可谓“破冰之旅”。

研修班举办了两期，效果已初步显现。我们欣喜地看到，来自全国各地的研修班学员，牢记重托、不辱使命，心怀虔诚、孜孜以求，边学习、边思考、边创作，辛勤耕耘，佳作迭出，已成为公安文学创作的骨干和中坚力量。第二期研修班结业在即，全体学员又自发地把创作成果汇集起来，形成了这一作品选，以多彩的笔墨，艺术再现了火热的公安斗争生活，真切表达了中国梦、警民情，唱响了公安文学的时代主旋律。细细翻看，小说、散文笔法细腻，诗词感情饱满，报告文学气势恢宏，文学评论和剧本创作也都有可贵探索。通过这个集子，让人看到了不断发展壮大的公安作家群体方阵，听到了他们豪迈奋进的铿锵足音。

研修班成功举办并取得初步成效的实践证明：对于具有一定创作实力与培养前途的中青年公安作家和文学爱好者，由部政治部统一组织，充分发挥公安文联职能作用，借助鲁迅文学院这一我国培养造就优秀作家的最高平台，对他们进行集中培养教育，帮助其提高文学修养、更新文学观念，提升综合素质和文学创作水平，提高理解、贯彻部党委文化育警、文化强警决策的能力，是尽快造就一支有志于献身公安文化事业、德艺双馨的公安作家群，创作一批优秀的公安文学艺术精品的创新举措和有效途径。其重要作用和意义，将随着公安文学的发展繁荣而日益凸显出来。

伴随全国各族人民向着全面建成小康社会和实现中华民族伟大复兴中国梦奋勇前进，公安事业正在不断创新发展，这也为公安文学创作提供了取之不尽、用之不竭的富矿和源泉。新一代公安作家迎来了一个辉煌繁荣的大时代，正以公安文学之梦践行中国梦。相应地，公安文学应该有更加厚重的史诗巨作涌现，公安作家群应该有更耀眼绚烂的星光闪烁在中国当代文学的星空。研修班学员好比一粒粒公安文学的种子，已经经过了阳光的抚慰和雨露的滋润，让我们共同期待她的生根、发芽、开花和结果，共同期待公安文化百花园早日繁花似锦！

是为序。

二〇一四年二月

（本序作者系全国公安文联主席）

小说

手 机

程 峰

老家的农村，用手机的仍然不多。不像城里，男女老少，人人手里都拿个话匣子。村头有家小卖部，小卖部有电话，外出务工的人有事，就把电话打到这里。不是买不起，好像是大家养成了习惯，电话打到小卖部才算打到家里。小卖部的胖大婶是热心人，嗓门儿大，谁家闺女媳妇儿子老公来电话，她就扯着嗓门儿喊。村子不大，四十来户，胖大婶一喊，全村人都听见了。大人之间互相就会问，就会议论，好像过节一样。

中秋节，胖大婶的邻居王福贵有了手机。他儿子王一水回来扫墓，临走前，花三百块钱买了部老年人手机。王一水说：“爸，您一人孤单，买个手机做伴，也方便联系。”王福贵正吸着烟，想着儿子又要走，心里不好受，他闷声闷气地说："要这玩意儿干啥，费钱，有事跟胖大婶说一声。"王一水说："老麻烦别人不好。"王福贵就不说话了。儿子说得有理，难得有孝心，高兴都来不及呢，听儿子的。王一水教王福贵怎么用手机。王福贵粗大的手第一次拿手机，觉得又凉又滑，手心里痒，像摸着孩子他娘年轻时的皮肤。反复试几次，王福贵有些急，他怕误了儿子赶车的时间："我会用了，你快走吧，多打电话。"王一水提了装衣物的蛇皮袋出门，看着立在门口的白发父亲和破旧的屋子，心里不是滋味。

儿子走后，王福贵寻思，这么金贵的东西丢了可不行，就用老伴留下的花裤头，缝了个布袋子，把手机装里面。从这以后，手机成了王福贵的宝贝疙瘩，晚上睡觉压枕头底下，出门走路吊脖子上。他活动的范围越来越大，已经走到一公里外的沙土村了。从身边走过的村民，有的停下来问，王福贵，你脖子上拴根牛绳干什么？他只是笑笑，不答话。心想，你们挖苦也没用，有本事叫你儿子买去。这样一来，全村人都知道王福贵有手机。往常他对猪叫牛叫很敏感，能从它们的叫声中听出是饿了还是病了。现在注意力全在手机上。他觉得手机铃声好听，跟树上的鸟叫声、沟里的流水声一样好听。

初八上午，王福贵去二姑家喝喜酒。刚出门，看见包工头刘天雄，双手抱胸和几个村民说话。他走过去听，不插话。手机响了，他以为是他的手机响，赶紧拿出来放耳朵上，大声说道："一水，一水……"没人应，拍拍手机，还是没人应。刘天雄说："王福贵，你手机没响，是我手机响。"众人哄地一下爆笑。他的脸立马被羞得发热，恨不得找地缝钻里，暗骂道，王一水，你弄个破东西，让老子丢人呢。转身摘了布袋放衣兜里，悻悻地走开，一下子没了喝喜酒的心情。

从二姑家回来，他就闹起肚子。茅厕在屋后，是稻草盖的棚子，便池是口大水缸，搭两块木板垫脚，人就蹲在上面。这一段日子光顾着手机，茅厕路上的枯草都忘了割。王福贵跑得急，杂草把他裤兜里的花布袋子扯了出来，掉在地上，他由它，反正没长脚。

拉完回屋，刚想喝水，又有了。手机搁饭桌上，赶紧奔屋后。他蹲着叹气：年轻时打赌，吃下过一斤半猪肉，今天吃两块，肚子就不中用了。也是让那个刘天雄气的，弄老子一身不舒服。

肚里的花花油水倒完了，身子骨轻松下来，他开始用手拔草。这活农村人都会，跟拔秧苗拔萝卜差不多。枯草浅，草根连着泥土石子，拔出来刷刷响。茅厕前的杂草不多，一袋烟的工夫就干完了。回屋洗手抽烟喝水，他发现饭桌上的手机不见了，脑子轰的一下，手一摸，头上渗出冷汗。这才觉着刚才的时间有点儿长。赶紧找赶紧找，他催自己。房前屋后，床上地下，鸡窝猪圈，翻个遍，不见手机的影子。他有点儿疯，鸡狗都被吓得往外跑，老鼠慌张地从谷箩里逃出来往洞里钻。

胖大婶从小卖部里走出来，斜眼看着邻居家。她猜到他家发生了什么事，心里骂道：王福贵呵王福贵，你有个破手机就了不起了，就不买我店里东西了，不跟我说话了，不跟我做邻居了，你也有今天。

胖大婶想看个究竟。王福贵正好走出屋外扯头上的鸡毛，停下手问："大婶，好久不见，刚才你有没有看见……"胖大婶扭过头不理他，进了小卖部。王福贵站在玻璃柜台外："大婶，怎么不理人呢?"胖大婶劈头盖脸地答："理你个屁，你个不知好歹的东西。你说，我哪一次耽误你们家儿子接电话了？你生病，我哪一次没有给你喊人送你去医院了……"胖大婶越说越生气。王福贵任由她骂，听话听音，他明白了，是手机惹的祸，把邻里给淡了。他连忙道歉："大婶，我错了行不，怪我见到了鬼。我把它找回来扔掉。我们还是好邻居，你还是我大婶。"听这么一说，胖大婶气消了些，她挥挥手，叫王福贵到柜台里面，贴耳朵说："陆火炎的孙子牛崽进了你家里。你别说是我说的呀。"他点点头："这事我烂肚里。"

胖大婶说的牛崽，七八岁上下，这么大的孩子，村里有好几个。父母在广东、浙江、上海、北京打工，一年难得回家一次，孩子从小跟着爷爷奶奶过日子。牛崽的奶奶带着他。家中的独孙，看得重，养成了顽劣性格。他头圆眼大，敢用脑门儿撞树，伙伴们都怕他。他跟王福贵打过一次照面。有一回，王福贵脖子上吊袋子迎面走来，他冲过去想摸一摸手机，被王福贵一巴掌打倒在地，啃了一嘴泥巴。他起身，狠狠瞪了王福贵几眼。

王福贵嘴上说把手机扔了，心里却是舍不得，毕竟是儿子花钱买的。打工挣钱不容易，分角都是血汗。儿子回来，看着一次比一次显老，他心里疼。

王福贵直奔牛崽家。牛崽奶奶说孙子一早出去，现在魂也没落屋。路过金花家门口，他拦住几个正在打闹的孩子，问："见着牛崽了吗?"孩子们摇头，挣脱他的手，跑开了。他猜到了大概，顺着小路往村后的背岭山上去。牛啊、猪啊、鸡啊、狗啊都在路上，村里的路不怎么干净。王福贵记得，村集体那时候，村里隔天就来一次大扫除，男女老少齐上阵，干净得连根草都没有，更别说猪屎狗屎了。现在村里只有老人孩子，卫生的事早没人管了。

山上有牛栏、稻草垛。牛栏是砖木砌成，稻草垛距牛栏十来米，有二层楼那么高。每年割了晚稻，村民们就把稻草捆好，晾在田地。几日过后，运到背岭山上，又砍来碗口粗的树，立在地上，然后围着树，把稻草一层一层往上码，越往上越小，状如蘑菇。冬天野地里的草黄了，牛拴在牛栏里，吃干稻草。农村孩子四五岁就放牛，除了家里、学校，就在牛栏里、稻草垛里，看书、打闹、嬉戏、捉迷藏。在这里哭，在这里笑，度过童年、少年，直到能干重活，奔外面闯荡。王福贵打小就是这么过来的。他知道，村里孩子有什么事、有什么秘密，爹打了、娘骂了、逃课了，十有八九来这里。牛栏、稻草垛系着农村孩子的情感。

他看到牛崽靠在稻草垛上，头上身上满是草屑，脖子上挂着布袋，脸上脏兮兮的，两手不停拍打着手机。王福贵感觉他就像在打自己的脸。他轻轻绕到牛崽身后，一下把他扑倒在地："你小子胆子不小，敢偷老子手机!"他闻到很重的牛粪味儿，他喜欢这味儿，甜滋滋的，心里踏实。

牛崽被压得喘不过气，嗷嗷叫，手脚乱蹬。王福贵也觉得扑得猛了，气紧，年轻时，扳倒一头牛也没这么累。"说，为啥偷老子手机?”他嗓子发哑，一口痰哽住喉咙。牛崽一动不动，把头埋进稻草。王福贵怕把人憋死，拉起来，咳咳几声，黄痰吐在牛粪上，比牛粪还难看。他上气不接下气地说：“兔、兔崽子，为啥偷老子手机?”

牛崽两手垂立，眼睛看天，双唇紧闭，任由摆布。王福贵没辙，知道他跟他爹一样犟。他拉扯着牛崽往山下走，“老子送你去派出所。”一老一少，小的在前，昂着头，趔趔趄趄；老的在后，小碎步，时不时推一把。正好日头落山，两人拉长的影子印在牛粪上。

王福贵不敢相信，心里想着警察，眼前果真出现了，莫不是遇到了鬼？十米开外，一位高高瘦瘦、三十来岁的警察站在路上，旁边停着摩托车，脸上带了些笑，正等着他们下来，待近了，问：“大爷，你爷孙俩闹别扭了?”

王福贵确认，那站着的是真警察。他像见到救星，清了清嗓子，身上来了劲儿，一把抓住牛崽的衣领，三步并作两步推到警察面前，说：“派出所的来得正好，这小子偷老子手机，非治治他不可。”他气势汹汹，恨不得立马把人拉出去毙了。

民警叫许春，刚调来两个月，他想快点儿把人头弄熟，所以早出晚归，在辖区的村子里转。今天正准备回派出所，看见一老一少从坡上下来，神情不对，就停了车，想弄个究竟。

他见孩子虎头虎脑，却身体单薄，衣衫破旧，打着补丁，鞋子上尽是泥巴，脚上连袜子也没穿。他想起自己小时候，赤脚走路，常常踢破脚趾头。许是害怕，孩子低着头不说话，两腿瑟瑟发抖，不由心生怜悯。见老人抓着小孩不放，肯定不是爷孙，心里不快：在我面前摆横，什么意思？许春沉下脸来，眼睛直视，语气严厉道：“老人家，你把手放下来，有事慢慢说。你俩叫什么?”

王福贵种一辈子地，没跟警察说过话，只在电视里看过，飞檐走壁，百步穿杨。没想到，真警察比电视上还叫人生畏，话里带刀，不容抗辩。他心里发虚，赶紧放下手，半天才开口解释：“我叫王福贵，他叫牛崽，是村里胡天鹅的儿子。我中午拉泡屎，手机放屋里，回转就不见了。逮着他，正拿着手机在草堆里玩儿，问他为啥偷，就是不说，像他爹，木头棍子。”

许春把叫牛崽的孩子拉到身边问：“你拿他手机了？”牛崽“嗯”了声，如蚊子声音那么大。“要手机干什么？”

迟疑数秒，牛崽忽然两手蒙眼，大哭起来，“呜呜呜……”哭声响亮，惊飞了树上的麻雀，稚嫩的脸上，泪水像洪水一样流下来。他边哭边说：“我、我没钱，我想给妈妈，打电话，呜呜呜……”他蹲下来哭，哭得很伤心、无助，他衣裳单薄，肩膀瘦弱，几乎可以看见骨头在抽搐。

原来牛崽偷手机，是要给妈妈打电话。许春心头一震，胸口发紧，涌起心酸。王福贵愣了，以为自己抓了个小偷，到派出所威风领赏，早知道这样，何不让牛崽打一个？这样想着，他撩起棉袄，不住地抹眼睛。他看见许春蹲下来，用手替牛崽擦着眼泪：“牛崽不哭，现在给妈妈打电话。”

八岁的孩子说不哭就不哭，泪水如洪峰关闸，来得快去得也快。牛崽应了一声“好”，语气已是孩子受宠的模样。王福贵觉得刚才过分了，应先问问，事情也不会弄这么大。他心里过意不去，摸摸索索找手机：“牛崽，拿爷爷的打！”“你手机没电。”牛崽冒出一句。王福贵两手僵在衣袋里，怪不得这小子刚才拍打我手机呢。

许春把手机给牛崽，问：“你会用手机？”牛崽接过手机，兴奋地答道：“妈妈教过我。”然后，不好意思地跑到路边，给妈妈打电话。

王福贵和许春聊起了天，许春向他问些村里的情况。又谈起牛崽，他告诉许春，这孩子可怜，没有爷爷，父亲前两年去世了，奶奶带他，家里全靠他残疾的母亲打工过日子。王福贵叹口气，唉，乡下孩子都这样，多着呢。许春不说话，听他说。

一会儿，牛崽的电话打完了，他双眼发亮，面颊绯红，泪痕印在脸上，用衣袖擦了擦鼻涕泡，他把手机送还给许春，说：“谢谢叔叔。”他鞠了个躬。

天暗下来，鸟儿赶着往山林里飞。

许春拿出一百块钱给牛崽，说："回家叫奶奶买些肉吃。"然后骑上摩托车，"王大爷，这事就算了，孩子可怜，教育为主。"又对牛崽说："跟爷爷回去。记住了，千万不能拿别人东西，拿别人东西犯法，知道不？"牛崽点点头，依依不舍。

王福贵笨拙地挥手，立在那儿，直到摩托车看不见。

晚上，王一水打来电话："爸，爸……"他听到牛崽的声音："一水叔，一水叔，我是牛崽。""电话怎么在你手上？""爷爷送给我玩儿。爷爷说，你有事，打到小卖部胖大婶那里。"他糊涂了，给爸爸的手机，不是白买了吗？！

作者简介：程峰，全国公安文联作家协会会员、鲁迅文学院第二期公安作家研修班学员。曾在《人民日报》、《啄木鸟》杂志等报刊发表报告文学、散文等。现为江西省公安厅宣传处副处长。

鲍哥的草原（外一篇）

崔楸立

记得十年前在我的房间1303，我和你坐在临窗的沙发上闲侃，我说北京这雾霾天气，真烂。你仰着头说，和我们那里简直没法比，我们家乡的草原，那真是想多美有多美，更重要的是你鲍哥我的草原。

兄弟，你什么时候去，我带你去看哥哥的草原。

十天前，我和你弟妹说，走吧，我们去鲍哥的草原。你弟妹你还记得吧？十年前胖胖的、圆圆的脸，不会说客套话，你敬她酒她就干。那天多少号来着，我在日记里记下来了，我去翻翻。是12月3号，星期三，你弟妹到学校探班，其实就是想看看兄弟我是否有“花边儿”事件，你和景姐、玉山大哥轮流请她吃饭。

第一次景姐安排到咱们学校的绿苑饭店。那饭店新开张还没几天。景姐点了好大的一桌菜，好不丰盛，还邀请好多同学作陪，盛情款待，推杯换盏，同学们可把我夸了个遍呢，可让我在你弟妹面前露了次脸。

那次我记得景姐趟了地雷，绿苑饭店里间和外间是同一个老板，但却是两种价格。里面是外面价格的四倍，甚至有的菜四倍还多，景姐一埋单，花了不少钱。后来玉山大哥仍在那里请我们夫妻，有位同学在现场说了句实在话。就是人疼有两种：一是割你的肉，二是花自己的钱。我想说什么呢，鲍哥，咱不说了，我带着你弟妹来看你，看你的草原！

我们到的头一天晚上，你披着夜色赶到宾馆安排房间。我们哥俩还那样，在房间临窗地方喝茶说着昨天，明天。你说明天带我们去家乡最美的草原，那里有和你从小玩儿到大的亲密伙伴，而且在那里执掌一方，吃喝全免，咱们玩儿什么都不花一个子儿；那烤羊肉嫩香脆，还有蒙古姑娘能唱草原歌曲，一次次给你献哈达，把你灌得稀巴烂。你弟妹说，大哥，还是别让你兄弟喝了，你们都当了爷爷的人了，还这么强劲地喝，对身体那可是摧残。

我问你在什么方向，你说是离着县城不远。我说那太好了，你有些诧异，怎么啦？

我看了你弟妹一眼，和你解释，我工作时候辖区的一个小子经常犯事，我没少感化教育他，前一段打电话说在你这边发了财，非邀请我过来玩儿玩儿，还说不麻烦他呢，真要是去那里，我给他打电话让他也得安排安排咱。

你说不用叫他，不用叫他，让我那伙伴办，他放着权力不使，下台就作废了。

我说那不行，我在任上时候没少给那小子帮忙，几百里地来了，怎么也得让他破费一下。

你寻思寻思也是这么回事。

我就给我老家的老板打电话，你给你的伙伴打电话。我说老板，在丰宁吗？我老家的老板一听是我，非常兴奋，说，所长呀！

有事？我说我到丰宁了，你不是在这里做土豪分田地了吗？老家老板说，嗯哪，所长呀，我天天想夜夜盼，自己的队伍终于出现在眼前……老板想唱《林海雪原》。我说停，明天我给你介绍鲍哥，我好大哥。

你在你电话里和你伙伴说，哥们儿，明天在草原那里不见不散，我兄弟有个老乡大款在那儿发财，你见机行事。对方语气态度对你毕恭毕敬，说明白，明白，随时听候鲍哥差遣。

第二天清早我们夫妻刚刚洗漱完，你就和大嫂风风火火地赶过来了，陪我们吃早点。大嫂还领着个五六岁的小胖小子，你说这是外孙子，跟着你三四年了，放不下了，没外孙子你退休后没事干还真不习惯。

我们正说着，我老家的老板开着辆进口车赶过来了，见了我面客气得要命，看那外表还真是大款。我给他介绍，这是鲍哥，以后在这个地头上有什么事说话，都能给你办。

你握着老板的手说，在我这个地方多少年了？我怎么从没听说过呀？那老板一听脸色就有点儿发蓝。我说哥哥，人家是大老板，相当有实力，公司开了五家，准备上市呢。

你说后生可畏啊。

我们一起上了车，你介绍沿途的风光景色如指点江山。

大约过了两个小时，车子爬上了一高高的坝子，视野突然被整个打开，那无垠的绿草直抵天穹，绵羊成群如流淌的云朵，蒙古包如盛开的朵朵棉花，雄鹰在上空盘旋飞翔，更有牧羊姑娘，挥动着鞭子纵情地歌唱。

你无比自豪，兄弟，这就是哥哥的草原，生我养我的草原。山包下哥哥和伙伴在那里抓过野兔，小河旁哥哥曾经和你大嫂在那里约会相见。

这就是鲍哥的草原！世上最美的草原，承载着多少童年记忆、青春梦想的草原。

有人牵过两匹温顺的马来，你说，兄弟，怎么样，我们在知天命的年纪来个策马扬鞭？

好！兄弟俩有多少十年，又有多少次相见，就算摔下马去长眠不起也心甘情愿。

我们那是跃马飞驰吗？这两匹老马啊！哈哈……载着我们的友情驰骋在宽广的草原。

你说兄弟你早就应该来，我说大哥你也要到我那里转转。你讲着你十年里的故事，我说着我十年中的春秋。

那天你伙伴给我们端来最香的奶茶，我家乡的老板请我们吃最可口的农家饭。我们欢声笑语呀，仿佛回到了十年前，回到了五十位同学朝夕相处的鲁院高研班。

嫂子在一旁陪你弟妹说着家长里短，她们像一见如故的老姐妹，亲热的话语怎么也说不完。

晚上在最豪华的酒楼里聚餐，我老家小老板和你那哥们儿争得面红耳赤，都是热心肠，都想表现。我俩那个感动呀！怎么呢，我说鲍哥，余情犹在，你说兄弟，德存人心呐！

我们没喝酒，但都醉了。醒来的时候，太阳早高挂在草原上空。我对你说，大哥，刚才小老板说了今天回家，我正好与他同返。

你说，这怎么行，才住了一晚，哥哥的盛情还没表达完。

我说，来了就是兄弟见见。

你说，就多住几天，再过几年哥俩都老得走不动了，就是想见都困难。

我看见你眼圈儿又红了，心里也酸。你说你还想把草原那头的韦林和海霞叫过来，大家团圆团圆。

我说是呢，这个十年可真是一眨眼呢，今天来了，也算圆了心愿，终于看到了哥哥的草原。

美不美？你的语气犹如当年在我的1303。

我说美，我更高兴的是大哥和嫂子健康平安。

这时，你那哥们儿走过来对你挤了挤眼，你和他走到一旁轻声交谈，过了会儿你气恼地走过来，伸出老手推搡了我一把，你小子，怎么还跟我演暗战呀？

然后指着那小老板，你小子到底是干什么的？家乡小老板红着脸，低着头不发一言。

我说，哥哥你别生气，你那个哥们儿不也潜伏得不一般？

家乡老板，不，我侄子大宇过来说，鲍叔，你别生气，我老叔老婶过来看看你，知道你讲情义，担心你破费太多，就让我装个地主到这里结个账钱。

你说不行，你花的钱让我伙伴都给你，一分不少，到这里能让你花钱，多寒碜？说完，你那个伙伴掏出一沓子钞票给我侄子点。

我拦住他。对你说，你这个伙伴不也是你的表弟吗？这些都是你的钱。你弟妹都在大嫂那里侦查清楚了，你我谁花多了心里都不舒坦。

我和你迈步走上北坡，前面是更深情的草原。你说韦林和海霞在草原的那头呀，我每天都对着他们喊一喊。

我和你孩童般地放声高喊，林林，霞霞，吉祥平安！……声音响彻云端。千里之外的同学们一定能够听到，将这份情谊收藏回传！

我回过头，大哥，你头发都白了，你说兄弟，你也秋霜尽染。都好好的吧！嗯，都好好的！

你下个旅程是哪里？

我去看山哥的大连，景姐的济南，富强的沂源。大哥，我们敬个礼吧！还像结业的那天。

好。

敬礼！

敬礼！

鲍哥，再见！再见，鲍哥的——草原。

一号线

从公大北门向北直行大概八百米就是地铁一号线，我们所有学员在初来北京的时候，没有想过坐公交要比乘坐地铁更省力、更经济。我们经常单独或结伴从公大北门，过昆玉河，穿过熙攘嘈杂的小路，到达木樨地地铁南口，然后在人潮大流中奔赴各自的前方。

还有人说，来到北京不去挤挤北京地铁，那就是没有到过北京城。

尤其早上八点左右，那是乘坐地铁的最高峰期，人们直直地挤贴在一起，万分可怕又异常壮观！整个列车就像一根营养多肉的京华火腿。

纪小强有段关于挤地铁的笑话：说有两名刚从北京回来的妇女聊天，其中一个说，哎呀！北京地铁太可怕了，我刚怀孕三个月，坐了一趟地铁给挤流产了。另一个说，拉倒吧，你够幸运的了，我挤了一次地铁，给挤怀孕了。

纪小强是山东人，好多同学说他像某位偶像派影星，我和小雪也无数次审视过，并在纪小强面前直接赞美，小强，你丫还真像总是被女人踹来踹去的那谁。那谁？那谁呗！

我俩然后就快乐不已。小雪是都匀人，贵州都匀，她说她那里是山美水美人更美，祖国西南部美丽的大花园。

说不清有多少次，我们三个人吃过晚饭，夸张纨绔地从北门并排走出去上地铁，一号线、二号线、五号线自由穿行。

我真希望下面说的这件事是我杜撰的，可惜不是。

那天星期几已经记不得了。仍然是吃过晚饭，纪小强说，昨天晚上景姐几个人回来，在地铁一号线上和地铁艺人 high 了一把！

我艳羡不已，真的？

小雪点了点头，真的，我也看到景姐微博晒的图片，地铁少年一把吉他，一身潮装，发型奇异，动作歇斯底里。

我们渴望在京城的某处遇到那些凡人中的另类凡人，他们许是未来某个时期的焦点，或是因某种情形声名鹊起。这些凡人和我们一样，但他们和我们又不一样。我们和他们每天都会侧身而过摩肩接踵。吉他少年啊！文艺青年，让我们相遇，我不想与你失之交臂。

那天非常让人失望，从木樨地站到四惠桥东来回两个多小时的时间里，我们都没有遇到吉他少年和类似吉他少年的人，我们如三只岸边搁浅的鱼，在地铁内被人们推来搡去。

正在我们万分沮丧看不到曙光的时候，我们第七次遇到了老要。老要是纪小强给起的名字，这名字非常有创意。我们从第一天坐地铁开始，就注意到了老要，却从没像今天这么真正仔细注意过。

纪小强说，老要，你是哪里人？

老要嘿嘿的笑声中有些尴尬，说，老板，哪里不重要撒，我们忒可怜得很呐！

老要说着的时候，双手撑着哑铃般的木脚掌，亦步亦趋，他屁股以下什么都没有，他怎么大小便呢？他身体高度不到六十厘米，使我联想起童年时候的玩具小猴翻单杠。

老要说，老板哟，出车祸了撒，老婆没了，女儿六岁哟，吃饭哟，老板施舍些，善有善报哟！

老要所谓的女儿，头发又脏又乱，双眼慧黠，她趁老要和我们说话，用小手去拽其他乘客的衣服。

毋庸置疑，这是一对假父女。

据某报记者深入调查，地铁内的乞讨者，他们每年的收入最低六七万，有的甚至十几万。所以，在地铁里碰到乞讨者，无论他们用什么伎俩，我都会保持一颗强悍鄙夷的心，一分钱都不会施舍给他们。

老要的出现弥补了我们没有遇到地铁少年产生的情绪落差。我想我们应该切实做点儿什么的。老要在经过小雪座位的时候，小雪赶忙向后退了几步，担心弄脏了她新买的百褶裙。女孩过去，满脸可怜巴巴：阿姨，可怜可怜吧！晚上还没得饭吃哩！

我们知道这些都是假的、装的，这些要饭的，这些残疾人，小姑娘、老头儿，他们背后都有一定的组织，他们以此为业、好逸恶劳、坑蒙拐骗，这种人无耻卑劣浑蛋。

在女孩的哀求声里，小雪母爱之情大发，她果然从钱夹里掏出了十块钱，放到小女孩手中，别干了，回家吧！小女孩接过钱故作天真，干干地说声谢谢，小手麻利地把钱放到羽绒服内怀口袋，又继续扶着老要向车尾走去。

小雪说，小姑娘长得好像我哥家的孩子。

看到她眼睛里开始起雾，我“嗨”了一声，都是骗子，一会儿老要就会从屁股底下生出两条腿来，在我们眼皮底下抱着小女孩跑个没影。

纪小强表示赞同，他十分肯定地说，估计老要一家在王府井附近有栋豪宅，他们是高收入者，比我们有钱。小雪瞥了下眼睛，对我俩非常不屑。

我拍了下大腿，你不信是不是？咱们看看这两个人到底是怎么回事行不行？

行！纪小强首先表示赞同。

小雪说，你们有钱就施舍点儿，少干点儿闲事好不好？

我和纪小强都是精力超盛的人，我们瞄准了的事情总是要论证个究竟的。

我们又等了一段较长的时间，目光随着老要父女在地铁里穿梭，最后等到地铁里人迹寥寥，老要和那个小女孩才挪动着走下列车，慢腾腾地向出口走。我们走过去跟在他们身后十几米的地方。

老要每动一下都显得非常吃力，高高的台阶出口，他鼓起腮，嘴巴紧闭，脖子上血管凸出，双手犹如两根遒劲的松树树干，娴熟而铿锵地一凳凳地攀上地铁出口。我看了下时间，老要出地铁口用了十七分钟，是我们常人的三倍。

老要在地铁口出了一口长气，扭头看到我们，他咧开大嘴笑了笑，他清楚我们跟踪他，明显加快了脚步，不，是手步。可他徒劳了，根本无法甩掉我们。

小女孩走两步回头看一看，走几步回头看一看。我们感觉到了她的害怕，她的脚下慌乱了，我们甚至听到了她急促的呼吸声。

老要停下来，嗓门儿好大，老板哟，你们跟着我干啥子嘛？

你喊什么喊，谁跟你，顺路。我和纪小强盛气凌人地得意。小雪在后面拽了我一下，她本来就不支持我们，但自己回去又有些孤单，勉强跟在我俩后面。

我们又随着老要从繁华的街道上拐进一条狭窄的胡同，我想他们的居住地马上就到了，或许有人会出来接应他们，甚至拿刀子和棒子与我们几个人干。

胡同愈走愈深，那个小女孩倒退着身子向前走，她全身发抖，擦了一下鼻涕，脚下被什么绊了一下，她紧张地“啊”了一声，对着高大健全的我们三个人，“扑通”跪了下来，真的，“扑通”一声。

老板，求求你，我们今天没弄来多少，真的没多少，昨天全都给你们了，真的，一分没留，别再打我们了，真的，老板，别再打了……她扯开嗓子哭起来，抱着脑袋伏在地上。我们愣住了！纪小强想过去扶起小姑娘，可刚向前几步，小女孩尖叫一声吓得倒在地上。那晚没有月亮，只有星光，小姑娘绝望的眼神像一面泼过水的镜子，将我们照亮。

在返回的路上，我们三个人谁也没有说一句话。木樨地到公大十分钟的距离，我们仿佛走过了整个冬季。

小强回到宿舍就给家里女儿打电话，他的话多得让家人莫名其妙。那晚，我彻夜未眠，点燃了人生第一支香烟。

从那以后，我和纪小强、小雪再没有一起出去过，十年后我们回忆起京城给我们所有的欢愉和落寞，却唯独不敢讲述地铁一号线。

以后的日子里，我乘坐任何交通工具出差或旅行，我仍然不期望遇到那些令人眼花缭乱的老要们。但是，不管他们以何种形式出现在我面前，我都会拿出一点儿难以启齿的钞票，去履行我人性中的一次善良。

作者简介：崔楸立，河北省作家协会会员、全国公安文联会员、鲁迅文学院第二期公安作家研修班学员。曾出版小说集《红孩子》。现工作于河北省大城县公安局。

高跟鞋

侯国龙

一

我考虑过了，也下定决心了。如果明天晚上她还是穿着高跟鞋走来走去，我就去敲她的门。

“你好，我是住在你隔壁的那个人。”我甚至想好了敲门后要说的第一句话。那个人当然是指我自己——被她严重漠视和打扰过的那个人。她可能会冷冷地说：哦，有事吗？一般像她这样的女人，常会摆出一副冰美人的模样，以为这样才可以显得冷傲、清高、有身份。

也说不定，她会露出一个甜甜的微笑。最可怕的不是她的微笑，她忽闪着眼睛就算不说一句话，凭那混迹了几十年的可爱样儿，就肯定能让人家觉得是我做得不对，八成还认定我是上门道歉来了。

她应该是这样的人。我没别的本事，可看人还是一看一个准儿的，也快要退休了，遇到个事儿或人就爱琢磨琢磨，常常做着手上的事，心里却想着另外一件，还会把两件完全不搭界的事儿联想到一起，反复推敲哪个是因哪个是果，把人或事想得特别糟糕，反正把事情刨根问底了都好不到哪儿去。

我正在赶稿件，中午也不敢休息。一连几天陪焦副局长参加市里的文化艺术节。说累也不累，要像焦副局长那样肯定不累，这里转转那里转转，发发名片握握手，拍拍照片合合影。我就是那个陪他到处逛的人，但我得随时举起相机抓拍他最好的形象，这是我的主要职责。

有一次，焦副局长的一套动作我没拍下来，他就把我狠狠训斥了一通。可这不怪我啊，要怪就怪他姓焦。本来那人，一个风韵犹存的女士，至于是什么头衔和来历，我还真不清楚。焦副局长满脸堆笑地伸出双手，那女人也决定要和他握手了。我连忙凑近准备拍个特写，只听他说：我姓焦。那女人像修道院的处女一样，气恼地扭头就走了，我还老老实实地对着别人的背影拍个不停，直到焦副局长把怨气发在我身上才反应过来。我就是这么一个木讷的人，还好领导觉得我老实本分，所以大多数时候都能容忍我这一点。

这次艺术节是市里花了很大劲儿才争取到的一个大型文化展览活动，已经开幕几天了。凡是与文化可以搭配组合的东西都可以展览，有雅有俗，书展、影视展、民间艺术等。就连性文化也占了好大一块地儿，摆了好多古代和现在的性玩意儿。焦副局长看了连说：太厉害了，看得让人受不了。我也连连点头说：是的，真稀奇。

我以前可不是这样的，起码不会立即迎合领导。有时整天板着脸不说一句话，像谁都欠我钱似的。后来，领导找我谈过几次心，夸我工作踏实，做了很多不可替代的贡献，争取下半年给我提个正科。这事落谁头上都得高兴，我也好扬眉吐气地拍屁股走人了。于是我开始经常鬼使神差地说些奉承话，可又说不好，只能鹦鹉学舌般地重复着领导的半句话。

我们单位是市里的直管部门。局长去北京开会了，焦副局长是单位二把手，也只有他能代替局长参加这次活动了。对于他来说，这绝对是个立马扬威的好机会。这么大的一个活动，文化圈众名流、各级政府领导肯定不少。焦副局长还是有些想法的，自己头上骑个人肯定不舒服，单位也有这样的传言。

二

写完稿件已经是下午时光了，我想躺着小眯一会儿。焦副局长中午有个重要的饭局，没让我陪，电话叮嘱我抓紧时间写稿件。他从来不会关心我这样的下属，来了几天没喊我吃过一顿饭，连我住哪层哪个房间都不知道。他需要的时候就会让我出现，不需要的时候我自行离开，就算我告诉他我住哪个房间，他也未必记得住。

我还要选一张照片，和文字稿件一起发回单位。哪张照片才会合乎焦副局长的心意？

走廊里传来一阵“噔噔噔”的声音。如果没有猜错，肯定是她回来了。这个声音是前天才出现的，单调而枯燥，像被编排过的步调，每踩一下好比踩在我心里，还要在脑海里回响一声，让人心神不宁。

脚步声在离我很近的地方停了下来，就在我隔壁房间门口。

这个酒店住的几乎都是来参加文化节的人，官大的、有派头的可能住得高一些，上面都有大套房，像我这样的都安排在七楼以下，方便为领导跑腿。我偷看过焦副局长公文包里的参会人员名单，老长一串，好几页。这女人绝对不是像我这样身份的人，跑腿的还穿高跟鞋？像我关键时候还要追着领导飞跑，高跟鞋能行吗？

门锁转动的声音，然后关门，“噔噔噔”……

“噔噔噔”地走过去，可能拿什么东西，然后又“噔噔噔”地走几步，把什么东西放下。

我越是厌烦这个声音，却越听得仔细，非得这个声音消失了才可。好吧，我再坚持一会儿，再过一会儿，她应该要出去的。在这种大型活动场合，交际是最重要的，认识一个大领导，就多了一条捷径，要是像她这么美丽的女人傍上一个有头有脸的人物，效果会更明显一些。商人们忙着展览、宴请，名流和政客忙着出席各种聚会，这是完美的组合。女人们在夜晚降临的时候，会变得格外紧俏，像打折的奢侈品，很抢手。我盼着她早点儿被抢走。

“噔噔噔”……

我干脆什么都不干了，专心听着吧。选照片按理说也是件很容易的事，就是从一堆领导合影的照片里，挑选来头大一点儿的人物，还要看领导当时的神态够不够潇洒，多半就选这样的。可这次，我觉得有些棘手，和焦副局长握手的人，不管是男人还是女人，官大官小的，怎么数也得有五十来个吧，并且我一个也不认识，更别说如何甄别职务了。要是挑选哪个女的漂亮，那还可以挑出几个来。

“我在这里欢笑，我在这里哭泣，我在这里活着也在这死去……”是手机铃声，隔壁传来的，真够时髦的。

她一边接着电话，一边发出银铃般的笑声，声音还很大，像开着免提。

“噔噔噔”……她来来回回地走了十来分钟。

什么重要的电话如此这般？说是在调情还有些可能。

我连抽了两支烟。女儿平时一直劝我少抽，反正尽着她的孝心说了一大堆理由。我已经习惯了有事没事叼着烟，看着一闪一闪的火星里腾起一片烟雾，把我包裹起来，像神仙置于云端。再说了，我总得找点儿什么东西或乐子打发时光吧。我这把年纪了，陪领导打麻将还不敢赢，去夜总会害臊，就抽抽烟还好。

我掐灭了第二支烟，在烟缸里使劲儿碾了碾。

隔壁安静了，应该是电话打完了。“噔噔噔”地走了几步，然后听见开门的声音，她要出门了。

我长舒了一口气，听着走廊里高跟鞋的声音越来越远，仿佛没有什么事可干了一样，一身轻松。

“丁零零，丁零零……”是我那老掉牙的手机铃声，是焦副局长打来的。

不管他看不看得见，我依然毕恭毕敬地立即从椅子上弹了起来。

“焦局，您有何吩咐?”

……

“嗯，我知道了……稿件已经写好了，您看照片……”

“你怎么不开窍啊，就选那张照片，那张嘛!”焦副局长有些不耐烦地拖长了音调，估计他一时也描述不出来是哪张照片。

“局长，您是说哪一张啊?”我战战兢兢地问着。

“别怪我说你是书呆子，就我和王副老总会面的那次，记得吧，个儿挺高的……”还好，局长没骂我是猪，仅仅说我是书呆子，起码书呆子是个中性词，也有些符合我的气质。

“哦，是穿红色夹袄的那位吧，胸前一朵大牡丹花……对，对，真漂亮，和您很配……”我那会儿反应挺快，一下就猜到焦副局长说的是她。

“你呀，算是开了一回窍，我给你说，她可是大名鼎鼎的××出版集团副总，要是和他们集团搭上关系，别说是我们办的宣传刊物，就连市局每年出的文化年鉴，对了，还有你手上抓的那杂志，以后肯定用得着她，我这是舍了老命替你着想呢!”

“您……太伟大了，要是我那杂志有什么发展，绝对比给我个正科待遇还高兴。”我前半句是假话，“伟大”两字是我能想到的最恭维的词语了。可后半句是真话，上了这么多年的班，说实在的，如果说还有一点儿精神依托的话，那就是我负责的那本杂志，像爱护我女儿一样，我肯定是盼着她有个好归宿。

“别的不多说了，你要有什么心思也得提前谋划谋划，如果这次咱俩……如果这次搞得好的话，你的正科我担保可以落实。”焦副局长说得比唱得还好听，竟然把我和他说成了“咱俩”，我有些受宠若惊。虽然他可能意识到了这样称呼并不太妥当，多少有失身份，可毕竟他说了。

原来如此。

一瞬间，我对她那高跟鞋的声音有了新的理解，原来我一直在渴望这种声音，难怪会心神不宁。真恨不得马上让她回来走上两步，听着那声音才觉得踏实，怕跑了似的。

我一时忘记向焦副局长汇报我就住在王副总的隔壁，或者如果焦副局长知道，就不用这么麻烦说了半天，直接说“住你隔壁的女副总”——让我肃然起敬的名号，多简单明了。

三

第二天，我特意买了一份都市报，里面有我那篇稿件。倒不是觉得发了篇稿件才去买的，而是因为昨天一整晚都没听见隔壁高跟鞋的声音。我早上出门的时候，还特意在她门口停了一会儿，里面一点儿动静都没有。我有些担心她不会再出现了。我留着报纸，到了万一的时候，撕破老脸去找她去，说不定她愿意赏脸。我小心翼翼地把报纸折好，如获至宝。

那篇稿子的亮点是那张照片。我抓拍的是焦副局长和美女副总握手的瞬间，一个笑容满面，另一个还有些含情脉脉。焦副局长很满意这张照片，还让我洗一张十寸的，用精美的相框装裱起来，以后放在他办公桌上，搞不好他会摆在他家床头。

焦副局长紧紧地握着女副总的手，我早已连拍了好几张，但他还握着，像在把玩自己的手，怎么捏都可以。那只纤细的手如果再被焦副局长捏一下，肯定会冒出油脂来。他像握着一块温润的玉，这一点儿都不夸张。她一脸的微笑，笑得像她胸前衣服上的牡丹花。

我换成了竖拍。焦副局长还紧握着她的手，目光停留在她那高耸的胸脯上。焦副局长的喉结上下滑动着，连吞了几口口水。我也连拍了几张，这样的照片是绝对不敢被焦副局长看见的。我喜欢这样的照片，那是我的艺术，和我的杂志一样重要。

焦副局长的长相我实在不敢恭维，甚至描述不出来，就是觉得丑，只是不敢说出来而已。她站在旁边，好比是在“丑”字前面加了一个修饰限定词。当然，她的美绝对不是靠他太丑的长相衬托出来的。她身上每一个器官对男人都是一个极大的诱惑，发颤的胸脯仿佛时刻要拯救某个饱胀的灵魂似的，大小适中却向上翘起的屁股，连着两条修长的腿，像我这样的老头子，只配低着头看她脚上的高跟鞋了。

焦副局长和她站在一起，绝对不是可以简单归结为美与丑的，更不是什么黑与白，起码黑与白还可以搭配。我又按了一次快门，连拍了好几张，简直想摔相机了。真好意思凑上去，我呸！

我正无聊地盯着那张照片出神，手机响了，是焦副局长打来的。

他让我下午去百货专柜买某品牌的化妆品，是我从来没听说过的牌子，我连问了好几遍才写下来。

我吃过午饭就出去了。刚出酒店，就碰见我的高中同学马海军，现在他是堂堂经侦大队的大队长。

“我的天啊，你亲自出马为我们保驾护航，有劳有劳了！”我有些讨好地主动向他打招呼，毕竟人家混得好一些，还比我小好几岁，说不定以后还有什么事儿麻烦到他。

“你这话说的，你老同学都来了，我这为人民服务的芝麻官能不来吗？”马海军说完，嘿嘿一笑。

“为人民服务”的口号我也喊了几十年了，也多多少少为人民服务了。马海军自称是芝麻官，那我只能是一粒必须不折不扣地按照领导指示做事的小芝麻了。

寒暄完毕，我急匆匆地赶到百货商场，像大户人家办年货似的，买了一大堆回来，放在焦副局长说的那个房间，就我隔壁。

我从没这样逛过街，也没这么大手大脚地花过钱，那令人眼花缭乱的商场简直把我弄得成了无头苍蝇，好在按规定时间完成了焦副局长交代的任务。

累，真累，怎么花钱都这么累呢？

完成任务后，我如释重负地长舒一口气，倒在床上，想着什么。

昨天晚上没听见高跟鞋的声音，说明她根本就没回房间，她没回房间可能是走了，焦副局长让我把东西放在她房间，万一她真的走了，那东西不是白买了吗？主要还耽误了事儿，不行！我得向焦副局长汇报。

打了一遍，焦副局长没接。我想了一会儿，认为还是得汇报汇报，毕竟这事儿太重要了，要是不汇报清楚，万一以后出了差错，全局的人都会怪罪于我。我又拨了一遍，焦副局长还是没有接。

我心里像被猫抓一样，怎么不接电话呢？我心里有些想念那个高跟鞋的声音，它是奏响未来的乐章，是我们全局的福音。可能是累了，我竟然睡着了。

“噔噔噔”，是高跟鞋的声音，由远及近。

“咚咚”是一种新声音，像鞋子丢在地上的声音。我还是迷迷糊糊地睡着。

好像有人对话，我太累了，懒得去细听。

又过了一会儿，我突然想起那是大事儿，睡觉算个屁啊，我得赶紧报告焦副局长，一切让他定夺。

啊啊……哦啊……嗯嗯啊……啊哦……

隔壁传来的声音，把我吓得屏住了呼吸，难不成她在……还可以听见咯吱咯吱的声音，这是酒店的床受到震动后发出的声音。

我涨红了脸，紧张地握着手机，打还是不打？隔壁的喘息声越来越强烈，时不时发出杀猪般的吼叫。

我的手心冒出了汗，像在做一个重大而又艰难的决定。

还是不要告诉焦副局长好了，别人的关系都已经到这一步了，还有什么意义？如果干她的那个人是焦副局长多好，这对我们全局上下都有好处。

喘息声变成了一声沉闷的吼叫，然后戛然而止。

我有些失望。我恨焦副局长，真没用。给人家买什么化妆品啊，转弯抹角地讨好，你看别人多直接。

真没用，难怪是个副局长。

过了好一会儿，我的内心也平静了。焦副局长肯定知道自己的弱点，你看，握个手别人都给多大的面子，凭他那长相，肯定会被拒之门外。我转而同情起他来。焦副局长比我小不了多少，如果这次换届上不了台，也就和我一样熬着等退休了。他以前还是做了不少实事的，比如在偏远一点儿的地方建了文化馆，后来还开设了乡村图书漂流室，颇受当地农民欢迎，媒体也争相报道过，他也因此被提拔为副局长。

"噔噔噔"……

高跟鞋的声音。然后门打开了，一阵银铃般的笑声，笑得让人骨头都能化成水。

门又关上了。走廊里传来了一个男人的脚步声，渐渐地远了。

"噔噔噔"……

她又恢复了来来回回地走动。我却听着不那么悦耳，那是已经不属于我的声音了。

她像故意踩给我听的。就不能换成一次性拖鞋或者平底鞋吗？就不累脚吗？

我躺了好一会儿，翻来覆去地折腾了半天。

"滴滴滴"……

是我破手机发出的声音，一条短信："今天喝了很多酒累了有什么事明天再说。"

连标点符号都没打！腐败！绝对的腐败无能！只知道喝酒，还烂醉如泥。我又激动起来。

我气恼地给他回了短信：

"焦局，您得抓紧时间和王副总拉近关系。"我准备说得直白一点儿，但怕刺激到他，只好以一句"辛苦您了"结尾，希望他能猜出暗含的意思。

等了半天，他没有回复，肯定不会回复了，醉得一塌糊涂了。

我像失去了什么，心里空空的，情绪低落到了极点，连骂他的心都没有了。

"噔噔噔"……

她还是那么高傲地来来回回地走着。

不行，焦副局长喝醉了，我得帮忙做点儿什么事儿，不能就这么窝在酒店里，眼睁睁地看着机会流失。

四

我终于敲响了隔壁的门。

我低着头等着房门打开，不是想谦虚一点儿，只是我实在没有那个勇气，特别是知道她已经和别人好到那个份儿上之后，我已经丧失了原本可以理直气壮的那种优势。我不仅不敢指责她打扰了我，还得做一个虔诚的忏悔者，来找受人尊敬的神父倾诉，祈求得到上帝的原谅，祈求得到帮助。

一双红色高跟鞋出现在半开的门缝里。我的目的达到了，我没有说话，也不敢说什么话。现在只想看看她脚上的那双高跟鞋，怎么能发出那种摄人心魄的声音？

她一只手扶在门框上，就是和焦副局长握过的那只手。她那猩红的指甲像嵌在我的肉里，痛得我动也不敢动。

我没有听见她说话，慢慢地抬起头，想近距离地看看她那张惹人喜爱的脸，目光扫过她那两个打着颤的肉球，也禁不住地吞了一次口水。

她要关上房门了。我猛地抬起头，看见了一张吓人的脸。我真以为撞见鬼了，瞅见了一张敷着面膜的脸，白得可怕。

五

第二天一早，我接到了焦副局长的电话。

“哈哈，你什么时候也变得这么热心了，昨天让你买的东西都送了吧？”他一开口就是一阵哈哈大笑，把我弄得毛骨悚然。

“焦局，我都按您的吩咐送到她房间了，您不记得了吗？”

“哦，对对，昨天我太累……喝醉了，看我把你说的给忘了，不过，我今天告诉你一个好消息，王副总今天答应见我一面，他们出版社最近要搞一次活动，叫我们局里带头在政府部门帮忙宣传宣传。你今天再去买点儿什么东西，晚上再提过去，花点儿小钱成就大事啊……”

我的心情稍好了一点儿，因为那女人终于答应要见焦副局长一面了，还主动提出与我们合作，取得了这么大的实质性的进展，当然要高兴了。

我又像办年货似的，买了一大堆。

我又累得像只哈巴狗。一切办妥之后，瘫软在床上，无聊地等待着高跟鞋的声音出现。

过了一阵子，走廊里传来“噔噔噔”的声音，还有一个沉重的脚步声，应该是个男的。

果真，声音在隔壁门口停住了。

门开了，隔壁传来一阵窸窸窣窣的听得不太清楚的声音，像信号不强时传来的无线电波。

“噔噔噔”……她来回走了两下，发出一连串的娇笑。

“咚咚”，丢鞋子的声音。

“昨天……想我……”是个老男人的声音，我竖起耳朵开始侦听，只能隐约听到几个词。

真不害臊！我得告诉焦副局长，千万别上了她的当。

啊啊……哦啊……嗯嗯啊……啊哦……

那边又干了起来，我一定要告诉焦副局长。

“你是我的玫瑰你是我的花……”是一串熟悉的手机铃声，比刚才那个男人的声音还熟悉。

是焦副局长！我兴奋得差点儿跳了起来。

隔壁发出了最后的吼声，比头发丝还细的吼叫，嗓子都哑了。不对，还听见走廊里传来一阵急促的脚步声。

然后，我听见隔壁的门被打开了。

人声嘈杂，不对劲儿！我急忙冲出门去。

我愣愣地站在门口。

焦副局长正光着屁股瘫在那女人身上，压瘪了那两颗饱满的肉球。房间里除了焦副局长和他身下的女人，还齐刷刷地站了五六个警察。

我只认识其中一个警察——马海军大队长。

“还不赶紧穿上衣服，害不害臊！”马海军像家长训斥做错了事的孩子一样，无非声音大了一点儿。

可能焦副局长太劳累了，撑了一下，想爬起来，结果又像僵尸一样压在那女人身上，那女人闷哼了一声。

“王晓露！这次你跑不掉了吧！”马海军好像抓住了猎物，喜上眉梢。

她掀开焦副局长，自己爬了起来。

马海军看见我站在门口，朝我走了过来。我面如死灰，他却像个了不起的大腕明星，和我当时考中全县文科状元时一样，得意扬扬。

“知道吧，这女人是 D 市人，冒充某著名出版集团副总，贩卖盗版光碟、书籍，流窜多省诈骗……”

我听蒙了，比先前还呆。

“这次，还多亏了你的那篇报道，不然，我们还不知道她已经到了我市。只是没想到你们焦副局长羊入虎口啊。据我所知，他已经签下了十五万元的购买订单，全是盗版书籍。”

我浑身冒着冷汗，脸色绝对比前晚贴在她脸上的那张面膜还要惨白。

“改天我得请你吃饭！”马海军拍了拍我的肩膀，然后是一阵哈哈大笑。

六

我提前三个月退休了。

临走那天，我关着办公室的门，像刚来单位报到那天一样把桌子擦了一遍又一遍，只是比当年擦得要缓慢一些，毕竟是老了。

我点燃了一支烟，抽完这支烟以后就不再抽了。女儿还在楼下等我，接我去她们单位编辑室——省出版集团报到。她比我早去那里半年，她托人推荐我在那里做了一份与文字有关的临杂工。

是该戒烟了啊，我叹了一口气，把焦副局长和王晓露的那张合影锁进抽屉里，钥匙放在桌上，走出了那间待了三十来年的屋子。

作者简介：侯国龙，鲁迅文学院第二期公安作家研修班学员。曾在《前卫·警察与法治》、《湖北警察》等刊物发表多篇作品。现工作于湖北省武汉市公安局特警支队。

看　眼

郝振铧

一

村上头的月亮，仿佛从东山坟茔地爬出来的，惨白惨白的。这时村里人基本都猫在家里，连狗都趴在窝里一声也不吭。在村东南角，蹲着一溜儿红砖平房，那是村部。一个大瓦数电灯泡高高地挑在竹竿上，把院子照得通明瓦亮。在院子旮旯支着一口大铁锅，“腾腾”冒着白气，灶膛里“噼里啪啦”烧着火，把正添柴火的“罗锅”热出一脑门子汗。

罗锅姓罗，是村部伙夫，江北过来的盲流。从娘胎出来，罗锅后背就长着一个大包，活像行军打仗时火头军背着的铁锅，村里大人孩子都

“罗锅罗锅”地叫，他原名叫什么没有几个人知道。罗锅做菜是好手艺，十里八村有婚丧嫁娶的，都请他去掌勺，狗肉全席更是他的拿手好菜。他身上老有一股说不清道不明的膻味，一出门溜达，街上再厉害的狗都夹着尾巴跑得老远。

晚上这顿筵席，是村里干部请乡里派出所王所长和他的几个弟兄。吃过罗锅狗肉的人，都会上瘾，就所里这伙子人，都是吃惯了嘴跑断了腿的主，隔三岔五不来撮一顿狗肉，心里就感觉难受，像猫爪子挠心一样。

杀狗是狗肉筵席前的重头戏。罗锅提前踅摸着大小合适的狗，关进铁笼子里。铁笼子是特制的，狗的四条腿露在外边，在里边转不过身，喂食的地方留一个小孔，仅能伸出舌头舔食。杀狗前一天，只让狗舔一块肥皂大的黄油，等肚子里的粪便拉干净，开始拉黄油了，再换块同样大小的大烟膏。狗舔着舔着，七窍开始流血，过一会儿屁眼儿也往外蹿血。等血流尽了，狗还活生生的，十分亢奋。罗锅不慌不忙，一手掐着狗后脖颈子，一手拽着狗尾巴，把狗倒栽葱扔进装有开水的缸里。狗被烫得四腿乱扑腾，水面上立时漂起一层厚厚的狗毛，等狗掉过头来，两只前爪扒在缸沿上，睁着迷茫的眼睛，嗓子眼儿里发出不甘心的“嗷喽”一声，又沉到缸里，才彻底断气。

罗锅用铁钩子把光不出溜、白不刺啦的狗捞上来，扔在水龙头底下的木板上，“哗哗”地反复冲洗。狗身上黏附的毛被冲洗得干干净净，那皮肉还得得瑟瑟的，好像随时都能站起来，甩甩身上的水，跑去找衣服穿。

一股奇异的香味从锅里飘出来，穿过村部的院墙，钻入村里男女老少和狗的鼻孔里。香味越来越浓，有的狗开始哼哼唧唧的，有的打起了喷嚏，孩子们使劲儿吸着鼻子，一个劲儿地问什么味啊这么香，大人们则低声咒骂：这帮瘪犊子，又吃死孩子肉啦。

派出所王所长扯着嗓子喊：罗锅，烂糊了没有？饿死老子啦。罗锅迭声应道：好了好了，马上请狗大人上桌。这老棺材瓤子活腻歪了，朱村长哈哈大笑说，一会儿王所长和弟兄们还不把你屌骟掉扔锅里炖了。罗锅是谁也不尿的主，他这手绝活，连县里领导都亲自带队观摩过。喝得醉麻哈的胡县长，一口一个罗锅大师叫着，要在村里办个“狗文化节”，还说要文化局为他申报非物质遗产文化大师称号呢。

一桌人按大小官坐定。王所长坐在正中间儿，像模像样地表扬了村里社会治安，不仅杀人抢劫贩毒强奸的刑事大案没发生，就连打架斗殴赌博搞破鞋的芝麻案子也没有，行话叫“零发案”，百姓安居乐业，形势一片大好，名副其实的治安示范村。王所长唾沫星子刚一落定，朱村长激动地拎起一桶小烧酒，边倒酒边说：感谢王所长对俺们村的厚爱，今晚请大伙儿喝虎骨酒，这酒可是好东西，兄弟们可别喝瞎啦，喝完了保证都硬邦邦的，走不出这村子。

那就住在巧老妹儿家。所长盯着身边妇女主任马巧的大胸脯说。马巧也不甘示弱：狗尿还没喝进肚里呢，瞎起啥秧子。

几杯酒下肚，气氛开始热烈起来。罗锅从厨房端出一盘狗宝，撂到王所长桌前。这玩意儿金贵，大伙儿都不动筷子。朱村长瞅准机会从盘子里夹起狗鞭，毕恭毕敬地送到王所长碗里。王所长趁机问马巧：知道这是啥不？不知道。马巧答道。王所长一脸坏笑地说：连这玩意儿都不知道，我有你没有，你有我没有。大伙儿听了哈哈大笑，马巧知道不是啥好事，本来白里透红的脸蛋臊得更红了。孩子都生了，开点儿小玩笑还害臊，以后妇女工作怎么搞？朱村长看似为马巧解围，实际上在煽风点火。

王所长模样不赖，岁数也不大，就是看起来总是没精神头，一双阴鸷的眼睛，让人看了心里直发毛。

喝了一会儿酒，王所长就哈欠连天的，一个劲儿地说罗锅今天狗肉汤头不足，“料”下少了。罗锅也不辩解，到大院的锅里单独崩了一碗狗肉汤，端给王所长。王所长喝完“吧唧吧唧”嘴，这才满意地点点头，冲罗锅竖了竖大拇指。

王所长的情绪再度高亢起来，一手端着杯子，吆五喝六地招呼大伙儿喝酒，另一只手也没闲着，搭在马巧的大腿上来回摩挲。忽然王所长像想起了什么，低声问朱村长：老孙婆子还给人看眼病吗？朱村长说：看啊，前阵子北山老庙的牛老道眼睛要瞎了，还是罗锅带着老孙婆子去给看好的。王所长愣了下，皮笑肉不笑地说：这老孙婆子还真神。

二

老孙婆子就是我娘。

我娘会给人看闹眼睛的毛病，当然也包括给牛马驴骡猪羊狗看。知道什么是闹眼睛吗？就是不明原因的眼球充血，眼白上布满了红色或各种颜色的血丝，有的可以自己消退，有的用药也能消退，有的怎么治疗也不能消退，一旦封喉，眼睛就彻底失明，再发展下去就要命了。

我娘打小就有这个本事，压根儿也没人教她。那些来看眼睛的人，只要我娘看上一眼，就直接告诉人家，你什么时候去了哪里干了什么事，对不对？惊得人家一愣一愣的，小鸡叨米似的连连点头称是。我娘也不多说不多问，直接指点他该怎么怎么做，一准妥活。

我娘给人看眼睛不收钱，她说收了钱就看不准了。那些来看眼睛的也都知道这规矩，毛病治好了，有的心怀感激，拎着点儿东西上门道声谢；还有的看完就拉倒了，连个谢字也不讲。

在王所长还是王民警时，曾找我娘看过眼睛。

有一回王民警去北山后头转悠，回来时正好路过破败不堪的北山老庙，就顺便到里边转了转。自打那之后，王所长就开始闹眼睛，两个眼睛的白眼球布满血丝，又红又肿，天天滴眼药水也不好使，到县医院也没治好。

所里做饭的老杨头，是我们村派去的劳力。他见王民警整天眯着红红的眼睛，流出来的眼泪都是血呼啦的，看着难受，就偷偷告诉他：你去俺们村找找老孙婆子，她看眼睛可有绝招啦。王民警当时听了还很生气，严肃地说：是不是跳大神？我是党员，不信那一套！老杨头说，你管她用哪一套，能把你眼睛看好就妥活了。王民警有些将信将疑：我这毛病大医院都没治好，她一个农村老婆子能给我治好了，我给她下跪认干娘。老杨头说，我们村大人孩子只要闹眼睛都找她看，去年胡县长还去看过，送了亲笔题字的烫金匾额“火眼金睛”呢。

老杨头真没扒瞎，烫金匾额倒没见着，胡县长闹眼睛确实是我娘看好的。他还指派卫生局的干部带着眼科专家专门来调研学习，也许我娘的说法太玄乎，他们听不懂或是压根就不相信，几个人对我娘的眼睛更感兴趣，轮番扒着我娘的眼皮，看看有没有什么特殊的地方，弄得我娘哭笑不得。

王民警实在难受，想着自己再这么挺下去，没准眼睛真瞎了，工作干不了，小命也不一定能保得住。由老杨头引路，王民警第二天带着两瓶罐头、两瓶烧酒上我家来了。

我娘让王民警站在太阳底下，对着阳光翻开王民警的眼皮，见眼白上的血丝，七彩斑斓，纵横交错，像一幅大师的水墨丹青画，又像秘写的神秘符号。我娘心里有了数，说：你明天去趟北山老庙吧，上一炷香，打扫打扫灰尘，拎壶开水浇浇地，下山时采些老庙院子里的蒿子，回家后熬水，早晚洗两次眼睛准能见好。临走时还叮嘱王民警：一定忌讳吃狗肉，不然要是再犯病可就神仙也难治了。

王民警将信将疑，又担心我娘说出什么事情来，急忙告辞走了。回去后，他一一照办，眼病果然很快就好了。

王民警没给我娘磕头，也没认干娘，这些我娘也不稀罕。后来王民警很快当上了王所长，在乡里碰见了，人家打招呼我娘就客气地唠两句，人家不吱声我娘也装作没看见。只是时间一长，好了毛病的王所长在吃了罗锅做的狗肉后，就把忌讳吃狗肉这茬儿忘得死死的。

罗锅虽然狗肉做得好吃，但他自己一口都不吃。

罗锅为啥不吃狗肉？他跟人说是有痔疮，一吃就犯病。其实那是糊弄人的，他也是因为闹过眼睛，比牛老道、王所长闹得更厉害，我娘给他看好了，罗锅长记性，从此就把狗肉忌了。罗锅还有一个怪癖，就是每次大家伙儿吃完了，他都把剩下的狗毛、狗骨头拾掇得干干净净，连夜送去东山坟茔地那儿埋了，说是送狗去托生，给自己积点儿德。

狗肉味儿正浓的时候，我娘趴在我耳边问："老儿子馋不馋？"

我吸溜着口水说："不馋。"

"气不气？"

"气。"

"那你帮娘一个忙，去把变压器的电闸拉啦！"

三

北山老庙就三间殿堂，一间偏房，是清朝末年一位牛姓流人后裔集资修建的。中间正殿里供奉着弥勒佛，东边殿堂里供奉着太上老君，西间殿堂里供奉着地藏菩萨。老庙规模虽然不大，但因为那时整个县上就这一处，亦佛亦道，香火十分旺盛，直到县里各地陆续修建了庙宇，老庙的香火才逐渐衰落。

老庙还曾着过一场大火，烧得只剩下三尊泥胎的佛像和残垣断壁，庙里唯一一位老和尚也在火中涅槃了。

现在的北山老庙，是王所长建议，县民政局和村里出钱修缮的，据说还请了牛姓流人后裔第五代嫡孙牛老道来执事。即便如此，来求神拜佛的香客仍然极少，偶尔附近村子有些上山采野菜、放羊的，累了进来歇歇脚，喝一杯牛老道泡的树叶子茶。

我娘一般不出门给人看病，就是胡县长也不例外。但我娘敬畏佛道中人，听说牛老道闹眼睛，就在罗锅的带领下去了老庙，还顺便给牛老道的烂眼狗也看好了。

马巧不胜酒力，或不堪骚扰，提前回家了，这没有妨碍王所长的好兴致。筵席进入了高潮，桌上每个人都喝得面红耳赤，有的摇头晃脑，有的胡言乱语。突然，屋里屋外的电灯灭了，整个村子的电灯也都灭了。朱村长非常恼火，指着在座的侯电工的鼻子大骂：你给老子上眼药是吧，赶紧去看看，是不是变压器鼓了，整不好老子修理你！

侯电工酒醒了大半，一路小跑直奔变电房去了。

我娘让我去拉电闸，对我来说无疑是件太刺激的事啦。我大声说要出去拉泡屎，其实是故意给我爹他们听的。我娘塞了个电棒给我，叫我小心点儿。我哥撇撇嘴，说拉个屎还得小心点儿，还能掉茅坑里咋的。我没空搭理他，到外屋摸了个过年剩下的“二踢脚”，又拿了根香和火柴。

庄严的使命感激励着我飞奔在村里的小路上，月光下的影子怕被甩了似的，紧紧地跟着我的脚步。撬开变电房糟烂的门，一股霉味儿迎面扑来，几只笨拙的老鼠好像没把我当回事，蹲在墙角好奇地盯着我的一举一动。我把“二踢脚”绑在靠近电闸的零线上，又把香点着压在炮捻上，这些把戏对正在上物理课的我来说绝对是小儿科。

回到家，等了挺长时间，才听见远处传来“砰砰”两声闷响。黑暗中，我娘捏了一把我的脸蛋，我“咯咯”地笑了，我娘也跟着笑了，笑得我爹他们莫名其妙。

再次来电不久，治保员把村里二十岁左右、调皮捣蛋的男青年，包括我哥，都叫到了村部。满嘴酒气的王所长和朱村长气急败坏，挨个儿问是谁在捣鬼，威胁说这是破坏电力的严重罪行，也是仇视社会的丑恶行径，必须严惩。调查没有结果，因为所有人都有不在场的证据，最后每人领了两个嘴巴子回来。

筵席终于散了。

罗锅挎着个油渍麻花的旧书包，顺着地垄沟朝东山坟茔地方向走去。

月光依旧惨白，星星一眨一眨的，闪着寒光。

那些星星在罗锅看来，是狼的眼睛，是孤魂野鬼的眼睛，更是那些死狗的眼睛。他忽然想起老孙婆子的话：作孽啊，罗锅，你上辈子就杀狗，这辈子托生成了罗锅；这辈子还杀狗，你就得瞎眼睛。我帮得了你一时，帮不了你一世。罗锅也想收手，可是朱村长不干，王所长不干，他自己的手也不干。每次见到狗，他的一双手就痒痒得直颤抖。

坟茔地到处是坑，只剩下几座孤零零没人经管的坟，周围长了密密麻麻的蒿子秆，影影绰绰。这些年，有点儿本事的后人都陆续把自家的坟起走，埋在了风水更好的北山，那里的坟修得，简直就像别墅，一家比一家气派、豪华。罗锅就是就着这些坟坑，把狗骨头、狗毛扔进去埋了。在埋之前，他都先脱光衣服，跳进坑里，仰壳躺下，把后背上的罗锅一点点拱进土里，一股难以言表的舒适立刻在罗锅的心里荡漾开来……这时再看那些星星，不但心里没有了路上的恐惧，还会滋生出一阵阵的幸福。

啊！罗锅从胸膛深处迸发出一声嘶吼——没错，这就是幸福！

罗锅刚刚站定，一条狗“趾溜”钻了出来，围着罗锅上蹿下跳。罗锅拍了拍狗脑袋，让它安静下来，伸手从狗肚子下摸出个巴掌大小的袋子，掂了掂。狗一直热切地盯着罗锅带在身上的旧书包，拼命摇动着尾巴。罗锅把袋子揣在旧书包里，同时拎出一条还带着点儿温乎的狗腿，扔在半空。那条狗立刻跳起来，紧紧咬住狗腿，钻进蒿子秆里不见了。

四

王所长做王民警前，还是优秀的王刑警，破过不少大案子，按理说照这么发展下去，没门子没路子的王刑警也许很快就能被提拔。这时候，他又锦上添花，破获了一起制贩毒品案件，主要团伙成员，除了提炼白粉绰号为“博士”的制毒分子，悉数落网。正等着立功受奖的王刑警，却因为办案不力，不但没有得到奖励提拔，居然还得了个处分，成了王民警。

王民警也是事后才知道，其中团伙头目之一的“胡衙内”，竟然是胡县长的亲生儿子，他居然一直被蒙在鼓里。由于这层关系，案件被搅成一锅粥，大案子变成小案子，够枪毙的也就判了个三年五年。

这天，王民警本想去北山后山里转转，因为有人举报那里发现了大片的大烟花。这东西在村里不稀奇，谁家房前屋后、田间地头的都爱种上个百八十棵。牛不吃，马不啃，开花好看，大烟葫芦熬肉汤可香啦，有手巧的用刀片把烟葫芦割得一圈一圈的，再把冒出的白浆收集起来熬成块儿，有个头疼脑热、跑肚拉稀的，吃一点儿准好。

后山深处，确实长着一大片大烟花，红艳艳的，正开得无比灿烂。这块地原来是村里种人参时开垦的，后来荒芜了，大烟花占据了这个山沟，开了败，败了开，不管不顾。王民警心中掠过一丝欢喜，也许人生的机遇再次降临？路过北山老庙时，王民警很想给佛菩萨烧炷香表示表示。推开破败不堪的庙门，王民警猛然发现有一个人正在庙里跪拜，身边堆着个破包袱，包袱开缝的地方露出一捆捆百元钞票，不知道是真币还是给死人用的冥币。

王民警毕竟是刑警出身，激灵一下掏出了手枪，问：什么人？那人显然被突然出现的状况吓着了，就势坐在地上，目瞪口呆。这时候，王民警看清楚了那人，竟然是久捕未获的“博士”。

“博士”束手就擒，被王民警铐在佛像前的几案腿上。包袱里是一捆捆崭新的钞票，还有几包白粉，一本化学书，一个日记本。据“博士”交代，案发前，听到风声的“衙内”就跟胡县长坦白了。胡县长一听勃然大怒，要直接送“衙内”去公安局投案自首，待冷静下来，明白这可是要杀头的死罪啊。在胡县长安排下，“衙内”仍然去投案自首，却把最重要一环，也就是“博士”藏匿起来。

“博士”起初对胡县长感恩戴德，后来感觉不对劲儿，整天东躲西藏的，终究不是长久之计，还可能被杀人灭口。他寻机逃脱了胡县长的控制，想来村上投奔舅舅罗锅，路过老庙，就顺便进来拜拜佛，求个平安。

王民警从狂喜中冷静下来，用脚踢了踢包袱，盯着博士，许久没说话。

牛老道悠闲地坐在庙前树下，摇着蒲扇，自在地喝着树叶子茶。树上有个老鸹窝，一群老鸹有事没事就呱呱叫，狗在下面围着树转圈跑了一白天。牛老道心平气和，充耳不闻，三年多的修行功力，让他已然物我两忘了。

夜幕降临，远远地俯瞰到村部的灯亮了，还能闻到空气中丝丝的狗肉香。牛老道的狗更闻到了，终于放弃要上树抓老鸹的打算，变得焦躁不安。

村里的灯灭了，一会儿又亮了。牛老道注意到了，这能代表什么呢？他没多想，也用不着多想，回到后院，拿出一包提炼好的白粉绑在狗身上，打开了院门。

按王民警起初的想法，是想让“博士”变成牛和尚。“博士”说他酒能戒，女人能戒，就是戒不了吃狗肉，不想亵渎了佛门，而且炼丹制药也是道家的本行。王民警没有坚持，说那就牛老道吧。

王民警离开老庙，随后就去了县城，拜见了胡县长。他把“博士”，或者说是牛老道的证词毕恭毕敬地放在县长宽大的办公桌上。胡县长很镇定，问王民警对这事怎么看，有什么想法和要求。王民警说没什么想法，没什么要求，就是希望县长放心，牛老道很安全，大家都很安全。胡县长想留王民警吃饭，王民警婉拒了。

临走前，胡县长拍了拍王民警的肩膀，亲切地说：

“王所长，以后咱们就是一家人啦。”

王民警很感动，以至热泪盈眶，打了一个标准的立正，敬礼，说道：

“请县长放心！”

王民警刚到所里，就接到了县公安局的电话通知，果真任职为所长，处分撤销，文件随后下发。

五

酒足饭饱、浑身燥热的王所长没有回所里，他谎称回县城，把兄弟们都打发走了，又调转车头开回了村。

马巧家在村子后排，拉着窗帘的窗户还透出亮光。一条狗听到动静跑了出来，看了一眼王所长，用鼻子低声“吭哧”了一下，不知道是讨好还是不满意，扭头又跑回了窝里。

院门和家门都没上锁。王所长进屋一看马巧正歪在床上看电视，对他进来也没啥反应，就嬉皮笑脸地凑过来搂着马巧，说：巧乖乖，算准了我能来吧，硬死我了，是不是等着吃我的唐僧肉呢？马巧故意挣了一下身子，说谁稀罕你的肉。又说：你在桌上讲那些露骨的笑话，还毛手毛脚的，也不怕人看见。王所长说：我这叫说破无毒，懂不？再说他们都算个屁呀，看见了能咋的。马巧说：你来时没让人看见吧？

王所长没心情说话，手已经摸进了马巧的腰，接着包抄两个滑腻肥硕猪崽子一样上蹿下跳的大奶。马巧立时软了，双手把王所长的脑袋使劲儿摁在胸脯上，“呼哧呼哧”喘着粗气。

王所长今晚特别来劲，像要往死了整似的。

在马巧身子里，他总会有奇妙的感觉。有时就像骑着马在无边无际的草原上狂奔，那是他在内蒙古当兵时才有过的场景；有时像在波涛汹涌的大海里畅游，那是他少年时最惬意的时光。他不停地驰奔，不停地畅游，有蓝天白云，有初恋，有雄心壮志，有缀满胸脯的奖章，还有天堂里妻子和女儿喜悦的目光，这些是他睡过的其他女人所不能给予的。

王所长连着做了两次还是不倒，嘴里不停地呓语：巧乖乖，你这里真好，我要死在这里，埋在这里。马巧怕他伤了身子，硬是把王所长从身上颠簸下来，一边用手握着王所长的物件，一边说：都是狗鞭和虎骨酒给你支棱的，再整就脱阳了。王所长喘着粗气说：就那点儿玩意儿算啥，全靠汤里的货呢。这工夫，那帮犊子们一准儿都在打炮。我就要精尽人亡!

过了好一会儿，王所长终于平静下来，一只手继续抚弄着马巧的奶，说儿子还好吧。马巧说：我送他姥姥那儿了。又说：你不是说在省城买了别墅吗，我们娘俩什么时候能住上？我真是一天也不想在这里待了，村里人都指指点点的，实在不行，我还找费柱子过去。

费柱子是马巧的老公。王所长让胡县长帮忙，把费柱子安排在县政府招待办当了副主任，隔三岔五能回来一趟。孩子越来越大，长得不像爹不像娘，倒跟王所长大脸扒小脸，闲言碎语也不时传到费柱子耳朵里，虽然马巧咬着牙不承认，他也不傻，干脆在服务员里找了个相好的，自己找平衡吧。

王所长用力捏了捏马巧金丝枣一样的奶头，说：你敢！停了停又说道：再等等吧，现在总感觉风头不大对劲儿，老像有人盯着似的，尤其老孙婆子那双贼眼睛，我早晚给她抠出来!

“那你就别干了，露馅儿了，要杀头的。我和儿子还指望着和你过正经日子呢。”马巧泪眼汪汪地说。

一行人冲进了马巧家的院门……

马巧家的狗、牛老道的狗以及全村的狗狂吠不止。

王所长、王所长的弟兄、马巧、罗锅、朱村长、牛老道、侯电工、老杨头都在那天晚上落网了，胡县长、费柱子、费柱子的相好以及更多的人也先后落网，北山深沟里那些摇头晃脑、不可一世的大烟葫芦被连根铲除，已经判刑的“衙内”等人，重新被改判，许多人被判处死刑。临刑前，“衙内”还供认出曾指使手下制造过一起特大交通事故，王所长一家两口在车祸中罹难。

好长一段时间，我娘总是偷偷地哭。我知道她是哭那些村民，哭马巧，哭柱子，哭那个没爹没娘才三岁大的孩子。那以后，我娘再也不给任何人看眼病，她说自己得了白内障，看不清了。

后来我到县里禁毒办工作，把我娘接到了县城，在我反复动员下，我娘终于做了白内障手术，重见光明。一次偶然的机会，我看到了当年那起轰动一时的大案内刊：根据一名农妇举报，并配合行动，我公安机关一举摧毁了一个制贩毒品村……

作者简介：郝振铧，牡丹江市作家协会理事、鲁迅文学院第二期公安作家研修班学员。现工作于黑龙江省牡丹江市阳明公安分局。

枪　口

纪富强

晋督培训结束那晚，十几个人聚在一起喝酒。

喝到兴奋处，干宣传的老李提议，每人轮着讲个段子，不要黄的，要带点儿意外。说完，老李先开了个头。老李说，我在农村长大，小时候村里有个独身怪老头，见人就笑就说话，可他的话谁也听不懂。老人都警告我们要离他远点儿，担心哪天他会突然发疯发癫做出什么可怕的事情来。而我们却不怕，时常跟在老头屁股后用石头丢他，起哄，嘲笑他。他也不恼，还是笑，还是不停地说着那些谁也听不懂的话。多年以后，我到外面上大学，大二那年暑假回到村里，再次遇到那个老头。老头见了我，依然笑着和我说话，可这时候，他说的话我突然听懂了。原来，他一直说的都是英语！他在跟我打招呼，他问我在外面上学好不好，适应不适应。后来我一调查才知道，这老头竟是个厉害角色，早年受过高等教育，历经战乱逃荒到此，许是精神受过什么刺激，说话就一直陷在英语语境里出不来了。这事让我非常意外，可我也一直没把谜底说破。听说这老头至今还活着，今年都有九十多岁了。

既然老李开了头，大家就都依次说下去。干经侦的老徐说，我和我老婆特别有意思，我们是高中同学，我第一眼看见她时就有预感，将来她可能会是个警察，而且将成为我的老婆，结果十年后一次偶然机会，我们俩果然走到了一起。有意思的是，我高中时并不喜欢她，而是喜欢另一个女同学，而且毕业后整整十年，我们从未见过面也从没联系过，直到我从教师的岗位上通过社考也成为了一名警察。

派出所的老张说，我也说说我和我老婆的事。那年我接到辖区一户居民报警说家里被盗了，要求出警。那天正巧我值班，就去了。去了，我大吃一惊。他们家被盗的都是什么东西，女主人都说了哪些话，我统统都没听进去，我的注意力全在女主人的女儿身上了——我这辈子从来没见过长得那么特别的女人。直到现在也是，不光是美，我当时差不多都快晕了。后来那起盗窃案一直没破，可我却把她娶到手了。我老婆至今还常笑话我，说我当年没能抓住小偷，自己却当了贼，一来二去把她的心给偷走了。

大家乐乐呵呵，说着轮着，最后就到了沈强。

沈强以前在刑警队干过，现在在一个派出所当教导员。沈强说，我没有你们那么多故事，说一个别人的吧。

沈强说，我们局里有个家伙，部队转业的，有射击特长。无论是近距离、远距离，固定靶、移动靶，还是他自创的鱼跃式射击，成绩都相当好，水平当个狙击手也够了，可小县局哪用得着专业射手，平时他的特长也就指导大家伙训练什么的能派上用场。有一次，局里得到线报，有个公安部A级逃犯潜回来了，立即成立抓捕组对其实施抓捕。逃犯住的地方是一排外带围墙、拱门和小院的平房，抓捕组在小院里埋伏好，准备守株待兔，可逃犯有极强的反侦查经验，往回走时感觉不对，还没走进小院，转身就跑，抓捕组立即去追，没想到刚跑出小院，逃犯就在巷子里掏出枪来开火，抓捕组立即回击，当场将逃犯击毙。可那次行动中，也牺牲了一个民警。

沈强说完，有人问，结束了？沈强没接话，喉头上下滚动着。那人就发出感叹，是了，这种行动经常会有意外发生。

这时候，沈强却又开口了。沈强说，牺牲的那个人，是我的亲哥哥。

房间里的人一下子沉默了。气氛也陡然肃穆起来。

良久，老李才又提议，为那些牺牲在公安战线上的兄弟姐妹们干一杯。大家听了纷纷举起酒杯，一饮而尽。

唯独沈强举起杯子，将酒在地上洒出一道直线。

酒场结束时已经过了晚上十点，沈强脚步匆匆地走进小区，上楼时却发现有些不对：头顶的楼梯上似乎有什么倏忽一闪。沈强悄然抬头，发现在二楼到三楼的楼梯上坐着两个人，他们正在黑暗里接吻。

为避免尴尬，沈强有意跺了跺脚，可是声控灯依然没亮，而且那两个好似焊在一起的人也未分开。沈强只好蹙着眉头向上走去，直到快走到他们跟前时，两人才慌忙站起来，躲避到角落里。

是两个孩子。女的把头深深埋进男孩的胸膛里，看不清样子。男孩穿着一件白夹克，很晃眼——怪不得沈强一上楼就发现头顶有人。

沈强本想迅速经过，可没想到男孩突然间把头转了过来。尽管光线黯淡，可沈强还是看到了一种不一样的眼神。那个眼神先是充满了警惕，随后立即变成了鄙夷和挑衅。

沈强心烦意乱地打开家门，屋里亮着灯，却空无一人。由于嘴里发干，他拿起杯子去饮水机边接水，水还未满，就听到了钥匙小心翼翼伸进锁孔里的声音。

女儿沈素素回来了，沈强回过身来正要说话，忽然愣在那里。

他看到女儿身上竟然穿着老婆朱志梅的短裙，脚上却穿着拖鞋。他从她胆怯慌乱的眼神里突然什么都明白了。

刚才躲在那个男孩怀里的人，就是她。

热水从杯子里溢出来，沈强被烫了一下，转身抽杯子的工夫，女儿已经跑进了卧室。沈强端着杯子，在原地木了一会儿，还是敲敲门跟着走了进去。

你妈呢？沈强尽量温柔地问道。

还用问吗？肯定去跳舞了。女儿不看他，声音里已有了不耐烦。你又喝酒了？

素素，如果我没记错，你现在正在读高三。

今天是周五。你又喝醉了吧？烦不烦，我要睡了。

沈强还想再说点儿什么，可一时又不知该从何说起。女儿这时一把扯开了头绳，乌黑的长发甩落在背上，然后两只手从腰间插进裙子里，摆出一副要脱衣送客的架势。

果然沈强刚转过身，女儿就跟上来，在他背后把门关上锁死了。

沈强愣愣地盯着客厅里一张放大了的全家福，照片上的女儿才六岁，扎着两个羊角辫儿，小虎牙微露，笑起来甜得发腻。她是什么时候忽然长大的呢？倒是朱志梅，看上去外表几乎和十年前没什么变化。但沈强记得，十年前的朱志梅正热衷于厨艺，喜欢宅在家里，还不会跳舞。

沈强边喝着杯子里的水，边走上阳台。这时，手机响了一下。沈强掏出一看，是宋晓兰发来的短信：还在喝酒？明天中午包瓠瓜虾仁饺子，你们过来吧。沈强没有回复，抬头望向窗外。窗外，蟋蟀的叫声像滋滋的响泉，白花花的月光泼溅得到处都是。

沈强起床时，头疼欲裂。女儿已经走了，桌上没有早饭，朱志梅正在洗手间的镜子前化妆。

沈强边洗脸边问，昨晚什么时候回来的？

朱志梅反客为主，昨晚又喝了多少？醉死你！

做点儿早饭吃总可以吧？沈强皱着眉问。女儿上高三了，早饭很重要。

朱志梅手中握着口红，停在下唇上。是你说过不用管你的，这么多年女儿和我的早饭都是买着吃，你不是喜欢喝羊汤吗？兜里没零钱了？

沈强说，昨天大嫂说今天中午包饺子，让咱们都过去。

朱志梅努着嘴，边涂口红边说，我不去了，你接了素素去，正好中午我不用回来做饭了。

沈强下楼开车出门，停在小区门口买了个肉夹馍，打算到所里就着热茶吃。但人刚进所门口，就接到了报警电话。有个女人光着身子跳进了螳螂河。因为所里今天另有保卫任务，大部分民警一早就被派走了，沈强接完电话带了值班民警小谢开车直奔螳螂河。

警情没有预料中的紧急。女人是在河里，但不在水中。估计是精神有些问题，她裸着身体，站在河道中间的橡胶坝上，正不停地来回走动。

河岸上聚集了越来越多看热闹的人，有人还拿着望远镜。

沈强和小谢先是站在岸上向女人喊话，可女人根本不听，不但不听，而且开始在圆弧形的橡胶坝上越走越快。

沈强随即要小谢解下腰带，连同自己的腰带对折系在一起，又将裤子里的手机钥匙什么的统统掏出来放下，然后让小谢拉着腰带一头，自己拉着另一头慢慢下到橡胶坝上去。

橡胶坝很滑，沈强只能一点点靠近女人。女人看见他立即转身向着河对岸跑去，脚下踉踉跄跄，随时都有掉下去的危险。于是沈强也跟着跑起来，最终在橡胶坝的中心附近抓住了女人的胳膊。

女人被拉着转过身来，沈强顿时感觉眼前一花。女人如此年轻，不但长得秀气，而且特别丰满。尤其是胸前那对乳房，硕大坚挺，咄咄逼人，乳头还是鲜红色的。

更奇怪的是，女人脸上笑着，眼睛里却蓄满了泪水。

女人反抗的力气很大。在这种狭窄的地方，让一个精神有问题的人乖乖跟自己走几乎不可能，沈强脑子一热就将反方向较力的女人横抱起来，一点点往回挪动着脚步。

女人被抱起来，反而安静了。也许是害怕，她发着抖竟主动伸手搂住了沈强的脖子，任由他抱着在湿滑的橡胶坝上缓缓移动。

终于靠岸时，人群沸腾了。沈强抬头从一片手机中找到小谢的脑袋，让小谢把腰带放下来。

腰带下来了，女人却怎么也不肯抓，挣扎得像头待宰的猪仔。沈强只好把女人强行按在墙上，用腰带将她的两只手绑上，然后示意小谢往上拉，同时自己把女人抱起来向上托。

女人虽然想奋力挣脱，但还是被一点点拉上去，沈强先是托着她丰满的臀部，后又抓住她冰凉的腿脚，等终于听到岸上传来掌声时，心里总算松了一口气。

转过身，沈强看到了那团放在橡胶坝中心的衣服。

拿还是不拿？沈强抬头看看那片被举起来的争先恐后的手机，决定再走一次！

去的时候沈强走得快而顺利，可等弯腰抱起衣服往回走时，河面上突然吹来一阵凉风，沈强情不自禁打了一个喷嚏，脚下一滑失去平衡，人已向着河里栽去。

水很凉。沈强甚至被呛了一下，但同时也创造了一个奇迹：他双手高高托举着那团衣服，脚下猛力踩水，那团衣服丝毫未湿。

岸上人群里爆发出一阵哄笑，有人还吹起了口哨。

沈强奋力游到岸边，把衣服甩上去，然后抓住小谢放下来的腰带往上爬。等终于从护栏外翻过来时，却听见小谢发出一声惨叫。

怎么了？沈强急问。

她咬人！小谢抱着一只胳膊，无限委屈地回答。

沈强向女人看去，她上身已经被小谢披上了外衣，其他的内衣裤袜掉了一地。女人惊恐地望着四周，嘴里念叨个不停，可是没有人能听得懂她。

沈强注意到女人的大腿内侧被划破了，应该是往上拉她时被墙壁划的，右边乳房上侧也在流血，大概是在河里被自己制服上的铁警号划的。

车呢？快开过来，先送她去医院！

人群立即闪出一道缝隙来，小谢迅速捂着胳膊跑出去。

到了医院，大夫分别给女人和小谢做了止血和消毒处理。为了以防万一，沈强还陪着小谢打了一针破伤风。针刚打完，有个护士就急匆匆地奔过来朝他们喊，快，你们快过去，那个女疯子乱咬人！

沈强和小谢一路跑回急诊室，一前一后将女人控制住。小谢人年轻，遇事少，都快急哭了。

教导员，怎么办？

沈强没有回答，倒冲一旁的大夫说，要不先给她打针镇定吧？见大夫点头同意，这才转向小谢说，我陪她打针，你赶紧找找她有没有手机、资料什么的，叫她的家属来！

小谢依然哭丧着脸说，都找过了，啥也没有。是不是个乞丐啊？

沈强说，看外貌和穿戴都不像，先打针稳住她，再慢慢查吧。

两个人合力把女人抱到一张病床上，用力摁着，等大夫给她注射了镇定，女人慢慢地合上眼睛，沈强抬起身子时感觉腰都要断了。

沈强和小谢开车回所，这时手机收到了一条短信：来吗？

沈强吓了一跳，出了一趟警，转眼近三个小时过去了。他想了一下，回复道：去。然后想了一下，又回复道：我带素素过去。

沈强把小谢放下，换了车开着去实验中学，在中学外五百米处截住了沈素素。沈素素骑着单车，感觉很吃惊：爸，你跟踪我？

沈强说，我有病！快，放下车子上来，我们去大娘家吃饺子。

不去，不爱吃饺子。沈素素说。

那你就不想见舟舟？沈强问。

沈素素撅了嘴卖萌，说你什么时候能爱我比爱舟舟多一点儿啊？我可是你亲闺女！

沈强故作惊讶说，哦，是吗？你是我亲生的啊！少废话快上车，要不警察来贴罚单了！

沈素素嘴上说不想去大娘家，可一见同岁不同校的舟舟，姐妹俩立即抱在一起又说又笑，没多一会儿就双双躲进卧室里不见了。

宋晓兰正在厨房里捣蒜，炉子上架着铁锅，锅子里水已经沸了。

我来下饺子，还是帮你捣蒜？沈强笑着问。

什么都不用，你赶紧去坐着看电视，正放体育新闻呢。

沈强刚要转身，宋晓兰忽又从背后叫住了他，哎，你身上是怎么回事？潮乎乎的。

早上去河里救了个人。没站稳，掉下去了。

我就觉得你人还没走近，就有一股子湿气。去，换衣服，你哥的衣服都在橱子里。

算了，我下午值班，还得穿警服。

脱了！待会儿我用吹风机给你吹干了再穿。

沈强知道宋晓兰的脾气，转身进了卧室。打开衣橱，迎面闻到一股浓重的樟脑味儿，沈强突然鼻子发酸，一股热泪瞬间险些冲破眼眶。再三犹豫，他抽出了一件警用蓝衬衣和一条制式单裤。

吃饭时，沈强往舟舟碗里不停地夹饺子，宋晓兰则飞快地往素素碗里夹饺子。素素不耐烦地抗议，你们能不能不把我们当三岁小孩？我们自己夹了自己吃！舟舟也赞同地说，就是，就是嘛！

沈强冲宋晓兰无奈地笑笑，宋晓兰又开始给沈强碗里夹饺子。

两个孩子叽叽喳喳吃完饭，又跑回房间里去了。

剩下两个大人，却基本无话。宋晓兰率先吃完，端着自己和孩子们的饭碗去了厨房，沈强随后端着空碗盘跟了进来。

我来刷碗吧，饺子不能白吃。沈强将碗筷放进洗手盆里说。

宋晓兰没说话却抓住了沈强的手，但紧接着，又松开了。

宋晓兰慢慢转过身来，盯着近在咫尺的沈强，眼神柔软而幽怨。

抱抱我。宋晓兰轻声说道。

大嫂……沈强没有动作。

亲亲我！宋晓兰微微仰头，闭上了眼睛。

大嫂……

宋晓兰仍然闭着眼说，别叫我大嫂！

大……沈强吞掉了一个字，窘迫至极。

宋晓兰忽然睁开眼睛说：我问你，为什么你上一次敢吻我？

沈强满脸酱红，语无伦次：那天是我喝醉了，下着雨。

宋晓兰瞪大眼睛狠狠盯着沈强，一字一句地说：我不需要你的可怜，你该走了！

说完，刷地转回身去，拧开了水龙头。

沈强逃也似的走出厨房，换上警服，叫了沈素素就走。临出门时，他还能听到厨房里巨大的“哗哗”的水声，就像那晚窗外突然降临的瓢泼大雨。

下午一上班，沈强就和小谢忙着调查女精神病人的身份。

他们先将女人的大头照发在了派出所的微博上，寻求热心网友帮助，同时给所有精神病院打了电话，问最近有没有丢失病人。最后又制作了一份“招领启事”，让协勤出去四处张贴。

忙完这一切，还没等歇歇，又一个指令电话打了进来：辖区绿松小区有一户人家着火，要求迅速出警。沈强问指挥中心的接警员，打119了没有？对方说打了，但是很多群众都在打110，你们离得近，先赶过去看看。

因为是火警，消防队一会儿就到，沈强就把小谢留下了，意思是赶紧继续查找女人的身份。他带着一个年龄较大的协勤老于开车火速赶往绿松小区。

车进了小区，还没等打开车门，人群就围了上来。沈强下了车抬头观望，乌黑的烟和橘黄的火正从一单元二楼东户的窗子里向外翻卷，连楼房外墙都被熏黑了，看来屋子里火势很猛。人们七嘴八舌地说着各家损失，说着起火原因。沈强嗓子一亮，大声问道：楼上还有没转移出来的人吗？

众人回答，都出来了，屋子里没人了，但损失肯定是少不了了。一个年轻人还骂起来，我刚换的网线也完了。正说着，一个七十往上的老太太挤进来，浑身打着摆子边掉泪边推搡着沈强说，警察来了就好了，着火的就是俺家，你们赶快进去给我把钱抢出来！

沈强惊问：这么大的火怎么进去？您老的什么钱在屋里？

二十万块钱哪！老太太话刚一出，人群里就“嗷”的惊声一片。老太太的哭声更响了，那可是俺老伴被车撞死的赔款啊！

沈强心中一痛，连忙安慰老太太说，不要紧，存折烧了去银行挂失就行，国家不会少您一分钱！

哪料老太太一屁股坐在地上号起来，没存银行啊，那都是一张张的纸钱啊！完了，全完了！全烧干净了！

沈强听到这里，不禁出了一身急汗。大娘，您的钱放在哪里了？

就在南卧室壁橱中间的那个抽屉里……

老太太话音未落，沈强就从人群里冲了出去。老于的喊声急忙从背后追上来，沈导你不要命了？消防队马上就到啦！

沈强刚冲进楼道，立刻被浓烟呛到了喉咙，感觉脖子处像被一把铁钳狠狠夹住，无法呼吸，大脑缺氧，脚步踉跄。冲到二楼门口时，眼前已是金光闪闪，似乎出现了幻觉：屋子里好像还有人没跑出去！

沈强先用脚撞开洗手间，拧开水龙头，扭头连喝了几大口水，干裂火辣的嗓子瞬时有了些细微的清凉，然后扯下一条毛巾用水打湿，捂在鼻子上向卧室冲去。浓烟滚滚，火焰高涨，屋子里的一切都像被烧到了沸点，短短几步路，沈强感觉头发被烤焦了，衣服被点燃了，皮肤被烧焦了，眼睛被热浪灼伤了，拼尽最后一股力气冲进向南的卧室里，沈强却大吃一惊：那个着火的壁橱中间的抽屉是拉开的，里面什么都没有！沈强正待转身跑出去，突然身边传来一阵巨响，沈强以为是墙体坍塌了，身子一斜，视线里却看见一团黑影撞在客厅里那张正在燃烧的餐桌上。沈强以为那只是幻觉，可接下来他发现自己错了，那团黑影艰难地爬起来，双手护头向门口冲去。

沈强想吼一句脏话，但根本发不出半点儿声音，只得咬牙追了上去。他忽然间什么都明白了，这个人也是为老太太的钱进来的，他是个贼！

冲出房门，沈强凭着仅剩的一点儿意识判断，脚步声没有下楼，而是上了楼顶！沈强怪笑一下，用手拍灭右边眉毛上正在燃烧的火焰，拉着滚烫的楼梯扶手，向楼顶追去。

越追越近，上面的人似乎意识到被追，脚步越来越快，最后只听见“扑腾”一声，彻底消失了。

沈强来到顶楼，推推两边紧锁的房门，一个鱼跃向上抓住铁梯扶手向天窗攀去。爬到顶端准备露头观察时，忽然听到一种异响，急忙将头缩回，这时头顶猛地闪过一支钢管的影子。

妈的！沈强再次冒出头去，一个踏步跳出天窗。终于看清了那个手攥钢管逃向远处的家伙。

沈强大步流星逼近，那家伙终于走投无路，回过身来。

回过身来，那家伙一愣，竟然“扑通”一声给沈强跪下了。

叔叔，你饶了我吧！

沈强发现，下跪的人还只是个孩子。

做了错事，就要付出代价！沈强粗喘着怒吼。

叔叔，我也是进来给老奶奶救钱的，你就放了我吧！

放屁！

叔叔，真的！我没骗你！我还认识你！我叫隋波，我跟你……沈素素是我的女朋友！

沈强愣住了，怪不得觉着他眼神似曾相识。原来他就是那个在楼梯上亲吻女儿的家伙。

闭上你的狗嘴，把钢管扔过来，把你偷的钱交出来，别让我把你一嘴的狗牙全都敲烂！

隋波犹豫着，先是突然抓紧钢管，接着又放弃了，将钢管抛过来，直起臃肿的身子喊道：你别过来！你要抓我，我就从这里跳下去！

沈强一脚把钢管踢远，咬着开裂的嘴唇，向隋波一步步走近。

你疯了？我真要跳了！

沈强继续向前逼近。

隋波满眼都是惊恐，一脚踏上楼顶边缘的水泥台。你疯了！你神经病！你别再走了，我要跳了！

沈强仍然向前走着。

突然，隋波从水泥台上跳下来，再次跪倒，嘴里吼着：你抓我吧，我知道错了叔叔！

沈强伸手像抓一只鸡仔一样把隋波提溜起来，左手照脸给了他一巴掌，右手一把扯开了他那件臃肿的夹克服。

“哗啦”一声，夹克服里掉出成捆成捆的钞票来。

隋波垂下头一看，再抬头时，那种让沈强恨之入骨的眼神又出现了。

那堆钞票，根本就不是人民币。或者说，不是真正的人民币。

是冥币，上面印着天国银行。

叔叔，不好意思！隋波挣脱了沈强的胳膊，向天窗走去。边走还边回过头来冲着沈强喊，叔叔，对不住了，其实这事从头到尾都是场误会，我希望你不要告诉素素！

沈强愣愣地盯着那堆冥币，直到有一股突然跑偏的冷水，将他浑身上下浇了个透湿。

回到所里，老于从宿舍给沈强找了几件干衣服换上，抱歉地说，沈导，对不起，我今天出警没带照相机。沈强说，这有什么，一场火警。老于说，不是为了取证，我是真后悔没拍下你刚从楼上下来时的样子。沈强问，我那时什么样子？老于说，要多滑稽有多滑稽，要多吓人有多吓人！沈强又问，你有没有发现在我之前还有人下楼？老于说，没有啊，怎么了？沈强说，没什么，我也觉得楼上没有人了。

两人正说着，小谢跑来报告：医院那边快把咱的报警电话打爆了，说我们再不过去把女疯子接走，他们就要告我们去。

沈强马上和小谢开车去医院，路上沈强问查到她的身份住址没有？小谢沮丧地说，没有。网上呢？网上你看了没有？小谢骂了一句脏话，你抽空自己去看看吧，没有一个谈正事的，你抱着裸体女人的照片倒贴得满世界都是，光是谈论那对大波的帖子都过百了！

医院的态度很明确，没有专人看管和充足的费用保障，女人这颗定时炸弹就坚决不能留下，下午已经打过两次强力镇定，再打怕就要出事了。好在疯癫乱语的女人一见到沈强，狂躁中竟突然安静下来。

往回走时，小谢愁眉苦脸地问，一个大活人，我们该怎么办？

沈强说，你搂着，我回家，晚上让她陪你值班。

快饶了我吧领导，小谢抬起胳膊来哭丧着脸说，你就不怕明天一早她啃得我连骨头都没了？

那你说怎么办？

我倒有个馊主意，听说我嫂子在家是全职太太，只要她不嫌弃，你先带回去养着，等找到线索了再遣返。

好吧。沈强说。

真的假的啊?！小谢瞪大了眼睛。

回到所里，眼看就要到傍晚交接班了，小谢换了便服出去约会，沈强陪女人去食堂吃饭。这时沈强收到一条短信，打开一看：这是最后一次发短信给你，知道我刚才接舟舟时看见谁了吗？她跟一个银发老头在一起，舞伴不跳舞时也手拉着手吗？沈强盯着手机，犹豫再三，回复道：不好意思，收到的全是乱码，还能再发一次吗？

两人走进食堂，做饭的穆大姐一眼就觉察出女人不对，开玩笑说，沈导，这位贵客是谁啊，嘴里说的是洋文？沈强苦笑，说来话长，给她弄点儿吃的吧。穆大姐说，锅里稀饭炒菜都有，你给她盛，我先给她梳梳头，看这头发乱的。

穆大姐不光给女人梳了头，还用湿毛巾给她擦了脸。沈强始终在一边警戒，生怕女人又犯病咬人。可女人也许是累了，出奇地安静，不说话时几乎看不出精神有问题，倒是经过一番梳洗显得更俊秀了。

吃完饭，沈强暂时把女人领回了家。打开房门时，见沈素素正蜷在沙发上笑着打电话，一见有人进门立即挂了线，当看到沈强身后站着神思恍惚的女人时，嘴巴张得能塞进去一只拳头。

爸，她是谁？

我也不知道。

爸，你又喝醉了？这么晚了，你带一个陌生女人回家，我妈……

你妈呢？跳舞还没回来吧，这么晚了你该担心的是你妈，而不是她！说着，沈强将女人按在沙发上，去倒了一杯温开水递给她。

沈素素正要回卧室，沈强忽地从后面叫住了她：你回来！你还没有告诉我，隋波是谁？

沈素素的脸刷地一下红了，爸，你以前就知道加班喝酒，现在学会一天到晚地跟踪人了？

我再问你最后一遍，隋波是谁？

我同学，怎么了？沈素素假装理直气壮。我就知道你想问那天晚上的事，我现在不想说行不行？

不行！沈强声音高起来，表情已近乎狰狞。你就告诉我，你为什么喜欢他？他哪一点好？你了解他吗？

好！沈素素开始吧嗒吧嗒地掉泪。因为他对我好，他能带给我安全感……

沈强几乎是咆哮着打断沈素素：你说什么？你敢再给我重复一次！你爸是警察，你却觉得一个贼能带给你安全感?!

沈素素惊呆了，她望着沈强血红的极度外凸的双眼，以及因愤怒和炙烤严重扭曲的脸，好久才反应过来，大声哭泣着跑回卧室，“砰”的一声关上了房门。

屋子里静了下来，静得仿佛能听到灰尘落地的声音。这时，坐在沙发上的女人却突然有了动静，发出一阵类似敲打木鱼时的空响。

沈强在她身边坐下来，发现那声音来自女人发抖的牙关。他用双手按住女人的手臂，感觉她浑身冰凉彻骨。于是赶紧找来一条毛毯给她披上，可她抖得更厉害了，只一会儿工夫连嘴唇都白了。

沈强正手足无措，目光却落在博古架上。那上面有一排倒挂的玻璃杯，还有几瓶上好的陈年老酒。

沈强快步走过去，端了杯子夹了酒瓶回来，给自己和女人各自倒了一小杯白酒。然后将酒递到女人手里，自己和她响亮地碰杯。

别怕，喝吧，喝了它就好了。沈强鼓励女人。

女人低头喝了一口，因为不适险些被呛，但随即眼神就亮了，身上也抖动得轻了。她随即又喝了一大口，竟然笑了，眼睛里流出两行泪水。

喝吧，喝吧。沈强想一旦女人喝醉了，不正好可以安安静静地睡觉吗？喝着，喝着，女人的眼泪越流越多，沈强也渐渐蒙眬起来。沈强对着女人说，哭吧，能哭也是一件好事。反正你也听不懂，我给你讲个故事吧？这个故事，我藏在心里都快六年了。

沈强说，我们局里有个家伙，部队转业的，有射击特长，人送外号“神枪手”，可他很少有施展身手的机会。有一次，局里派人去抓一个杀人犯，逃犯住的地方是个平房，外面带着小院和围墙，民警在小院里埋伏好了等着，可没想到逃犯狡猾得很，回来时感觉不对，没等走进小院突然转身就逃，大家急忙去追，逃犯就在巷子里掏出枪来开火，民警立即回击，当场就把他击毙了。可那次行动，也牺牲了一个民警。

沈强说着，顿了一下，见女人喝光了杯里的酒，闭上了眼睛，似睡非睡又似正听得痴迷，于是继续说道：牺牲的那个人，是我的亲哥哥。可你知道吗？他的枪伤竟是在后心上，后来经过弹头和弹道检测，那颗子弹居然是从自己人的枪膛里打出去的。

而我被证明，就是那个该死的“神枪手”！

说完，沈强热泪长流，一头倒进女人的怀里睡着了。

作者简介：纪富强，山东省作协会员、鲁迅文学院第二期公安作家研修班学员。迄今已出版小小说集《乡村凉拌》、《假装你爱我》、《爱恨同眠》等十部作品；中篇小说《八月之旅》、《薄如蝉翼的夏日》；长篇小说《致命嫌疑》、《罪爱》（台湾出版繁体字版）；有作品入选中学生课外阅读教材、高考模拟试卷或被翻译成英文。曾获全国新世纪微型小说大赛一等奖、首届齐鲁金盾文学奖、冰心儿童图书奖、中国第五届侦探推理小说大赛全国最佳新人奖等。

英 雄

潘 吉

北京的深秋，让我既爱又恨。校园里那几株美丽的银杏，还有数排可爱的平房，又一次勾起我温馨而疼痛的记忆。但不管怎样，北京还是一个令人向往的地方。这次参加公安部刑事侦查进修班学习，我有幸回了一次母校。

离开公安大学已有多年，看到那栋曾经见证过我的初恋的学生公寓楼，触景生情，第一个想到的便是我的上铺兄弟英雄。正想掏手机给他打电话，这厮倒先打过来了，问我在哪里。我说，正站在你当年发情的那棵银杏树下呢。英雄冲着手机大叫，你才发情呢！呵呵，我能想象此刻他在电话那头的样子，一定是眼睛瞪得像铜铃那般大。

英雄来电话不为别的，是想请我喝酒，这是

我没想到的。以前我俩经常厮混在一起，自从他有了小琼后，就再也没在一起开怀畅饮过。我几次找他喝酒，他总说忙，不是说值班，就是讲加班。一个派出所的小片警有啥忙的，我们干刑警的才忙呢！我请他喝酒，他非但不来，有时还教育我，说什么当警察要时刻牢记五条禁令。五条禁令又不是不许警察喝酒，只要上班不喝、开车不喝，平时还是可以喝的。这次倒好，他主动请我喝酒，不会是知道我在京城故意逗我吧？我说，好不容易逮着一个重回母亲怀里吃奶的机会，你就来胡搅，如有诚意，等我回来请。他说，已经跟别人讲好了。我说，你还是不是我兄弟，我一出门你就请客，什么意思？对方知道我的牛脾气，最后答应等我进修回来再请。

进修班就在母校的高警楼里。所谓高警楼，就是高级警官培训楼的简称，牛得很，一人一房，电视、电脑、冰箱、独卫一应俱全，这与我当年寒窗求学相比，真是天壤之别。我半倚在柔软的席梦思床上，给老婆报平安。我俩结婚才半年，如今天各一方，真有些不适。有人说小别胜新婚，那是站着说话不腰疼，即便是这样，也得看看对象，恐怕这话只适合那些老夫老妻们；还有人说距离产生美，那是狐狸吃不到葡萄说葡萄酸，距离远了，再美的东西也容易产生裂痕，有了裂痕，你说还美吗？

哄完娇滴滴的老婆，刚挂断电话，手机又响了，又是英雄这小子。他问我是否可以请个假早点儿回来。我说，你好歹也算个警察，懂不懂纪律？况且你不是答应我回来再请吗？他说，同事们催着我嘛。我说，你就等等吧，就等半个月，看在你姐夫的分儿上，也得等我回来再请。他说，谁是我姐夫？我可从来没承认过。我说，你承认也得承认，不承认也得承认，刚才我跟你表姐通电话时，她也迫切希望我早点儿回家，我不可能赖在京城故意不回呀。

我老婆确实是英雄的表姐，虽然只大英雄一天，但哪怕是早一秒出生也是大。说实话，我找英雄的表姐做老婆，是为了弥补我初恋的损失。这个我老婆不知道，可英雄知道。我要让英雄叫我姐夫，即使不叫，至少在亲戚朋友眼里，我就是他的姐夫，真真切切的姐夫，名副其实的姐夫。

进修学习很快画上了一个还算圆满的句号，走的时候我有些依依不舍，但双脚还是生风似的飞出了校门。回家那天刚好是周末，高铁二等座一票难求，我只能忍痛高价买了张商务座。和谐号的商务舱宽敞明亮，可让我觉得有些压抑、有些忐忑，感觉车厢里弥漫着一股咄咄逼人的霸气，连座椅也如同大腹便便的暴发户，这与我一个小警察的身份很不相符。第一次坐这么高贵的车厢，难免有些异样和不适，我环顾前后左右，总算找到了自己的座位。刚把忐忑的心放平，眼皮突然一阵猛跳，我看到不远处有个女子在看我。彼此目光相交的那刻，我的脑神经差点儿短路。怎么是她？我来不及把目光收回，对方已向我投来淡淡的一笑。这笑，似乎什么都有，似乎又什么都没有。

英雄的电话来得正是时候，这回我得感谢他，借接电话之机，我把目光从对方的眼神里抽离出来。喂，是英雄啊！我仰靠在红色真皮椅背上，故意提高嗓门儿，把英雄的名字叫得震天响，以至于全车厢的人都探头看我。我知道不少人的目光很惊异、很不友善，但我要的就是这个效果。

时速三百多公里的高铁真快，几个小时就到家了。等我下车，英雄已在车站出口处候我多时。我说，你干吗来得这么早？他说，早来不好吗，迟到不是我英某的风格。我说，你少来，别吹了。他说，你可别忘了，大学的时候还不是我像老妈子似的天天催你起床。我说，对了，你不说大学我倒忘了，今天在车上撞见一个重量级人物。英雄见我一脸坏笑，警惕地问，是谁？我说，你猜。他说，我不猜，反正从你这张乌鸦嘴里说出来的不会是好人。我说，你说对了，这个人确实不是好人，但她毕竟是你爱过的人。他问，你说的谁呀，怎么会是我爱过的人？我说，你的前女友李珊珊啊。他听了就来气，说，谁的前女友，那是你的前女友，你不要了，叫我做替死鬼。我说，你怎么说话的，明明是你夺人所爱，还鸣冤叫屈呢。他提高嗓门儿对我说，你别再提她啊，早跟我无关了。我说，你这个家伙忘恩负义啊，怎么一下子就无关了呢？他说，人家早就跟着大老板吃香的喝辣的去了。我说，我不管现在她跟谁，但你得承认，当初是你把她从我身边拐走的。英雄瞥了我一眼，装出一副认真开车的样子，不再理我。

酒宴安排在外婆饭店舅舅厅。我去了才知道，英雄请我吃的是庆功酒，好在他自掏腰包，不存在公款消费，也无老板埋单之嫌，一桌十二个人，大家心安理得地吃着。英雄之所以事先不告诉我，是要给我一个惊喜。其实，最惊喜的不是我，而是他妈。英雄曾不止一次地吹嘘，说他妈怀他的时候就已经为其起好了“英雄”这个名字。他妈也真是的，怎么给还没出生的胎儿起这么一个高调的名字？“英雄”这个称号，不是人人都可以拥有的，要付出很多，甚至生命的代价，干吗不直接起个实惠一点儿的名字，比如英科、英局、英处什么的。后来我才知道，英雄的父亲英大勇原本也是干公安的，在英雄还没出生的时候，就在一次执行任务中因车祸撒手人寰。想必他妈一定是希望自己的孩子长大后接父亲的班，日后也能成为一名英雄。这小子倒也幸运，非但毫发未损“哇哇”来到了这个世界，还享受着烈士家属的待遇，让他的高考成绩恰巧够着了公安大学的门槛，否则我俩恐怕无缘做同学了。

同窗四年，朝夕相处，我知道英雄不是一块当英雄的料。当英雄最好是文武双全，至少得有胆量、有酒量，但他胆量不行，酒量也不行，见了蛤蟆都怕，字又写得烂。他最大的本事就是拐走了我的女朋友，不过那个爱慕虚荣的李珊珊也确实不是我的菜，当然我知道也不是英雄的菜，事实证明我的预见是对的，只是当初一时转不过弯儿来。今天英雄是主角，他埋单请客，我就不揭他的短了。

大伙儿都敬他酒，酒过三巡，他就有点儿高了，话也像螃蟹嘴巴上的唾沫多了起来。英雄指着我的鼻子开始发牢骚，你看你们这帮干刑警的，领导的宝贝疙瘩，一哭就有奶喝，一不小心就立功嘉奖；我们干片警的，后妈生的，再努力也白搭，不要说立功嘉奖，弄个表扬都很难。我说，你不是也立了吗？而且一立就是一个二等功。他说，你知不知道这个二等功是怎么立的？是我求爷爷告奶奶，用倾家荡产和生命代价换来的！

我知道，自打我俩大学毕业后，英雄心里一直有气，倒不是他与我在李珊珊这件事上有过瓜葛，因为此事早已成为过去式。问题出在我俩是同班同学，学的同一门专业，回到同一个地方，进了同一家单位，却偏偏分在不同的岗位。什么专业不专业，接收单位才不管呢，想让你干啥就得干啥，除非你有本事跟人家去拼爹。等新警上岗培训回来分配时，我去了刑警队搞破案，他去了派出所当片警。行内人都知道，整天跟婆婆妈妈打交道的片警，是很难有机会立功嘉奖当英雄的，而干刑警的机会确实多一些。英雄可能受他母亲的影响太大，自以为天生是块做英雄的料。平日里一直与我攀比，每比一次就发一次牢骚，尤其是我工作不到一年就立了个三等功，他更是气上加气。有一回，他段里发生一起凶杀案，刚好我接手此案，老同学嘛，他特别卖力，跑上跑下，又是带我摸线索，又是给我当后勤。后来，案子破了，我立了个三等功。他呢？非但没立功，连个表扬都没有。总结会上，领导反而批评他，说他没把社区防范工作做好，发生了不该发生的案子，把一个保持多年的安全文明小区牌子给砸了。我很为他抱不平。我对领导说，我已立过一次了，这次就让他立吧。领导说不行，该谁的功劳就该给谁。我说，他帮我摸线索，又给我当后勤，没有功劳也有苦劳啊。领导说，你是不是不要这个三等功，不要的话我可以收回。既然领导这么说了，我还能说什么？

庆功宴的气氛异常热烈，以至于整个饭店只剩下我们这一桌，大伙儿还在开怀畅饮。英雄在大家的恭维下，也在酒精的鼓动下，手舞足蹈起来，开始讲他的立功经历。

那个劫持人质的案子并非发生在他的管区里，但劫持人质的案犯与他曾是多年的邻居，也就是说，两人小时候光着屁股一起打过弹子、下过棋子、掏过鸟窝子。等他知道这个情况时，他邻居的刀已架在女孩脖子上整整四个小时了。由于案犯拒绝任何人进入房间，局里已派特警队员和狙击手准备强攻，但现场环境和视角不好，当场击毙的风险太大，所以迟迟没能下手。领导决策的迟疑，给了值完夜班正在家中休息的英雄一个千载难逢的机会。他得知情况后，没跟任何领导请示就直奔案发现场，气喘吁吁的他刚碰着警戒线就被分管刑侦的副局长一把拦住。英雄恳求道，王局您让我进去，我知道那小子的脾气，我能制止他。王局扫了英雄一眼，鼻子里呼出一口气说，你是哪儿的，这个时候还来捣乱？英雄说，王局，您不认识我，我可认识您，我是城南派出所的社区民警，姓英，名雄。王局上下打量了一番英雄说，你叫英雄就想来逞英雄是不？英雄耐着性子说，王局，您别这么说，现在救人要紧，您就让我进去吧，里面的劫匪和那姑娘我都认识，我保证人质的安全。王局声音提高了八度说，谈判专家都保证不了，你拿什么保证？英雄被局长的话问住了，脑神经短路了片刻终于蹦出五个字，拿我的性命！王局说，即使你有一百条命，也不能胡来。英雄已经没了退路，但男子汉大丈夫怎能退缩？他憋了一口气咬着牙说，这不是胡来，如果解救不成功，我愿接受组织处分；如果人质死了，我愿意承担受害者家属的全部经济赔偿。王局瞪大眼睛愣了一下，也无话可说了，想不到一个小民警会说这种狠话。但他做不了主，上报到局长，局长也做不了主，最后还是政法委书记拍的板。

之前我只知道他因为解救人质而立了功，不知道背后还有这么一个故事。这次解救人质算是我局公安史上一个成功的范例，英雄也因此成了名副其实的英雄，但他的这种冒险我还是为其捏了一把汗。我说，万一失败，你的责任就大了，恐怕一辈子都完了，你一个小民警，这样做，值吗？英雄摇晃着身子站起来，红光满面地举起酒杯说，值！一百个值！说着将杯中的酒一饮而尽，我从没见过他这个样子喝酒的。我猜想，他的这个值，虽有被酒精浸泡过的成分，但应该是他的真心话。我甚至想，或许他是要以一种特殊的方式来报答母亲的养育之恩，为母亲给他取这个名字而争气争光，当然也可能想用立功来告慰他那个没见过面的父亲。我问英雄，当初你是怎么想的？英雄用手戳着我的鼻子说，我第一个想到的是你。这小子竟然说第一个想到的是我，让我不解。我问他，你想到了我什么？他继续戳着我的鼻子说，我想到了你立功时那副春风得意的样子，是你给了我动力。我说，你小子干吗老跟我较劲？他一屁股坐到椅子上，有气无力地朝我翻着白眼说，我才不跟你较劲呢。

今天的酒大家喝得都有点儿过了。有人提议，去钱柜唱歌。我觉得这提议不错，一来喝个茶醒醒酒，二来刚才酒桌上没发泄完的可以借歌声继续发泄。英雄说，算了，大家早点儿回家吧。我说，你小子就是没劲，是不是还有约会？他说，约你个头，你不看看几点了。我说，才晚上十点，大家难得一聚，你就别扫兴了。他说，别忘了三项纪律！我说，你又来了，套什么高帽子？我们去的又不是夜总会，完全是自娱自乐，不违反任何纪律。说着，几个弟兄连拖带拽硬是把英雄拉进了KTV。

从钱柜出来已是午夜时分，街上寒风萧瑟，行人很少，唯一让人觉得有些暖意的是道路两旁的路灯，橘黄色的灯光把我们歪歪斜斜的影子拉得很长很长，似乎要把我们拉进另一个世界。一阵风吹来，树上的枯叶开始发抖，一片一片地落下来，又一片一片地在地上打滚。远处闪烁着红蓝颜色的治安岗亭，在寒风中默默伫立着，煞是孤独。在这个寒冷的夜里，谁也无法统计有多少人已经安睡，有多少人孤枕难眠，又有多少人依然在忙碌。在这个平凡的夜里，谁也无法预料下一刻会发生哪些不平凡的事。我突然想起我的另一位公大同学李大龙，刚毕业的时候也被分配在派出所，后来提干去了巡防大队卡口一中队当副队长。他是那么能干有活力的一个人，可在三年前一次设卡拦截毒贩时，一名毒贩驾驶汽车强行冲卡将他撞倒，在被送医院的途中就离开了我们，年仅二十七岁。他死时没留下任何话语，后来我找到了他的一本日记，其中有这么一段话："不想当将军的不是好士兵，不想立功当英雄的不是好警察。也许我当不了英雄，但我崇拜英雄，当有一天我离开的时候，也许我正走在寻找英雄的路上。"想到他，我的眼睛湿了。

英雄站在红绿灯下的风口上，手舞足蹈地对大家说，今天谁也不许开车，都打车走啊，车费明天我给报销。我勾住英雄的肩膀说，人家又不是小孩，别管他们了。我和英雄也打了一辆车，我们两家离得不远，算是顺路。上了出租，我先到家，车费自然由他掏了。目送英雄搭载的出租车走远，最终消失在满地落叶的十字路口，我突然觉得，英雄对我还是挺哥们儿的，虽然形式上抢走了我女朋友，说句心里话，事实上他为我排忧解难了。那时我通过英雄已经认识了他表姐，我觉得她比李珊珊更优秀，不管是脾气、人品，还是学业，人家毕竟是清华的高才生，而李珊珊只是卫校的一名中专生。

第二天上班，怕隔夜的酒力未消，我没开车，而是选择了公交，一块钱到单位很方便，也算为城市绿色环保做一分微薄的贡献。刚到办公室，茶还没泡，电话铃就响了。莫非一早就有案情？我连忙接起电话，一听是城南派出所郝所长的大嗓门儿，问小潘在不在。我说我就是。他说，不好了，英雄出事了。我问，出啥事了？他说，出大事了。我有点儿不耐烦，我说郝所长啥事你直说，别跟我拐弯抹角啊。他说，英雄被拘留了！我说，郝所，是不是昨晚酒喝多了，你说谁被拘留了？他说，英雄啊，这臭小子昨晚不是跟你一起走的吗，怎么开车撞人了？我说，不可能啊，昨晚我俩一起打车走的，怎么可能开车撞人呢！郝所说，真的，人家小姑娘还躺在ICU里呢！我听他不像开玩笑，也急了，问他英雄现在在哪儿。郝所说，在交警大队事故中队，马上要送看守所去了。我丢下电话，叫上正进门的新警小陈，说，快，送我去交大事故中队！

事故中队在车水马龙的平安大道旁，一进中队大门，就看到院子里站着一群闹哄哄的人。有的说，警察知法犯法，必须严惩；有的讲，听说此人还是一个英雄呢；还有的鼻子出气，英雄个屁，只是他的名字叫英雄罢了。我从人们的嘈杂声中听出了大概意思，看架势他们是伤者的家属，是来讨说法、讲条件的。

我挤过人群，进到里面，英雄耷拉着脑袋坐在一间小屋子里。见我进来，他抬了下头，面无表情地看了我一眼。我本想教训他几句，但看他一副可怜巴巴的样子，只能收住话头，换了一种口气说，兄弟，到底怎么回事？英雄说，我酒驾了。我说，怎么可能呢，难道你回家后又开车外出了？英雄说，下了出租尿急去马路对面的公共厕所，刚进去就听到隔壁女厕所里有一个微弱的声音在喊“救命”，我跑过去一看，一个女的浑身是血倒在地上。我想报警，但手机不知丢哪里了，跑到外面路上，等了两三分钟也不见一个行人一辆汽车，人命关天，我就赶紧回家开车送她去了医院。当时脑子里什么也没想，等那个女孩进了抢救室，通知她的家属过来，我才意识到自己酒驾了，想开溜已晚，女孩的家属硬说我喝了酒开车撞人。

我打开案卷看了化验报告，“81mg/100ml”赫然在目，脑子轰的一下空白了。英雄的酒精含量刚过醉酒标准，这就意味着，不管女孩是不是他撞的，他已触到了“危险驾驶罪”这根高压线。难道就这样把一个好端端救人的英雄送上法庭受审？我有些不甘，便带着怨气对站在我旁边的事故中队中队长发火，你们难道不能手下留点儿情吗？中队长说，人家只知道警察喝酒开车，哪还管你救不救人，早在网上炒得沸沸扬扬了，领导想保也保不了，不信你上网去看看。好一个冤大头！我为英雄难过，但水已流到下游，再难过也只能先把他送去看守所，况且女孩的家属还在外面闹呢。

英雄醉酒的事实清楚、证据充分，虽然最后弄清了事情的原委（女孩受伤确与英雄无关，而是被前男友捅成重伤的），但还是没能逃脱法律的制裁。为此我们几个同去喝酒的警察也都受到了处分，但愿我们的处分能减轻他的刑责。

开庭那天，寒风凛冽，太阳在云层里忽隐忽现。等我来到法院门口时，门前小广场上已聚集了不少人，黑压压一片。我一看，大多是那天在交警中队闹事的女孩家属，还有一些陌生人，他们拉起了横幅，要求无罪释放英雄。我不知道自己是被风沙吹了，还是因看到了这样的场景，眼睛又一次湿了。我无言以对，心里只蹦出了两个字，晚了！

审判几乎没有悬念，英雄被法院判处拘役一个月，并处罚金人民币一千元。

几天后的一个下午，我趁去看守所办案的空隙，见了英雄一面。他理着光头，看上去白胖了很多。我问他，在里边过得怎样？他说，每天拉一次屎，原来便秘的毛病也治好了。我说，照你这么说，看守所快成医疗中心了，能治百病。他说，是啊，里边有一个我认识的局级干部，已经关了一年，不知是案情复杂还是怎么的，至今没判下来，案子没结，身体倒好了，血压也不高了，血脂血糖也趋于正常了。我说，你别英雄乐观主义了，跟我说句实话，你待在里面不后悔吗？他想了想，没正面回答我，苦笑了一下反问我，如果换你遇上这样的事，你会怎样？我一时半会儿也不知怎么说，沉默了。

出狱那天，我开车去接他。小别克上了三环，就变得疯狂起来，大概是路况好的缘故，风也乘机跟在车屁股后面瞎起哄。英雄叫我开慢点儿。我说，没事，我又没喝酒，你不要一朝被蛇咬十年怕井绳。他说，我现在还怕什么，官司都尝过了。英雄转头朝向窗外，叹了一口气。我说，要振作，又不是干了见不得人的事，你依然是我们心目中的英雄。他说，你小子少来，还英雄呢，现在连狗熊都不如。我说，别小瞧自己，一切都会好起来的。我告诉他，局领导正考虑给你安排一个合适的工作。英雄说，算了，警服都脱了，还有什么好果子吃。我说，你也别怨恨谁了，当初的舆论压力确实很大，谁都想保你，像我们这些没权的想保你保不了，那些有权的也想保你，但又不敢保。

过了几天，一个周末的中午，我带着鸡爪、羊肉、烤鸭，还有老白干，开着心爱的小别克去找英雄。他母亲开的门，我问，英雄在不在家？她说，他在房间里。我推门进去，只见他捧着小琼的婚纱照正在发呆。我知道，还有一个月他将和小琼步入婚姻殿堂。我说，天天搂着大美女，你还没搂够啊。英雄没吭声，对我的到来视而不见。我推了他一把说，你小子怎么了？英雄喃喃自语说，她走了。我说，谁走了？英雄继续不吭声。我说，是小琼吗？她去哪儿了？英雄有气无力地说，回老家了。我知道小琼的老家在祖国最北的漠河，大学毕业后一个人来我们这座城市找了一份会计工作。我想说什么，还没开口，英雄又喃喃自语道，她不回来了。我一愣，突然意识到什么，安慰他说，她会回来的。英雄摇了摇头，又自言自语说，她不会回来了。我拉了一把他的胳膊说，走，去外面散散心！他说，不去。我说，你知道今天是什么日子吗？英雄抬起头，露出迷惘的眼神看着我。我说，今天是大龙的忌日。

李大龙的墓地就在离城区不远的孤山上。每年忌日，我和英雄都会带上好酒和一些食品去他坟头小聚，大家坐在一起聊个天、喝个酒。在大学同学中，英雄与大龙的关系最铁，所以当我说去山上见大龙的时候，他是无法推辞的。

冬日的孤山，银装素裹，昨晚下了今年的第一场雪，引来了不少上山看雪景的游人和一些摄影爱好者。我拎着买来的食品和酒，和英雄一块儿上了山。大龙住在半山腰的公墓区，从山脚下往上走四十分钟的路程，不算太远，但今天花了一个小时才见到大龙。英雄折了根松树枝把墓基周围的雪认真清扫了一遍。我铺开塑料纸把食品拿出来摆好，斟了三杯酒，拿起一杯酒对着墓碑上大龙的遗像说，兄弟，我和英雄陪你喝酒来了。然后将酒洒在墓基上。英雄也拿起一杯酒，面对大龙说，大龙，酒害了我，让我丢了工作，丢了爱人，今天我陪你喝最后一杯酒。说完他举杯一饮而尽。我又拿起一杯酒说，大龙，你放心，我会照顾好英雄的，好兄弟有福同享、有难同当，干！我举起酒杯也一饮而尽。

午后的阳光煞是温暖，道路两旁的雪已融化得所剩无几。小别克在山脚下热了热身，哼着小曲向城区进发。这时，英雄的手机响了，他掏出手机看了一下，又放回口袋，任凭它喋喋不休。我说，你干吗不接？英雄说，一个陌生电话。过了一会儿，英雄的手机又响了，他掏出来看一下，没接，又放回口袋。我说，你干吗还不接？英雄说，还是那个鬼电话。我说，人家可能有急事，否则不会连续打，你还是接一下吧。我刚说完，英雄的手机再次响起。我说，你不接，我帮你接。英雄没理我，接通了电话，冲着手机说，求你别再打我电话好吗？那边是一个女人的声音，叽叽喳喳的，我听不清是谁。英雄没等对方把话说完就挂了。我问，是谁，干吗火气这么大？英雄不吭声。我说，不会是小琼吧？英雄说，怎么可能是她呢。我有点儿警觉了，半开玩笑地问他，那是谁？不会是老相好吧？英雄有点儿不耐烦地说，什么老相好，还不是你的初恋李珊珊。我愣了一下说，怎么，你们还有来往？我怕刺激到他，立即收住话头。这时英雄的手机又响了，这次不是电话，而是一条短信。

英雄看了一下，突然惊呼道，快！去运河大桥。我说，怎么了？英雄说，是她发来的短信，说她现在在运河大桥上，如果半个小时还见不到我，就马上跳河了。我说，那你快回她一下啊！我知道李珊珊这人的德性，她什么事都做得出来，要是真的寻死觅活，怕是真的会发生不测。我心里疑惑着，转头瞄了一眼坐在副驾驶的英雄，心想，你小子怎么还被这妖精缠着？但疑惑归疑惑，我还是调转车头向运河大桥急驶而去。

从我们所在的位置去运河大桥差不多半个小时的车程，但今天是周末，一路上堵车堵得厉害，半个小时赶到那里有点儿悬。英雄说，我来开吧。我说，你驾驶证都吊销了，还开什么车。看得出来英雄有点儿着急了。

三十分钟后，小别克终于看到了运河大桥的英姿，但前面堵得很厉害，几乎走不动了。等了片刻，前方的车还不动弹，却看到许多匆匆往桥上赶的路人，我突然有了一种不祥的预感。我摇下车窗问一个往前小跑步的大妈，前面怎么了？大妈说，有人跳河了。还没等我反应过来，副驾驶上的英雄已经不见了，我抬头一看，他正向桥中央飞奔而去。我熄了火，也跟着奔过去。

等我来到桥面上，英雄已脱了外套准备跳河。我想制止他，可他身手比我敏捷，还没等我伸手去拉，他已纵身一跃跳进冰冷的河里。

“英雄！英雄！”我不顾人们惊诧的目光，一个劲儿地对着河面大声呼喊。我显得有些无奈，迟疑了一下，就向桥堍一侧的河岸跑去。

桥下河边有两个警察也刚刚赶到，正拿救生圈准备下水营救。这时，河面上有两个脑袋一浮一沉向岸边缓慢靠近。一个警察拿着救生圈下了水开始向河中走去，我不知道自己是怕冷还是怕死，只是一个劲儿地站在岸上呼喊英雄的名字。跳河的女子终于抓住了救生圈，在警察的帮助下，慢慢漂浮到了岸边。我正准备俯下身子和另一位警察将她拉上岸的时候，眼前突然一个恍惚，差点儿不想伸手。我迟疑了一下，但最终还是伸出了手，将对方拉上了岸。

跳河女子果真是李珊珊。她不是跟大老板去过幸福的小日子了吗，怎么跑到这里自寻短见呢？难道她被大老板甩了，又要找英雄重温旧梦不成？

很快，英雄也被人拉上了岸，我见他嘴唇已冻得发紫，连忙脱下自己的羽绒服给他披上。这时，救护车来了，人们七手八脚把英雄和李珊珊架上车。

不管英雄救的是谁，我决定为英雄此举向见义勇为基金会报功奖励。我跟局领导作了汇报，领导也支持我的想法。按照新出台的表彰奖励规定，英雄可以受到一个“见义勇为模范”的荣誉称号，更主要的是还能获得两万元的奖励。这对于目前无工作的他而言，也算是雪中送炭吧。申报那天，我把这事跟他说了。他说，不要。我说，不要你操心的，一切由我来办。他说，我真的不要。我说，你这人怎么这么死心眼儿，这是对你善举的褒奖，也是组织对你的关怀。我暗暗要求自己，一定把这件事办好！

两个月后，市见义勇为表彰奖励大会如期在市政府会议中心隆重举行。为了给英雄一个惊喜，我在会议召开的当天上午才打电话告诉他。下午，我开了小别克，提前一小时去英雄家接他。敲了一会儿门，开门的是一位头发花白的老妇人，我愣了一下，才辨出是英雄的母亲。几天不见，老人家似乎苍老了许多，以至于我都不敢认她了。我说，阿姨，英雄呢？他母亲说，不在，刚走。我问，去哪里了？他母亲说，具体去哪儿不知道，只说外出一段时间。我赶紧掏出手机打他电话，手机里却传来一个毫无情感的女声，您拨叫的用户已关机，请稍后再拨。我预感不妙，钻进小别克，赶忙调转车头。我本想等他领了奖，还要好好问他跟李珊珊的后续故事呢。这臭小子！我狠狠骂了一句，把小别克踩得吱吱直叫。

我暗下决心，非找到他不可！我又重重踩了一脚油门，小别克使出吃奶的力气，快速向前方驶去。

作者简介：潘吉，全国公安作协会员、江苏省作协会员、常熟市作协副主席兼秘书长、鲁迅文学院第二期公安作家研修班学员。

其小说在《人民文学》、《长城》、《延河》、《西藏文学》、《雨花》、《红豆》等杂志发表，有作品入选《小说选刊》和《2012年度公安文学精选》，出版小说集《透过开满鲜花的婚姻》、《谁动了我的杯子》等三部。现工作于常熟市公安局。

警营警事

王　健

老屋惊魂

数年前的秋天，有群众报警其家中一名精神有问题的女性亲戚可能死于老屋内。事关人命，警局立即派侦查、技术、法医等一干人马赶往现场。

老屋灰暗、破落，在飕飕的冷风里十分寂寥。

一警员奋勇当先，隔窗户查看，见房内一名女子侧卧，敲门敲窗喊叫该人均无反应。

于是他撬窗进入室内，见该女子仍无动静，便判断报警属实。

开门后，技术人员先入场，其他警员依次

入内。

只见技术人员打开光源，拍照固定现场。拍摄数张方位照后，待其近距离拍摄女子面部特征时，该女子忽然对着镜头快速眨眼数下，只听此人“妈呀”一声，同时向后弹出两米！

惊魂未定之时，该女子突然坐起对现场人员一阵憨笑。

美丽错误

接警，有一女子被警察污辱可能要寻死。

事关重大，派出所全员便装到场。

该女子衣散且乱，貌美而肤白，见警察断续哭诉：“那个警察将我衣服扒掉，再做的事我都不好意思说，我不想活了。”

众警员再三追问，她不答，只是哭。群众甚怒，对警察言辱口伐。

众警员不忍听之，亦不敢说是派出所的，谎称是局里派来的督察，便赶紧将该女子带回所里调查。好容易问清姓名，打电话到其家里，原来精神有问题，是一花痴，遂让家人带走。

此后每三天，该女子就会来找所里一英俊警员反映她的情况，哭哭啼啼，情况稀奇古怪。此警员不堪其扰，总是躲，一见她来就换便装躲。

有一好事者，坚信警察干了坏事，多方打听找到派出所想问问处理情况，有无徇私。那日，恰巧此英俊警员接待好事者，正当好事者将信将疑时，该女子来了，此警员立即换衣服准备逃，但为时已晚，被女子抓住。

女子向好事者哭诉：“这个警察不是东西，每次看到我，就脱衣服，幸好我聪明，总躲在人多的地方，才没让他得逞。”

好事者大笑，遂相信派出所公平公正。

不怕领导

元旦节日，普天同庆，派出所警员值班。

某局一位科长醉酒，摇晃着来警队说其龙卡被盗。

警员热情接待登记后，告知："请先行电话挂失，以免让小贼占了先机。"

科长不从，怒骂："公安无用！此小案破不了，定要改公安局为粮食局！"

警员心中不爽，但仍面不改色，平静道："请用语文明，别失了身份。"

此人又道："别说公安局，哪个局都不怕！"

警员见其醉态可掬，笑问："自己局长怕否？"

对曰："怕啥！别看我们局长平日一副人样，谁怕谁啊？不信你打电话给她，139……"

警员问："当真要打？"

该科长豪情万丈，坚持要求警员立即拨打。

于是警员本着"有求必应"的承诺，电告其局长，将事情原本说了。

少顷，一黑色轿车悄然驾临派出所，一位风韵犹存的女局长脸披寒霜、杏眼含威进得所来。

科长立即酒醒，自解喝高了，在警员同情的目光中灰溜溜上车随局长而去。

称兄道弟

边远派出所。

每到邻县年底搞综合治理评比时，小镇便会有一群奇装异服、奇言怪语的大军夜间从天而降，警员们苦不堪言。

那日，一个头上插着两片羽毛，身上穿着烂条条衣服，手上拿着把菜刀，酷似部落首领的人物来所。他拿着刀乱舞，“帮帮帮”，所长办公桌遭连剁三刀，无人敢直撄其锋。

一警员急中生智，摸出包香烟，抽出一根，面呈悦色道：“来，兄弟抽支烟。”

那“首领”把刀放下，接烟。

众警员趁机一拥而上将其擒下。

随即向警局请示如何处理。

得到答复：向当地政府汇报，让他从哪儿来就到哪儿去！

众警员相视而哂。

电话中毒

110 接警台，所有接警电话中有近四成是无效报警，其中多为学生放学时利用公用电话谎报警情取乐，接警台不堪其扰。

警局曾将此情通报其所在学校，但收效甚微。

那年，接警台来一奇女子，人称女中孔明，高招妙招甚多。得知此情后，曰：“此事易矣！”

众接警美眉拭目以待。

那日又是放学时，电话铃如约骤响，号码为众接警美眉恨之入骨、欲掐之而后快的电话。

只见该女子拿起电话，脸蕴桃花，轻启朱唇：“您好，这里是某某市 110 报警服务台，恐怖事件请按“0”，刑事案件请按“1”，治安案件请按“2”，公民求助请按“3”，其他请按“4”，骚扰电话请挂机！”

此时，那端传来嘈杂童音：“今天怎么变了，是不是打错了?”“再打！”

奇女子如前所述，应之。

那端人一头雾水，良久无话。

最后听一人道：“公安局的电话中毒了！”

自此后，骚扰电话日减。

百步穿杨

一警员酷爱枪支，曾称在警校期间25米、50米射击屡获第一，以养由基（战国时期楚国的神箭手）自诩。

无奈上头把枪支管得紧，平素也不敢轻易开枪，故“养由基”常技痒，以为恨事。

那日接警称：某地段有一恶犬伤人。

警队去四人，费九牛二虎之力将恶犬捕获，正准备棍毙之，“养由基”道：“且慢，今日我要一显身手。”

同人想长见识，遂把恶犬牵至僻静处，拴在电线杆上，让“养由基”用枪将其爆头。

只见“养由基”掏出枪来，吩咐众人闪开，自己亦后退十余步，凝神定气，道：“我现在代表党、代表人民宣布你死刑！”

“砰”的一声枪响，火花四射！

只见恶犬在枪响后狂奔而去，仔细一看，锁犬的链子被打断了。

众人均一愣，旋即强压着笑点，狂追恶犬！

难忘追捕

数年前，辖区小镇连发十多起盗窃案，那贼猖狂且狡猾，几次均从警员眼下逃脱。队长下了狠心，不擒此贼绝不收兵！

是夜，终于等来机会，只见黑影一现，警员们立成合围之势。贼机敏，忽掉头逃窜，骑一无牌摩托狂飙。

队长将老吉普开足马力猛追。贼左窜右拐，沿一泥土路逃，眼看无路可走便弃车上山。

队长直骂娘，率众警员紧追不舍，追至一果园边，已无贼踪，一行人又渴又累，瘫倒。

队长大喊：“某警员，进果园看看有没有！”

某警员进果园搜索，报告："队长，未发现嫌疑人。"

队长大怒："你不会抬头看看吗？"

某警员一头雾水。队长转怒为癫："你没看见头顶上的梨子啊？摘几个来！"

某警员大喜，旋即一顿猛摘！

第二日近午，警队来一老汉报案：昨夜果园梨子被偷若干。

警员窘，立报队长。队长颇镇定，亲自热情接待老汉，命食堂备下酒菜，一而再再而三挽留老汉共用中餐，并承诺此事定要一查到底。

老汉脸色阴晴不定，不置可否。

酒过三巡，队长举杯敬酒："大叔，有一事要如实相告，但请先饮了此杯再言。"

老汉甚豪爽，一饮而尽，道："老弟，莫讲了，不就是一点儿梨子吗，要是爱吃改天再吩咐犬子送来！"

众人大喜，举杯再敬。遂结鱼水情，成刎颈交。

家庭暴力

夏夜雨后，清凉宜人。巡警中队众警员正享受难得的美好时光。

忽接110派警称：本市某区某街某楼某男正遭受家庭暴力。

众巡警虽有些郁闷，但还是迅速赶赴现场。

只见一矮胖男站在门口，神情萎靡，屋内有一着低腰裤时髦女正在网上斗地主，现场无搏斗痕迹。

巡警迷惑不解，遂询问该男暴力何在？

该男答："老婆不愿意和我同床已三个月了！"

巡警问："你要我们啷个做嘛？"

该男喃喃自语："今天天气爽，实在是憋、憋不住了，只有找你们，有困难找警察。"

巡警两腮猛鼓，但强忍住，丢下一句："莫乱来哈，小心遭告婚内强奸哟!”

遂速下楼，上警车，爆笑，郁闷一扫而光。

回眸一笑

清晨车流高峰期，交警执勤。

迎面来一骑女式摩托、艳装卷发妇女。

交警哥哥作停车手势：“停下，出示相关证件!”

妇女下车，笑逐颜开，毫不惊慌。

交警问：“有何证件?”

妇女答：“没有!”接着双眼翻白，嘴里又泛出些许白沫。

队长一看大恐，是不是癫痫呀？麻烦大了！连抛眼神暗示，要执勤交警赶快放行。

交警心领神会，假装查看前方车辆，置妇女于不理……

妇女得此良机立即开溜。

临行时，此妇女回过头嫣然一笑说：“拜拜!”

然后加足油门，留下一股青烟扬长而去。

缕缕青烟中，队长与交警哥哥若有所思……

深刻教训

刑警队。

那日抓回来一嫌疑人让新警看管，由于没有看管经验，嫌疑人趁新警不注意，顺着二楼就跳下去，下去后就直挺挺地躺在地上一动不动了，似死亡。

新警大骇，火速送嫌疑人到医院。

医生紧张检查，新警和警队领导焦急万分!

尤其是队长，肠子都悔青了，不该叫新警承担如此艰巨任务，应当交与队中主力看管。

正当医生检查时，那嫌疑人忽然坐起来，笑嘻嘻地对医生说：

“我没有事，我就想把他们吓一吓！”

后来这家伙被拉回警队，警员们准备上纲上线，对他进行教育。

但被队长拦住，道：“没死已万幸，岂能再错？”

新式武器

有人报警，在里弄发现一条大蛇。

警员到达现场时，见是一条长约两米的无毒菜花蛇，一胆壮警员就眼疾手快抓了。

正准备拿回警队等领导说怎么处理，但又接警，附近地区有起纠纷。

于是一干警员带着大蛇前去处理。

警员赶往现场，围观群众皆惊呆了，似乎见了外星人。

胆壮警员这才想起手里正拿着一条蛇，有些不妥，便讪讪对群众一笑。

突然，人群中一中年男子道：“牛啊，现在的警察不仅有警犬，居然还有警蛇了。”

胆壮警员大笑，颇为自得，忘情处，手松蛇落。

众人一阵惊呼，一哄而散！

纠纷遂不化而解。

哑巴开口

南方一小镇。

镇上居民抓住两名外地小偷，众居民义愤填膺，把两小贼暴打一顿出了口恶气后，将贼送派出所。

两小贼到派出所后，口中咿咿呀呀不能语状，且装不识字，故笔录、口供等无法进行。

所长叫两警员好生看管，向警局求助。

两小时后，来个督察模样的人，进门看了两小贼的伤情后，大怒：“警局已多次规定，严禁体罚虐待嫌疑人，违者撤职查办。你们敢顶风违纪，事闹大了！”

两警员大呼：“冤枉！居民送来时已是如此。”

督察道：“现在人在派出所，是黄泥掉进裤裆里，不是屎也是屎了，还好，你们不仅要受罚，而且还要负赔偿责任！”

督察话音未落，两小贼便齐指警员道：“我们的伤就是这两警察打的！”

督察道：“不要乱说，你们可千万别诬蔑好人。”

两小贼赌咒发誓、绘声绘色、仔细描述警察如何“打人”。忽地，两小贼自觉不妥，立即闭口。

督察大笑：“已晚矣！”

催泪瓦斯

近些年袭警之风日盛。

上级体察警情，多方筹措，配发了非杀伤性武器——催泪瓦斯，但也是小心翼翼，不常用。

一日，一先进派出所警员闲得无聊，起了童心，拿着催泪瓦斯在卫生间里喷了一通，随后人走门关，以验效果。

恰逢省厅领导事先不打招呼，对此所进行抽查。

厅领导长途跋涉到所第一件事就是上卫生间。

进去快，出来也快，且满脸通红，擦着眼泪，喷嚏不断……

所长大惑不解。

厅领导随后只在户证室快速浏览一眼，说：“不用检查了——阿嚏！卫生环境太差——阿嚏！还谈什么一级！”

出门前还不忘留下两声响亮的“阿嚏”！

派出所数年努力，付之“阿嚏”。

事后所长查出事件元凶，脸绿了半年！

怒不可遏

女警，做户籍，已身怀六甲，但仍坚守岗位。

那日，有一男子来户籍室办身份证。

女警发现他是冒用他人的户口办身份证，便不给办理。

此男子就破口大骂，诅咒女警生不出孩子，即使生出来也是没屁眼，态度十分嚣张！

女警怒极，二话不说，直接上来给了他两巴掌！

事后，男子便投诉女警打人。

督察到后，把案件移交治安大队。

治安大队深入研究案情，遂以“冒用他人户口办理居民身份证”行政拘留此恶男。

二十日后，女警喜得一麟儿，取名“艾井”。

警中牛人

那年，派出所新来一警，面如锅，发如针，声如洪钟，且身大体魁，活脱脱燕人张飞再世。

牛人文武双全，晨练散打，夜读《春秋》，每每读罢便仰天长啸：大丈夫立于天地之间，当乘长风破万里浪！

见其气场如此强大，所长不敢安排其工作，但其工作积极性高涨，曾独自夜巡，上演单手擒贼之好戏。

一日，牛人打听到副镇长和计生办某干部关系密切，遂在某一晚主动带队夜查，将二人捉奸在床。

镇长连夜前来救援。牛人不买账，说怀疑二人有可能是前两天偷鸡的，要让村民明天来辨认。后所领导及局领导等多人来说情，方答应放人。

但牛人明确提出还要依法加大工作力度，还当地一片蓝天。镇长当时脸就白了。据说，第二天听到有这样好的一个民警分在本镇，书记的脸也白了。

一星期后，牛人正读《春秋》，接到通知：因表现极好，立即调到市区派出所上班，暂时享受副职待遇，一有空缺就上。牛人欢天喜地地离开。

事后得知，为这样一个优秀人才的调动，书记、镇长、副镇长还有市里的领导都出面到局里来，并且还摆了一桌，桌上为牛人请功。理由是，这样文武双全、积极肯干的好同志不提拔还提拔谁？

牛人到了新单位后一直享受副职待遇长达五年之久。

巡逻抓赌

二十世纪九十年代的乡镇派出所。

一民警夜间带领一批联防队员巡逻，主要任务是抓现行和赌博。

夜十二点，一行人巡到一民房前，听到从屋子里传出阵阵响声，当时听来极像麻将的声音。

于是，民警指挥联防队员搭着人梯爬窗查看。

一人先上去查看完毕后，像没事似的说，没看到什么。

民警于是指挥另一人再上去查看，没想到，第二位联防队员上去后扒在窗上不肯下了。

下面的人正在纳闷时，突然从屋内传来“抓流氓”的喊叫声！

扒在窗上的联防队员从自己人的头上跳下就跑！

下面的一行人也莫名其妙地跟着就跑。

一会儿听到后面传来追赶声，还夹杂着叫骂：“老娘洗澡，居然有色魔偷看！”

无奈，一行人只好跑得更快……

作者简介：王健，全国公安文联会员、景德镇市作家协会理事、鲁迅文学院第二期公安作家研修班学员。业余从事警营和农村题材小说创作，有作品和理论文章刊发于《人民公安报》、《现代世界警察》、《蓝盾》及《江西公安》、《景德镇文艺》等刊物。现工作于江西省景德镇市公安局政治部宣传科。

警　鞋

韦延丽

几个月前，我与众多鞋子兄弟离开冰冷的机器妈妈的怀抱来到公安部，几经辗转，到了祖国西南边陲的一个小镇上。

当那个激情四溢、身着戎装的小伙子套上我时，我被赋予了“警鞋”这一神圣的称号。

“离人越近，便越具人性。”当小伙子的体温一点一点地输送到我体内时，我对老祖宗留下的这句话深信不疑。这不，才第一次享受他的体温，我就能像电影快进一般迅速搜索到了小伙子的生平——李浩，男，云南省广南县桃源乡派出所所长，壮族，未婚……

正当我想更人性、更深刻地了解鞋主时，李浩急促的脚步将我拉回了现实，室外的热闹将我人性的思考暂时中断。

“你好！”跟我打招呼的是我的远方表兄胶鞋。

“你好！”我应和中，心里突然冒出一丝不屑，脑中闪过表兄贫困和不入流的几个画面，不过，这种画面也就闪放了一下，我很快被鞋主快速的步伐带到了表兄面前。李浩握住了表兄主人的手，我与表兄的距离一下子拉得很近，温热的气息扑过来，裹满了泥土和浓烈的脚丫子味。

“你们好！”白底黑边的远方表弟布鞋边走边向我和表兄打着招呼，移步的同时露出了整整齐齐排着队的浓密针脚，犹如天安门前的仪仗队，正步伐一致地向我们阔步走来。

八只毛茸茸的脚站在了我们的不远处，抬头的瞬间，我看清了那是两头牛：一头由胶鞋的主人牵着，黄色，雌性；另一头由布鞋的主人拽着，黑色，雄性……“同性相排斥，异性相吸引”，这理放在牛群似也适用，你看，四只发红的牛眼互看了一下后便恶狠狠地瞪上了拽在人手中的那条棕绳，这一点，作为才获得主人悟性的我不经意间将它收进了眼底。

“所长呀，你给评评理，我家母牛拴在地里好好的，他家公牛不知从哪儿跑出来，上了我家母牛，踩坏了我家麦子。你看这事，不说以强奸罪论处吧，至少也该赔偿我家被踩坏麦子的损失吧。”胶鞋主人一见我家主人就开始控诉。

“我家公牛干了那事，谁说我不赔了，我只是说不该全部赔，而应按破坏的程度赔，你看，所长……”布鞋主人突然紧闭嘴唇，硬生生地刹住了话头，我这才注意一双高跟鞋在“咚咚”的铿锵声中走了过来。

呀！女鞋，我心里突然蹿出莫名的兴奋，抬脚就想奔过去跟它套近乎，可是我失望了，跟主人融为一体的我根本没法拖动主人，他还原封不动地站在胶鞋和布鞋中，尽管我人性地分析出他也正有亲近女鞋主人的欲望。唉！看样子，人跟鞋是有区别的，这区别也许就在于控制欲望的程度，我只能在无比遗憾中看着我的女鞋在送来两杯水后渐行渐远。

“我是说，踩坏麦子的损失我家只应赔三分之一，因为我家公牛在干那事时，只有两只脚在麦地上，而他家母牛是四只脚在地上。”看到女鞋主人走远后，刚才刹住话的布鞋主人又打开了话匣子。

“你家公牛得了便宜就不说？”

“你家母牛还不是得了便宜。”

“是你家公牛得便宜。”

“你家母牛得便宜。”

……

我主人的脚在我怀里有点儿躁动不安，我突然很热，半天才想明白，那是我主人脸上的热传递下来的。但这热也就只持续了那么一会儿，我甚至以为那热是脚和地面的摩擦引起的。

“停一下，停一下，你们说得都有道理。”

呵！穿警鞋的主人就是神气，他一出声，表兄表弟的主人便不吭声了，显得我也高鞋一等。

“这事呀，有一点我还不清楚，公牛和母牛干那事时，母牛叫了吗？反抗了吗？”

天！笨死了，还所长呢，问出这种话，四只脚的母牛在那儿，不会问它呀，看样子，在这点上，显然我这“半人半鞋”的无脑东东也能聪明过人。

“叫倒没叫。”胶鞋主人如实回答。

“既然没叫，说明母牛是自愿的，对吧？”

“对对对，是自愿的。”布鞋主人急忙抢答。

“也就是说这两头牛是两厢情愿的。”

哼！谁不知道，异性相吸嘛，我边冷笑边为自己的聪明过人扬扬得意，得意的同时还有点儿不想跟着主人那走向布鞋的脚。

“这么说吧，打个比方，在你家地里，你家公牛找了个中意的媳妇，成全了一番好事，当然也踩坏了你家的庄稼，这种情况下，你还要不要向母牛主人索赔呢？”走过去的主人拉起布鞋主人的手问道。

“呵，这种好事，我当然不会要啦，哪像他。”布鞋主人瞟了瞟胶鞋主人说。

看来布鞋表弟的主人挺慷慨的，我隐约看到了布鞋表弟昂起的胸脯，那么自豪！

“这就对啦，像个爷们儿，当自家公牛和母牛行好事时，踩坏庄稼的责任自己担。”

“那是那是。”布鞋主人频频点头。

“是就行了，说明大叔你有责任，也很爱牛，连牛行好事踩坏麦子的责任都愿意担。”布鞋主人点完头后，立马又摇起了头，但想想还是点了头。胶鞋主人还愣在那儿，没想明白自己和公牛主人理论了一上午都没理论清楚的问题，怎么所长三言两语就搞定了。

和表兄表弟告别时，我没有一丝不舍，因为我跟主人一样，还心有所牵。

这不，如我所愿，调解完牛纠纷的主人正向“户籍室”大步走去，希望能看到令我兴奋的女鞋，我暗暗祈祷着。

呵！没想到我这无脑东东的祈祷还挺灵的，女鞋“咚咚”弹奏地表的乐声可是越来越近了，我恨不得插上翅膀飞过去，尽快展示我矫健的英姿。

可走到“户籍室”旁的主人却刹车了，反而匆忙地向相反的方向走去。

讨厌讨厌！该死的鞋族，每年以 N 次方的速度迅速诞生，以至于随便都能撞上几个堂兄堂弟，这不，眼下，又撞上了两个。身为这个小派出所的鞋主，我可不想遵守人类那些该死的礼节，我甚至都不想跟那破坏我好事的堂兄堂弟打招呼。哼……我目不斜视，心里念着一百个讨厌。

可主人并不理睬我的心情，而是主动朝堂兄堂弟小跑过去。

“啊！”我身上一痛，在主人跑近堂兄堂弟时突然被什么东西绊了一下，眼看就要倾倒在堂兄面前。说时迟，那时快，堂兄迅速往前跨了一大步，它主人的手稳稳地抓住了我主人，我心里悬着的石头终于落了地。

“不好意思，局长。”我主人发颤的声音突然很小，脚上的筋也不顾我的制止而在我怀里突突乱跳，搞得我挺痒痒的。

“警鞋弟好!”这慈祥的声音来自我的皮鞋兄，亲切、和蔼，像它的主人局长，不讨厌。

“警鞋哥哥好!”旁边休闲鞋随和的声音很沉稳，跟它的年龄隐隐有点儿不吻合。

“小李，来认识一下，这是我的同学张宪。”

“宪，宪法的宪。”休闲鞋的主人急忙对局长的介绍作详细的补充。

“欢迎张哥来给我们指导工作。”我主人走过去，边将我的两半身躯并拢、绷直，边将绷直手指的手掌平抬到眼角处说。

“不是指导、不是指导，我只是跟着你们局长来蹭饭吃。”

随后，在皮鞋哥的提议下，我带头走在前面，我们一行三鞋来到了“户籍室”。

“户籍室”里透着淡淡的清香，是那种我喜欢的气味。这一次，高跟鞋妹妹主动跟我打了招呼，竟然是用那种温柔甜美的口吻，在堂兄堂弟前给足了我这花痴鞋的面子，我脚步轻快，飘飘欲仙，不一会儿，就领着堂兄堂弟到了“内勤室”。

“内勤室”好像比较特别，室内少了淡淡的清香不说，还多了许多繁忙和严肃，一堆又一堆的文件山中，电话铃一声接一声地响起，皮鞋家庭的成员来回穿梭，交材料的、问询的、加油的……好不热闹！难怪负责这室的女警穿的是一双运动鞋，虽少了几分柔美，但想必更舒适温暖吧!

来不及和运动鞋说再见，我和堂兄堂弟又先后到了值班室、寝室等地，当我们相约着出派出所大门时，我听见运动鞋的主人正在给饭馆老板打订餐电话。

饭馆很小，也不华丽，但据说已经是乡上最好的馆子了。一张圆桌，拉近了我们鞋族的距离，我被皮鞋兄安排在它和休闲鞋中间，高跟鞋挨着休闲鞋，运动鞋紧靠皮鞋兄，我突然觉得窒息，有那么点儿被老兄老弟挟持的意思。

菜是山上的野菜，鸡是自家养的，估计现宰还需些时间吧，局长大人可真会利用时间，正趁这空档要我主人给他介绍派出所的情况呢。

哎呀！我们鞋族对主人们谈论的工作实在是没办法感冒，没多大会儿，我们便忍不住在桌下叽叽喳喳开了。很快，大家就成了无话不说的朋友，究其原因，也许是因为我们的友情是建立在无利益冲突基础上吧！

菜上齐时，我主人端起茶杯，装得像个主人似的（我的人性感觉出他心里的主人是局长）大声说道：

“局长、张哥，感谢你们在百忙中到桃源派出所指导工作，我们所的民警集体敬你们一杯。”主人的脚在我身上来回磨蹭，我人性的思维又一次发挥了它的作用，我猜主人此时是期望端着酒的。但公安部禁酒的规定才下来，局长没说话，我想主人是不敢拿自己的脑袋往纪律的高压线上撞的。

“咦！就喝茶呀！你们桃源乡没酒吗?”休闲鞋的主人用眼神扫了扫摆满菜的桌面，扫得我主人心发虚、脑发蒙，急忙用余光瞟了瞟局长，这一瞟，他心里立即有了答案。

很快，一件壮族米酒和五个玻璃杯送到了包房，我主人开始斟酒。

要说我主人斟酒，那还真有点儿技术含量。你看，一瓶容量为五两五的米酒，主人却能把它全部斟入五个容量只有一两的酒杯中。每次米酒斟满酒杯口后，主人并没有马上中断斟酒，而是持续线性地往酒杯口上倒酒，眼看米酒就要白白流走，这一险情就如洪水季节里，水已蓄满水库，如果再不及时开闸，后果将不堪设想。可是仔细一看，杯上的米酒却总是稳当当地留在杯口。即便主人端杯递到众人面前，杯上的液体虽发生轻微晃动却能滴酒不漏地安放在各人面前，就仿佛一叶小舟在风浪中摇摆，最后终于平安抵岸。每倒满一杯，桌下的鞋兄鞋弟都要向我投来羡慕的目光，仿佛那斟酒的技术活儿是我表演的似的。

酒斟满后，按桃源乡风俗，第一杯是团圆酒，要求集体喝干，运动鞋的主人立即提出了异议，她不会喝酒。

高跟鞋主人用兰花指捻酒杯的刹那向运动鞋主人投去了得意的目光，有如她在喝酒这一赛事中领先击败了运动鞋主人。

运动鞋脸上闪过一丝无奈，它说它的主人不是不会喝酒，甚至此时还非常想喝酒，因为它主人也想在局长面前混个脸熟。只是，它主人要报送的月报表、考核材料在今晚都到了最后期限，要是几杯酒下肚，说不定就会换来明天县局的两个通报，它主人可不敢想象两个通报带来的内部新闻爆发力。

偏偏这个节骨眼儿上，休闲鞋的主人像要检查派出所战斗力似的，非要求所有人一起参战，运动鞋在桌下更加急促不安，不停地叹着气、摇着头。

关键时候，还是我主人给力，他提出帮运动鞋主人干了那杯酒，运动鞋主人才算勉强过关。

团圆酒过后，便是自由酒，也就是说，共餐的人喜欢谁就敬谁。但有一个潜规则：一般先由主陪敬主宾，敬的秩序民间按长幼，公家按职务高低。

我在桌下不停地被抖动，我人性地知道充当主陪的主人正在犯难，此时的他不知道是该敬局长还是敬局长同学。敬局长吧，他知道局长经常遭酒殃，特别怕喝酒，他不忍心；再说，这种时候，也算体现团结力的时候，局长和他都是警察，是一家人，他不能也不愿搞内斗。敬张宪吧，感觉他的级别和年龄都比局长小，好像又不太合适。

正思量间，高跟鞋主人首先站了起来，提出要敬局长，我主人愣了一下，一度搞不清她是主陪还是副陪，不过也好，有了高跟鞋主人的这一掺和，我要去的方向立马变得很明确，我主人的第一杯酒敬了张宪。

记得谁说过，酒的三个功能是：第一撵话，第二抬脚，第三乱性。你看，才几杯酒下肚，我主人的话匣子就在酒的撞击力下悄无声息地打开了，什么警察苦呀、警察累呀、非警务活动多呀都裹着酒的气息直直地蹦了出来。说起来，休闲鞋的主人也不像外人，他那理解的口吻硬是让主人在一杯又一杯的下肚酒中找到了知音，以至于主人都忘了接收局长避开高跟鞋主人发送过来的眼神信息。

高跟鞋很想跟运动鞋调换位置，它主人老拖着它绕过运动鞋去敬局长，这让它感觉很累，特别是在酒发挥了它的第二个功能后，不但它主人的人性，甚至主人的酒性都融入了高跟鞋的五脏六腑，让高跟鞋觉得一阵阵头重脚轻。其实比高跟鞋累的大有鞋在，不是吗？运动鞋主人作为人群中唯一不喝酒的人，没等我主人吩咐，她便承担起了服务全桌的责任，给大家打饭、加汤、斟酒，有时，我甚至看见她故意碰洒我主人酒杯里的酒，也无数回无意间将局长、高跟鞋主人甚至我主人酒杯里的酒少斟了那么一点点。

颜色像魔法般地在高跟鞋主人的脸上表演开来，一会儿桃红一会儿深红，一会儿惨白一会儿青绿。我主人不顾酒的第二个功能，频频向张宪举杯，我凭人性断定，我主人正上演酒战中的围魏救赵，不忍过多敬局长的他是想赶快将张宪灌醉，以达到终止战斗、英雄救美的目的。

我身体越来越热，越来越糊涂，终于，在我和高跟鞋踉跄的步调中，送走了鞋兄鞋弟。

第二天太阳升起时，主人拖着沉重的步子像往常一样来到值班室。

“叮叮”，是局长发来了手机信息：“你小子，行呀！敢把张县长灌醉，害得我昨晚在医院守了他一夜。”

我主人脚下一轻，跌坐在了残破不堪的沙发上，酒的第二个作用发挥得淋漓尽致。

一个月后，县公安局发布了人事调动令，高跟鞋主人如飞奔在前的黑马，一跃当了县局指挥中心主任。

而我主人，同样幸运地被调整到了县局政治处任主任，业内纷纷传言，说他当如此大的官是因为敢言，让新来的张县长更好地了解了公安工作的实情。多年后，他才知道，这次人事调整其实醉翁之意不在酒。他，是因为提拔高跟鞋主人的需要才被陪同提拔的。

而运动鞋，一直留在桃源乡。至今，我再没跟它见过面。

作者简介：韦延丽，全国公安文联会员、鲁迅文学院第二期公安作家研修班学员。现工作于云南省广南县公安局。

蝴蝶是自由的

肖范科

江月站在女监202室的铁窗前，双目透过铁窗，尽情地饱览着窗外大院内那些盛开着的洁白的玉兰花，呼吸着花的清香，院子外草坪上那些像绿色地毯一样的青青嫩嫩的草使她产生一种难以名状的渴望。此时，她多么想去轻轻地摸一摸那些嫩绿的小草，或者趴在草地上，将脸儿轻轻地在那上面磨蹭，那富有生命力的可爱的小草就会用它们那向上伸出的两片娇嫩的小手掌来轻抚你的脸，这是多么快乐的事！江月想。

可惜，她已断无这样的机会了，这些在常人看来再平常不过的事情对她来说已成为一种奢望。明天，她将被押赴刑场，她二十六岁的年轻美丽的生命将在明天上午十时前打上句号。

江月本来有一个幸福美满的家庭。她原本和

丈夫在市中心的繁华路段开了一家服装店，经营中高档服装，一个月下来少说也有两万元进账。三岁的儿子兴兴长得十分可爱，嘴巴甜得像一只鹦鹉，人见人爱。一想到兴兴，江月的心里就如刀绞一般疼痛，自己死了倒是其次，罪有应得，可兴兴就成了没娘的孩子。一想到兴兴，那泪水就如喷泉一样从江月的脸上流下来。

那天，丈夫到广州进货去了，临近中午的时候，一个中年男人到服装店来买衣服，一看就是有钱的主儿，挑的都是上好的服装，也不砍价。他进门时见江月嘴里叼着一支红塔山香烟在吐烟圈，付款时，那男人便从贴胸的衣服里摸出一盒大中华香烟，顺手给了江月一支。江月平时没事偶尔也抽一支烟，她抽烟的样子蛮好看，吸一口烟，将烟吐出去吹成一连串的圈圈儿，那样子有点儿像川岛芳子。

接过男子付的款，将折叠好的衣服递给那男子，江月就顺手点燃这支烟吐烟圈。那中年男子并不急于走，也点燃了一支烟，他吐出的烟圈好似一支笔直的箭。他将吐出的“箭”从江月吐出的一个大烟圈里穿过去，一矢中的，江月就有些不悦。男人笑笑说：“没什么，心里高兴!”

烟快抽完的时候，江月感觉这种高档香烟的味道就是不一样，回味无穷。

过了两天，那男人又来了，并且带了一个朋友，他说这种服装很合身，大家都说好看，朋友也想买，他就带他来了。那男人递给江月一张名片，上面写着：李万能，亚洲国际家具厂董事长，怪不得这么大方。

那男人又递给江月一支烟，江月潜意识里对这种烟好像有一种久违了的感觉，一边抽一边就聊开了，几支烟的工夫，大家便成了朋友。

这次以后，江月就感觉自己有些异样，强烈渴望抽李万能给她抽的那种烟，那种心情就如久渴之人盼饮甘泉。煎熬中，她就按名片上的电话号码给李老板打了电话，李万能约她在富发酒楼见面。

像是有一种魔力在召唤，从不轻易与他人约会的江月毅然赴约。在富发酒楼一个房间里，李万能和几个同伴请江月吃饭。李万能给了江月香烟，吸一口，江月便有一种神仙般的感觉，爽啊，真爽！

这是江月吸毒上瘾的开端，等她明白毒瘾已上身时，一切都晚了。

中午的阳光照进监窗，江月拿出小镜子照了照自己的面容。凭江月原先的身段和脸蛋，走在大街上，有着极高的回头率。可如今的江月眼窝深陷，颧骨高耸，面无血色，像行将入土的肺痨病人。江月将镜子反过来，那一面嵌着儿子兴兴的照片，兴兴张开嘴笑着，露出一对小虎牙，那对骨碌碌的乌黑的眸子瞧着她。她蓦地好像听到一个声音："妈妈——妈妈！"江月抬头四顾，最后目光又落在了兴兴的照片上。她将镜子紧紧贴在脸蛋上，失声痛哭："兴兴，兴兴，我的乖孩子啊！"

江月将镜子收进了贴胸的上衣口袋里，她咬牙切齿地吼道："李万能，你这王八蛋，我做鬼也饶不了你！"

江月自从染上毒瘾后，就不得不向李万能购买毒品，慢慢地，做服装生意挣的二十多万元被她全部吸光。丈夫发现她吸毒的时候，她已是深入泥潭不能自拔了。一怒之下，丈夫和她离了婚，孩子归了丈夫。江月夫离子散，一无所有，绝望之中，只有求救于李万能，李万能达到了财色双收的目的。

李万能名义上是家具厂的老板，暗地里干的却是贩卖毒品的犯罪勾当。他给了江月一个副经理的虚衔，带江月去云南进货。他将海洛因装在特制的胶袋内，再由雇用的"带毒人"就将胶袋吞进肚里，这样一趟能运回上千克毒品，而且保险系数很高。后来李万能以业务太忙为由，让江月带人单独出马，江月俨然成了二老板。江月开始是以身体换取毒品，现在是以贩养吸，一步一步走向深渊。

那天，李万能在香港给江月打电话，他对江月说，有一趟云南运木材来的车到了广州，要江月去接车。李万能说干完这一趟就不用再干了，要给江月在市区买一栋漂亮的房子，开一家最高档的服装店。

江月去广州接货，那大货车运的都是上好的木料。在一个检查站，车被警察围住了。江月就将货单和税单等各种单据递给警察。警察牵着警犬跳上货车，一只小牛犊一样的警犬在木头上嗅了嗅，就用前爪拼命地刨起来，那鼻孔“呼哧、呼哧”喘着粗气，继而不停地吠叫。警察命令司机打开车门将木头卸下来。好大的圆木，一根根齐溜溜摆在地上，这些木头只怕要上百年才能长成。

那长着绒球般黄毛的小牛犊似的警犬盯住一根木头不放，拼命用爪子刨那树皮。警察拿锤子敲那树干，那树干便发出空洞的回音，警察立马用工具撬开这树身。好家伙，树干里被掏空了，可以睡得下一个人，里面整整齐齐叠放着用塑料袋包装的海洛因，总计一百二十千克。单从外表看，这棵树丝毫看不出被锯凿的痕迹，可谓天衣无缝。江月当时就瘫了，她知道自己这辈子彻底完了。

李万能早就开溜了，案发时他不在现场，即使抓了他，他也能摆出许多理由为自己洗刷罪名，一切都是江月经手的。

江月一夜未合眼，这一夜，她想到了她的童年，想到了母亲、丈夫、孩子、老师、同学，还有阳台上的那盆君子兰。此刻，她感到这一切是那么的遥远和珍贵。生命无多，她恨李万能，恨那些白色的粉末，那些令人兴奋、令人幻想、令人疯狂而不能自制的白色妖魔，是这些东西牵着她原本美丽光洁的纤纤玉手，一步一步地走向了阎罗殿。

一大早，江月就梳洗了一番，换上了一件湖蓝底子起着大红花的外套，那朵国色天香的红牡丹盛开在她的左乳上。平时，她很喜欢穿这件衣服。胸脯上那朵高高凸起的骄傲的牡丹花显示着青春的无限魅力，令许多男人的目光在这里聚焦。江月想，我漂漂亮亮地来，还得漂漂亮亮地去。

江月靠墙坐着，监仓内死一般的寂静，早上的阳光从窗口照射进来，正好照在她的身上。突然，江月看到一只黑色的蝴蝶在室内翩翩起舞，江月的心突然跳得厉害。平时，总是见到监仓外的花草间有成群的蝴蝶飞舞，但可望而不可即。她屏住呼吸，兴奋地望着那蝴蝶在她的身边飞来飞去，她想，这小精灵早不来迟不来，莫不是来为我送行的吧。

也许是身上的香水味在吸引，也许是那朵怒放的牡丹花在召唤，蝴蝶绕着江月飞了几圈后，便悄然落在了江月胸口的那朵牡丹花的花蕊上。一股暖流像电流一样迅速涌遍江月的全身，江月的眼睛湿润了。小精灵，我可爱的小精灵，我的上帝啊！江月在心里呼喊着。

江月轻轻地抬起带着锁链的手，一寸一寸地朝胸部拢去，她不敢呼吸，生怕惊跑了这只可爱的小家伙。那蝴蝶停在她的乳房上，有节奏地轻轻地扇动着翅膀，一张一合，就像小兴兴在尽情地吸吮着妈妈的乳汁。

江月使出了身体所有的潜能，终于将蝴蝶拢在手心里，那蝴蝶在她的手心里扑腾着，想逃出去。

江月将蝴蝶轻轻捧到脸上，它的翅膀不停地扑扇着她的脸儿。她热泪盈眶，自言自语地说："我不会伤害你的，你是自由的，我的孩子！"

她不停地轻轻地将蝴蝶毛茸茸的翅膀在脸上磨蹭着，就像贴在兴兴娇嫩的小脸蛋上。

"202 房，江月！"走廊里一个威严的声音喊道。

江月知道最后的时刻到了，她小心翼翼地捧着蝴蝶，慢慢站起来，一步一步朝门口走去。"砰"的一声，铁门打开了。江月对手心里的蝴蝶说："你是自由的，外面的世界才是属于你的，去吧，我的孩子！"说着，江月将蝴蝶朝监室外面的阳光中送去，她拖着沉重的脚镣，目送那小精灵飞去，飞去！

作者简介：肖范科，全国公安文联会员、广东省作家协会会员、鲁迅文学院第二期公安作家研修班学员。1993 年开始进行公安文学创作。先后在《羊城晚报》、《南方日报》、《南方周末》、《广东公安报》、《江门日报》、《江门文艺》等报刊杂志发表小说和散文 100 多万字。2004 年由珠海出版社出版小说散文集《警察的故事》。现工作于广东省台山市公安局指挥中心。

受伤的清河

邢根民

1

一个偶然的机会，东州县交警大队法制股股长何生突然被调到清河中队主持工作。临走前，大队长对何生说，这次清河中队出了这么大的事，队委会就是看重你法律业务强，叫你去那里扳一扳乱执法的歪风，你可不要让我失望喽。再说了，以前你和李克胜在一起不是配合得挺好的吗？你去了有他协助，更有利于开展工作嘛。

这个偶然的机会与李克胜有关。李克胜是清河中队现任教导员，六年前曾给县政法委书记开车，书记调走之前把他安排到交警大队当法制股股长，而何生是指导员，两人搭档六年，感情上也很融洽。比如有人请李克胜喝酒，李克胜都会打电话叫上何生的。而何生呢，作为报答，有人请他喝酒他也会毫无例外地喊上李克胜。两人在酒桌上往往捆成一股，联手对外，无论是猜拳、掷骰子、大压小，都所向披靡。就这样，两人搭档六年，除了工作上有时会有点儿磕磕绊绊，其余的都配合得犹如左右手一般和谐。

偶然的事情就出在年关跟前的一个晚上。李克胜带领交警周继龙和两名协勤警在国道超限检查站值夜班，周继龙和两名协勤警趁着夜色收黑钱，恰好被跟在车上暗访的省电视台记者录了个正着。第二天晚上，省电视台的《今日焦点》栏目就播出了这条新闻，一下子轰动了全省，东州县交警乱罚款立刻成为全省交警系统的反面典型。大队长命令何生牵头，带领大队督察办和法制股民警配合县纠风办到清河中队调查。何生看在和李克胜多年哥们儿的情分上，使出了浑身解数挽救他。由于电视台曝光时始终没有李克胜的身影，他就一口咬定那天晚上李克胜因事请假没上路，把责任都推到周继龙身上。最终，调查组做出了给予中队长就地免职，教导员李克胜书面检查的处分。民警周继龙停职反省一个月，两名协勤警最终被辞退。

何生心里也清楚，要不是清河中队出现这次公路上乱罚款的事，这事要不是被省电视台公开曝光，前任中队长被就地免职的话，他就不会有这个机会去清河中队主持工作。

在赴清河中队的路上，何生心里很堵。一是觉得主持这活儿不好干，让人蹲也不是站也不是，硬也不得软也不得，名不正言不顺，自然就放不开手脚。二是这一回与李克胜做搭档，两人地位发生了变化，更让他难以把握。三年前，清河中队原来的副教导员内退了，李克胜就填补了这个副科级空缺。而何生却还是在正股级的岗位上原地踏步，当时领导跟他谈话时的理由是，法制股业务性很强，离不开他这个科班出身的高材生，他还年轻，以后会考虑他的前途的。没想到，山不转水转，三年后的今天，他们又要做起搭档了，可这次的搭档与以前相比，味道大不一样了。

初春季节，春寒料峭。何生走进清河中队，院子里冷冷清清。

干枯的树枝和堆放的垃圾在地上随风打转，一两片红色的塑料袋和白色的废纸被吹到半空，随风飘荡，几辆破旧的警用摩托车歪着脑袋杂乱地停放在角落。整个中队只有老门卫和内勤董艳在家，没有看到李克胜出来迎接，何生心里有点儿冰凉。

第二天早上，出完早操，李克胜开着自己新买的北京现代车回来了。小轿车乌黑发亮，还没来得及挂牌照。当时何生拿着碗筷正要走进灶房，看到李克胜把爱车停在院内，正从车上一件一件取手提包、换穿的便装和喝水杯子。

何生主动迎了过去打招呼：李教导，回来了，还没吃饭吧？李克胜抬起头，昔日黑油油的头发已被无情的岁月涂抹成一片银灰色，头顶也开始出现了拳头大的谢顶，下面的一圈黑发里夹杂着丝丝白发，流露出疲惫和苦楚。李克胜挤出一丝笑容，表情显得很僵硬，说本来昨天中午要和你一起来，可有点儿事耽误了。何生正要问他是什么事，周继龙拿着碗筷不知道从哪里冒了出来。只见他把碗筷往旁边石桌上一撂，就接过李克胜手中的东西，然后尾随着李克胜朝教导员办公室走去。

吃过早饭，何生来到李克胜办公室，用商量的口吻说，李教导，一会儿咱们开个会吧，中队的情况你比我熟，你可要多指点指点了。李克胜拍了拍何生的肩膀，爽朗地笑了，兄弟，你现在是一把手，哥听你的。你只管放开手脚干就是了，有难事哥会给你挺住的！李克胜一口一声哥，让何生心里感到很温暖。

会上，何生着重强调了文明规范执法问题。他讲道，形象就是交警的生命，规范执法就是我们的防火墙，无论群众怎么不理解我们，怎么无理取闹，我们都要理性、平和、规范、文明执法，说得再明白一点儿，要做到打不还手，骂不还口。

何生说到这里时，角落里有人开始交头接耳。李克胜忙接过何生的话，何队长讲得很好，啊，规范执法是要坚持，对，要坚持。但是，对那些胡闹难缠的人，我们还是要严格依法处理，啊，严格处理！对这些人，不给点儿颜色，他就会以为交警好欺！大家说是不是？李克胜用了几个“啊”字做警示，同时他还不忘与在座的民警互动一下，提提士气。他说到这里，停顿了一下，注视了一下那个角落，那里马上发出“是!”的响应声，同时响起噼里啪啦的掌声。

会后，何生去洗手间路过值班室时，听见房间里的人三三两两聚在一起议论起来，有人说，不就是个临时主持的，张狂个啥？谁坐中队第一把交椅还不一定呢！一个机关来的懂个屁，说得好听，到路上试试，等那些王八蛋把拳头砸在他脸上，看他还怎么规范！我看李教导的话还是实在，给咱弟兄们长士气！

何生听出了是周继龙的声音，他脸色一沉，转身离开了。

2

何生第一次上路，就遇到了一个小难题，几乎让他下不了台。

当天中午，何生坐着警车，与司机小石在通往清河滩区的一条小路上检查工作。清河是北岭上的一个支流，自北而南绕着清河镇的东边沿，河上横跨一座水泥大桥，连接大桥两岸的一条国道横穿东州县境内，是这个县的一条经济大动脉。清河附近的十多个村庄通往清河滩区只有一条乡村路，前几年才铺设了柏油路，路面不是很宽，大概有四米多，沿着这条乡村路要下一个蜿蜒陡峭的土坡才能到河滩。

在下滩的半坡上，一辆农用三轮车侧倾在路边，后面堵了一长串车，三轮车、摩托车喇叭响作一团，十分嘈杂。何生下车迅速疏导开一侧的交通，被堵的“长龙”刚开始蠕动了一下，就又动不了。何生与小石朝坡下穿过去，看到他们好不容易疏通的一点儿空道却被一辆农用三轮车逆行挡住了，三轮车上坐着一群下地干活的农村妇女，从左侧插队驶来，正和左边缓行的车死死顶住，使狭窄的路面被堵得水泄不通。

这条路是李克胜分管班组的执勤路段。这时候，李克胜带着周继龙气喘吁吁地赶来了。周继龙从车流的缝隙中挤到三轮车跟前，大声对开车的“黄毛”喝道，你小子会不会开车？懂不懂规矩？

“黄毛”年轻气盛，被周继龙也逗火了，不就是挪车吗，你凶啥啊？穿着老虎皮就吓唬起人来？周继龙忍不住了，猛地一把将他拽下车，抓住他的长发把他拉到一边，对身边一名协警说，把车扣了！“黄毛”突然从三轮车座位下抽出摇把子，指着周继龙狂喊，谁敢扣车我跟谁拼了！周继龙不顾李克胜的阻拦，上去夺过摇把子，“黄毛”一把打掉周继龙的警帽，拉扯住周继龙的警服，两人扭作一团。这时，三轮车上有人大喊，警察打人啦！

何生明白，现在这种场合，和那小伙子硬闹只会损坏警察形象，弄不好还会引起群众的愤怒。他大喊一声，都住手！就从人缝中挤到打架现场，硬是插到两人之间把他俩拖开了。“黄毛”松开手，仇视了周继龙一眼，嘴里还喋喋不休地骂着，显示着自己不屈不挠的态度。

本来事态就此可以平息了，没想到李克胜突然冒了出来，要“黄毛”掏出驾驶证，“黄毛”恶狠狠地说，没有，你敢把老子毬咬了？李克胜气得满脸通红，指着“黄毛”的鼻子说，你小伙再骂一句，看敢不敢把你收拾了！“黄毛”毫不示弱，李克胜朝周继龙使了个眼色，周继龙和两位协勤警一起扑上去，把“黄毛”扭住往警车里塞，“黄毛”不服气地挣扎着，头被重重地摁在了车门上，发出一声痛苦的惨叫。李克胜双手叉腰，对周继龙命令：连人带车带回中队！

夜晚，何生刚躺到床上睡下，就听见中队的大铁门被人砸得咚咚直响，有人在大门外大吵大闹。何生急匆匆穿好警服走到院子里，看见四五个村民冲进了院子，领头的一位中年汉子，蓄着浓黑的络腮胡子，头发像杂草一样乱蓬蓬的，嘴里散发着酒气，一进门就喊道，李克胜，你给我出来！你凭啥扣车抓人？

何生让董艳把这几个人让进他办公室，给每个人泡了茶，耐心听起了他们的诉求。从“络腮胡子”的述说中，何生知道他是清河村的村长，今天被拘留的“黄毛”是他外甥，中队就是临时租用他们村的老村部。为了不和当地干部群众把关系弄得太僵，何生决定还是和李克胜商量后，再灵活处理一下这件事。

第二天，何生急匆匆赶到大队找大队长。站在大队长办公室门口，他徘徊起来，想着怎样和大队长开口说这事。李克胜把“黄毛”送进看守所，按理说也是公事公办，正常执法。人家前脚拘了人，自己后脚又要放人，这唱的是哪一出戏呀？自己怎么好给大队长开这个口。要是大队长答应放人了，李克胜会怎么想？要是拒绝了，那怎么给“络腮胡子”交代？这让他进退两难。但是，何生必须在两难中做出一个选择。他再三琢磨着，自己为“络腮胡子”说情，那也是为了中队的工作着想啊，李克胜就是心里不高兴，也不会真的和他过不去，毕竟是多年的搭档啊！而“络腮胡子”就不一样，他是“地头蛇”，在人家地盘上，咱再逞能也斗不过“地头蛇”的。要是昨晚答应他的事兑现不了，“络腮胡子”翻了脸，带着人再来中队闹腾，真的断了中队水电怎么办？更不用说他们会随时中断租赁合同，让我们腾房子了。这些事情都要他何生去操心解决，李克胜是不会关心这些的。为了拘留一个人、扣一辆车，惹这么多的麻烦值得吗？何生反复权衡利弊，犹豫再三，最后还是走进了大队长的办公室。大队长的回答只有三个字：看着办！何生按照自己的想法，回到中队就叫内勤把三轮车放了，但是被拘留的人没有放出来。

早上，何生起床后习惯性想打开床头灯，灯却没亮。胡乱穿好衣服，去水房打水洗脸，一拧水龙头，没水。何生马上想到了“络腮胡子”，明白了这是怎么回事，不由得骂了一句，王八蛋！

停水停电的日子实在不好过。没有水，民警每天上路回来一身汗，想冲澡冲不成；脏衣服一堆，想洗洗不成。这还不是大问题，最难的是全中队民警的一日三餐没有了保障，连续几天不开灶，每一顿都去街头小吃摊上吃，一个月就那几百元的工资，谁受得了？没有电，同样寸步难行，如今交通管理工作都实行了网络化办公，每天的工作信息网上不去，还不用说看看电视，给手机充充电，这些都是生活和工作所必需的。中队的水电被断了，整个中队的生活和工作完全瘫痪了。

何生顾不上吃早饭，就心急如焚去找“络腮胡子”。“络腮胡子”这次没有跟他胡说，倒是通情达理。他说，何队长，这事我不怪你，谁拘了人你让谁来找我，只要他李克胜给我把人放了，我保证立马给你们通水通电。何生说，村长，按照法律规定，无证驾驶要被行政拘留的，李教导那样做也是依法办事，你也不用跟我们李教导过不去，大家今后低头不见抬头见，谁都有用得着谁的时候，你说是不是？这样吧，我再到大队跑一趟，争取把你的事办成。

当天，在何生的软磨硬泡下，大队长才同意提前几天放人。

3

第一季度全大队业务考评的时候，清河中队的任务完成情况出人意料地排在五个中队倒数第一，这在清河中队的历史上还是第一次。按规定，清河中队这一季度的纠违任务完成得差，中队的许多正常开支就受到了限制，内勤董艳多次拿着发票找何生签字，但只见他签字，却没钱兑现，花出去的钱都是民警自己先垫付，都等着到季度经费下来才能报销。至于民警的加班费、值班费、伙食补助等，全都只能眼巴巴等着下季度了。

没有钱，大家的工作积极性遭受到很大的打击。有的民警上路执勤开始磨洋工，见到交通违法行为也不理不睬，任凭其在眼皮底下发生；有的上路时坐在面包车里不下来，躺在车里睡觉；有的执勤时坐在路边的果树下乘凉；有的中途溜岗，路面上不见人影。这些情况有的是何生在路面上亲眼看到的，有的是听民警们下班后在宿舍里议论的。

中队到了如此地步，让何生有了一种从未有过的孤独无助的感觉。就在这时，李克胜主动过来给他出了一个主意，兄弟，听老哥一句劝，你不要再一根脑筋搞什么规范执法了，如今这世道你还看不出来，撑死胆大的，饿死胆小的，再不搞点儿罚款，弟兄们就要喝西北风了。

何生何尝没有这样想过，可他怕再弄出乱子。李克胜这样一激，倒是给他放了胆，他才咬着牙关，狠狠地说，只能这样干了！

晚上，他又一次召集全队民警开会，安排部署了一项“大干一百天”交通秩序集中整治活动，发誓要打好翻身仗。

进入六月份，清河滩区的原野泛起金色的麦浪。麦收开始了，随着收割机的到来，国道上的运粮车也热闹起来。走出清河滩麦田的小路，何生来到了清河大桥不远处的超限检查站，他看到三班班长周继龙正拦住一辆运粮的大车，检查证件，驾驶员手里举着一张绿色证件，嘴里不停地说着什么。

何生走下警车，环视了一下执法现场，也没看到李克胜的身影。三班应该是李克胜带班的。他问周继龙怎么回事，周继龙说这些运粮车都超载了，我们依法处罚这些车辆，驾驶员都拿着一张绿色通行证，说是县政府纠风办发的，县上不让处罚这些运粮车。何生这才想到，如果李克胜在现场，处罚不处罚运粮车他应该会决定的，也可以给驾驶员作解释，更不会引发周继龙与那些驾驶员的纠纷。

何生从驾驶员手中接过那张绿色证件，上面确实有县政府纠风办的大红印章，他翻过去看了看背面，也确实有县政府的对运粮车的几条优惠政策，其中一条就是“运粮车如无严重交通违法行为，公安交警不得进行处罚”。按说这样的事情大队应该给基层中队下发文件或通知的，可是不知咋回事，何生没有看到过这个文件。但是，他心里还是清楚一点，那就是政府既然有了政策，咱就应该不折不扣执行才对。这样想着，他就命令周继龙：立即停止处罚，放车！

晚上，何生突然接到大队长的电话，要何生马上来大队，电话里大队长的语气很硬，火气很大。何生忐忑不安地走进大队长办公室。大队长背着手，在办公室来回踱步，脸上布满了怒气，瞪着鸡蛋大的双眼问何生，说，是谁主张让处罚运粮车的？你们真是胆大包天啊，竟然跟政府对着干？

我已经让民警停止处罚运粮车了啊！何生说。

什么？停止了？啥时候停止的？停止了那些司机还能不停地告状？停止了今天还能让县政府督察室现场抓住？大队长火气越来越

大，音调也越来越高，让何生觉得几乎要把天花板震下来。大队长背着手走到办公桌前，“咚咚咚”地敲着桌子上的一个文件，说，你们看看，县政府发的证件，纠风办的红印章，到你那里就不起作用了？看看，看看那些驾驶员是怎么说的？大队长将一份纠风办转来的群众来信塞到何生手里。

何生一看那份群众来信和市县政府纠风部门领导的批示，才知道事情比他想象的严重得多。他想为自己辩解，却没有勇气，只好说，大队长，这事起初我本想先向你请示汇报的……

现在说什么都晚了，你看着办吧，赶紧写一份检查，趁着新闻媒体还没炒作，想办法快把这火灭了，不然，麻烦可大了。大队长这样说着，就把他赶出了办公室。

何生走出大队长办公室，就给周继龙打了一个电话，问，你们是不是还在处罚运粮车？周继龙在电话里支支吾吾说，队长，你不让罚，李教导却要我罚，我也很为难啊！何生顿时无话可说了，他想骂周继龙那小子，却骂不出口了。他又拨通了李克胜的电话，电话里很嘈杂，有酒杯碰撞声，有谈话嬉笑声，也有李克胜敬酒寒暄声，来，老领导，敬您一杯……

4

何生回到中队就连夜写起检查，可脑子里乱糟糟一团，写不出一个字。眼看到月底了，他忽然想起到内勤董艳那里了解一下中队的任务完成情况。他轻轻敲了一下门，门开了，董艳穿着一件宽松的吊带睡衣，手里端着一盆水准备去倒，脸盆正好撞到何生的胸部，散发着香皂香味、泛着白色泡沫的水就洒在了何生的身上。董艳有点儿尴尬，慌忙放下手中的脸盆，从门后取出一条毛巾给何生擦身上的香皂水。何生嘴里说着没事，腿就迈进了董艳的办公室，他怕在门口被人看到两人现在的举动。董艳刚洗过澡，淡粉色的连衣裙在灯光下闪闪发光。董艳让何生坐下，忙着给他沏好茶。

何生一边问最近的任务完成情况怎么样，一边打开桌上的电脑。董艳看何生握着鼠标，半天找不到统计表的文件夹，就凑了过来，一只白嫩的小手放在了何生宽厚的手背上，帮助他点击着鼠标左键。此时，董艳的脸几乎贴在了何生的脸上，何生的耳旁能感受到一阵细微的呼吸，伴随那细微呼吸的还有淡淡的女人的体香味。何生被一种青春的气息包围着，被一种生理欲望诱惑着，他的目光本来是看电脑屏幕，可是无意间却瞥见了董艳青春的胸部，隔着淡粉色的衣裙，白皙的低胸在灯光下更加诱人。何生有点儿头晕的感觉，他有点儿支撑不住自己似的，心中涌出一股海潮般的冲动。但是他马上清醒了头脑，他告诫自己不能有任何非分之想，尽量使自己平静下来，强迫自己回到平时工作的状态。

突然，虚掩的门被推开了，门口站着的是周继龙，手里拿着一沓机动车的证件。周继龙一眼就看到了身体几乎贴在一起的何生和董艳，有点儿不知所措，人没有进来，只是把手中的证件和报表递给董艳后，就带上门离开了。

何生拉开门，隐隐约约看到周继龙径直朝李克胜办公室走去。周继龙的突然出现让何生有了一丝尴尬和不安。一个是两个多月没回家的中年汉子，一个是青春洋溢的妙龄少女，两个人在宁静的夜晚，身体贴得那么近，会给别人一种什么感觉？

几天之后，一场暴风雨便向何生迎头袭来。

那件事来源于互联网上的一个帖子。董艳是在接到一个同学的电话之后，才专门到清河村街道上的网吧里上了互联网，在天涯论坛里看到那个有关清河中队中队长何生与内勤董艳怎么样怎么样的帖子。平时言语谨慎的董艳一下子被卷入这条新闻的核心，她与何生也成了大家议论的焦点。董艳精神上受到的打击不小，她一口气写了几份调离申请，可没有勇气递交给中队领导。

何生没想到妻子也终于沉不住气了，怒冲冲来到中队，径直奔向他办公室，忍着盈眶的眼泪问他，告诉我，是真的吗？他摇了摇头，望着两个多月没见的妻子，他几乎不敢认了，原来的一头乌发突然竟冒出了那么多白发，一双浑浊的眼睛深陷进去，消瘦的脸庞显得很憔悴。他体会到了这件事对妻子的精神打击有多大，心灵伤害有多严重，他的泪水忍不住夺眶而出，说没有的事，你要相信我，我会给你一个交代的。

没有的事？谁相信啊？怪不得你这么长时间不回家，原来身边有了年轻漂亮的了？妻子哽咽了，低下头“呜呜”哭了。

说起来他已经快两个月没有回家了。何生心里何尝不想妻子和儿子啊。那天回县城，何生本想顺便回一次家，没想到被大队长训斥了一顿，心里乱糟糟的，就打消了回家的念头。这时，他忽然意识到，自己已经失去了友情，绝不能再失去亲情和爱情，那种几乎触手可及的权力诱惑在他心里已经不重要了，他想要的是一份心灵的安抚。妻子的质疑和哭声像刀子割着他的心，他想安慰妻子，却不知道该说什么，便张开矫健的双臂，把妻子紧紧搂在怀里，亲吻着她脸颊上滚落下来的泪水……

5

何生终于被调回大队机关了，职务待定。

那天，大队长带着办公室主任来到清河中队，突然在中队民警大会上宣布了这一决定，然后就匆匆离开了清河中队。大队长离开清河中队前，把何生叫到一边，轻轻拍了拍他的肩膀，说，还是好好想想吧。说完，就转过身钻进了桑塔纳警车，向司机一挥手，警车就屁股冒着青烟离开了中队。

何生一直远远地目送着警车离去，直到看不见影子，才梦醒般回过神来。那无奈的表情、失望的眼神，让他心里渗出一阵寒意。何生隐隐约约感到，李克胜背后有一种更大的力量，让大队长也望而生畏。

大队长走后的傍晚，李克胜特意在清河镇上的清河酒楼张罗了两桌酒席。宴席上，李克胜宏亮的开场白显出几分庄重：各位弟兄，今天把大家聚在一起，一是为何生兄弟重回大队送行，二是答谢弟兄们这些年跟着我风里来雨里去，吃了不少苦，我很感激大家。多余的话不说了，先干为敬！李克胜高高举起酒杯，在一阵

“叮叮当当”的碰击声中，豪爽地与大家一起喝下第一杯酒。

何生没有与李克胜同坐在一张桌子上，这是何生自己刻意安排的。酒席开始后，李克胜与何生在各自的桌子上与民警互相敬酒。不同的是，李克胜与每个人碰杯时都会满面春风地说上几句客套话，而何生话语很少，几乎是碰杯喝闷酒，不知喝了多少杯，也不知桌子上都上了哪些菜，反正连筷子都没动一下。

在昏昏沉沉中，何生看到李克胜和周继龙朝自己走来，李克胜缓缓举起满杯酒，想说什么，但没有说出来，只是将酒杯举在自己眼前。周继龙嘴角挂着胜利的笑容，端着酒壶在一旁若无其事地欣赏着何生醉酒的神态。

何生已经晕晕乎乎了，他晃晃悠悠站起身，突然感到李克胜是那么的陌生，陌生得让他都要昂头仰视。何生紧盯着对面那张模糊的脸庞，慢慢举起自己的满杯酒，说，李哥……他没有称呼李教导，他叫出李哥这一声时，情绪就开始激动了，李哥，兄弟我好久没喝这么多酒了，李哥敬的这杯酒，说啥也得喝……何生没等李克胜喝，就先自饮了一杯。

司机小石走到何生身旁说，你喝多了，别喝了，伸出双手想搀扶摇摇晃晃的何生，被何生甩开了。我没喝多，谁说我喝多了？我和我李哥还没好好喝呢……李哥，我们兄弟一场多少年了，你说容易吗？何生眼眶里噙着泪水，在灯光下晶莹剔透。来，李哥，我们干杯，就像当年那样痛痛快快干一杯，一切都在酒里……

咣当碰杯，酒一饮而下。酒是好酒，高烈度的西凤酒，酒精下肚，火辣辣顺着食道流进胃里，然后像点着了的汽油轰的一下在他的身体里燃烧起来，煎熬着他那颗苦闷的心。何生一口气把一满杯酒灌下肚里后，又将空酒杯举向周继龙。周继龙端着酒壶没有动，看了李克胜一眼，说，何队长，再喝你就醉了。

何队长？这时候还有人叫他何队长，何生觉得自己受到了极大的侮辱，“啪”地一下将酒杯摔在地上，指着周继龙说，周继龙，你小子少在这里损人！谁是中队长？中队长是个屁，比屁还淡！他又转向李克胜，从桌子上端起一杯酒，李哥，不说了，来，为了我们兄弟一场，干杯！

包间里马上静下来，大家的目光瞬间都聚集在两人身上。

李克胜高高昂起脖子，也将满满一杯烈度辣酒毫不犹豫地灌进了胃里，他放下酒杯，默默地走近何生，说，你不该来这里，还是回去吧。何生这才近距离双目注视着他，在雾蒙蒙的灯光下，李克胜的眼眶里竟然闪烁着点点泪光……

作者简介：邢根民，全国公安文联会员、鲁迅文学院第二期公安作家研修班学员。2006年开始小说创作，短篇小说《还债》荣获《小说选刊》首届全国小说笔会三等奖，并入选《2011年度公安文学精选》，中篇小说《守望“死亡坡”》荣获2012年全国中篇小说评选一等奖，并入选《2012中国中篇小说经典》。当过报社编辑、记者，现供职于陕西省大荔县公安局交警大队。

纳兰的心事

杨俊伟

> 一半残阳下小楼，朱帘斜控软金钩，倚阑无绪不能愁。有个盈盈骑马过，薄妆浅黛亦风流。见人羞涩却回头。
>
> ——《浣溪沙》纳兰容若

报社的老洪刚背完这首词，众人还在回味中，却听到银铃般的笑声。

往笑声处望去，“听雨轩”的老板娘身着梅花朵朵浸染的旗袍袅袅走来，如一枝美丽的梅花跌落至凡尘。

老洪是诗社里的大牌，当下不服气地问老板娘：“我背错了？”

老板娘笑着走近桌，取过雕有“金鱼”的紫

砂壶，为众人倒上“冻顶乌龙”。

放下紫砂壶后，她微笑着解释道：“我觉得太有才了！众人均喜纳兰的‘愁怨词’。唯此阕《浣溪沙》词意境欢快如少年游戏一般趣意，竟讨得大哥欢喜。”

诗社的诗友均跟着笑出声来。

杨云杰只是一个文学爱好者，虽没读过《纳兰词》，却也听出老洪背诵此词是渴望找到“艳遇”的想法。

不过，老洪背诵的《纳兰词》引起了“听雨轩”老板娘舒伶的共鸣，她便为诗社搞活动提供免费包间，所有消费打八折。

诗社是由杨云杰发起的，一共有十三人，其中铁杆五人，包括杨云杰和妻子木佳。诗社的名字也取得有趣，叫“一个人的诗社”。意喻在文学旁落的今天，即使只剩一个人，也要撑起文学大旗不倒。

平日里有空，杨云杰和妻子木佳同时来，间或来一人，因为文学是他俩共同的爱好。尽管警察工作是如此的繁忙，但被两人常挂在口头的一句话道破——“偷得浮生半日闲”。

在这座边疆小城，人们的生活中多了民族歌舞，也多了其他地方的人找不到的快乐。江岸的冷饮店、茶楼，一年四季开放。一杯酸酸甜甜的柠檬汁合着走廊上跳舞人群那欢快的舞蹈，再来点儿清凉的江风，这便是小城里的“大美生活”。

诗社把“听雨轩”作为活动地点后，一来二去竟然和“听雨轩”的老板娘舒伶处成老朋友了。诗友大多来时自带茶叶，就出点儿泡茶的工时费。边欣赏楼下的歌舞，边探讨诗词歌赋、纳兰忧愁，把一个中高档消费的茶楼，当作街头四元钱一杯的冷饮店落座。

舒伶从来不恼，常有诗社的送杂志、报纸、书给她，让她第一个看新作。她也常坐下来听听这些之乎者也！

舒伶一落座，大家就谈论起《纳兰词》的那些愁滋味。舒伶一离开，《诗经》里那些男欢女爱的词句便纷纷飘出来，大家围绕起舒伶的美，谈论这个长久不衰的话题。

同是女人的木佳也觉得，舒伶的美“增之一分则多，减之一分则淡”，举手投足间给人以优雅感。

当然，木佳更喜欢舒伶手上的钻戒，戒面上那图案，犹如一朵盛开在旷野中的花朵，是那么醒目、那么醉人。

一次，木佳拉着杨云杰到钻石店欣赏钻戒，方才惊讶地知道，舒伶手上的钻戒，市面上竟值十五万元人民币。

于是又听到了更多关于舒伶的神秘传言。传言她与高官有染、与富商有染，加之她不经常在茶楼，在县城里也没有朋友，更增添了她的神秘感。

木佳倒是和她近距离接触过，舒伶和她谈起了喜欢的《纳兰词》。

冷落绣衾谁与伴？倚香篝。春睡起，斜日照梳头。欲写两眉愁，休休。远山残翠收，莫登楼。

这首纳兰词，语词柔媚，女子之孤之清，灵动而深刻，也使木佳深感舒伶婀娜多姿的身形里隐藏有深深的“愁”。

于是，在木佳的床头柜旁边，多了本《纳兰词》，压在她原先喜欢的《福尔摩斯探案集》上面。

木佳原本在刑侦队当内勤，她也很喜欢侦查破案工作，当年曾抱着《福尔摩斯探案集》走进警院，学的是侦查专业。工作后在担任刑侦队内勤时，也主动参与协办过数起不大不小的案子。正准备圆“大侦探”梦时，杨云杰因为办案出众被提拔为刑侦中队中队长。鉴于回避制度，木佳失落地带着《福尔摩斯探案集》搬到法制大队上班。

后来，杨云杰被提拔为副大队长，木佳的“大侦探”梦算是彻底被击碎了。丈夫看来要长期在侦查工作岗位扎根了，木佳只好潜伏在侦探工作中，时常就某个案情提出自己的看法和见解，有时竟然也讲得头头是道！

最近，木佳被抽到一个专项行动办公室，除了上班时繁忙，有临时任务外，竟比平时多添了几分休闲时光，到“听雨轩”参加诗社的活动也多了起来。

报社的老洪在诗社一年多后，竟然也收集整理出了一本诗集，自此尊称为“洪诗人”，诗社队伍也壮大为二十人。

这天晚上，木佳加班到九点多，回家时从江岸公园路过，听到“听雨轩”有“洪诗人”的高谈声，便忍不住上楼去了。

木佳落座后，舒伶亲自上前为“女诗人”送上茶具，陪坐下来。

看到木佳穿着制服，“洪诗人”转而把话题转到最近报纸上热议的“清网行动”——公安部的追逃工作方面。他谈起《潜伏》电视剧组里的一个小配角，竟然被查出是潜逃多年的逃犯，他笑谈此人胜过《潜伏》里的“余则成”，比《潜伏》还“潜伏”得深。众人皆笑起来。

木佳则谈起前不久被杨云杰从外省带回来的一个逃犯，才四十四岁，潜逃十年，改名换姓，娶妻生子，却终日忐忑不安。抓到他时，他已经满头白发，看起来像六十多岁的人，一上车他就美美地睡起觉，说是十年来从未睡过一个安稳觉……

杨云杰从外地回来一次，总能带回来一次收获的消息。木佳的工作也开始繁忙起来，便远离了“听雨轩”那些忧愁凄美的纳兰词。

她不时收集汇总资料，反馈给“清网行动”前线的战友，把前方抓获行动的消息第一时间用短信发到每一个民警手机上，以此来激励大家的斗志。

夜间十二点了，木佳还在加班，此时丈夫接到新情报，又要连夜出发了。临行前，杨云杰给妻子发了条短信。

“木清网！出发了！”

木佳见丈夫的短信把她在“清网办”的工作与幽默相结合，快乐地笑出声来，想了想，同样高兴地回了短信。

“杨追逃！加油！”

这回，快乐的信息传递到杨云杰那里，他迈着轻快的步子出发了！

一星期后，杨云杰从境外带回潜逃多年的逃犯。由于法律程序复杂，木佳又被抽回法制大队搞法制审核工作。

木佳是法制大队排名第二的业务能手。当年，木佳从刑侦队调到法制大队后，与丈夫一起相约参加“国家司法考试”。连考了四年后，杨云杰因为工作出差多，实在没条件记下那“数十万条法条”，只好惭愧地退出。木佳则坚持到第二年通过了，成为了县公安局除法制大队大队长外的第二个通过“国考”的人。

木佳要做的是完善相关法律手续，以最快速度移送检察机关起诉。

这天晚上，木佳加班结束后，在回家的途中，接到一个陌生电话，居然是“一个人的诗社”的衣食父母，“听雨轩”的舒伶打来的。

舒伶说一个人闷得慌，想约她来茶楼喝茶。

木佳顺路转上了“听雨轩”包房。

见到了舒伶，她正拿了一本书等在根雕的茶桌子旁。未等木佳坐下，一曲纳兰词便飘出。

记绾长条欲别难，盈盈自此隔银湾，便无风雪也摧残。青雀几时裁锦字，玉虫连夜剪春旙。不禁辛苦况相关。

这首词写的是女子伤离别之情，木佳听完，看到舒伶脸上怎一个“愁”字了得。

片刻，舒伶把《纳兰词》双手呈递给木佳，让木佳有空时翻看，并且提醒不要把小页上折过的地方恢复，因为那是自己喜欢的词。

木佳看到首页上写着“八仙过海”四个字，疑惑地看了看舒伶。

舒伶手指着根雕茶桌上的“八仙过海”图案说，这是我的网名，有空记得和我联系，说完打了个哈欠。

木佳仿佛被传染似的，跟着感觉到困意，便离开了茶楼。

第二天早上醒来，木佳感觉有点儿不对劲，舒伶好像在跟自己道别似的。

她立刻爬起来，急匆匆地赶到“听雨轩”，重重地敲开门，也没跟开门人多啰唆，问了舒伶在哪个房间后，就急匆匆地冲上楼，推开门。

舒伶惊奇地坐在床上，瞪着木佳。

木佳看到不施粉黛，却依然美丽的舒伶，一惊，随即编了个借口，说有东西忘在包间里，让舒伶喊人打开房门，自己去找。

舒伶穿着睡衣，套上拖鞋，离开床，为木佳去开包间的门。靠近木佳时，她打了个酒嗝，那刺鼻的味道熏得木佳差点儿吐了出来。

木佳假意在包房找了一会儿后，指着手上的戒指说："找到了！"然后匆匆离开。

木佳上班路上边走边想，看来自己的感觉出错了，舒伶昨晚神伤的样子不是离别，更不是自己假想的那样。

木佳有这样的想法是因为最近几个月的追逃工作，让她知道那些逃犯总会用各种方法隐藏身份，甚至有能力"漂白"身份，长期像普通人一样生活。

联想到舒伶传闻中的神秘身份，以及昨天晚上的反常举止，木佳决定要解开这个谜。她到办公室后给杨云杰打了个电话，说出了自己的猜疑。

杨云杰此时正在一个小山村，躺靠在一辆民用微型车上休息，一晚上的蹲守，让他感觉疲劳极了。

他极不耐烦地说了声："猪！"

原来，杨云杰在"清网行动"中也觉得舒伶的身份神秘，刚好到她居住的那个县调查情况，便"挑水带洗菜"地核实了舒伶的身份。

当地派出所民警带着杨云杰走访了舒伶的家人，看了照片，她家人还拿出她寄来的邮包，上面有"听雨轩"的地址邮编。走访村里人时，又得知上个星期舒伶还和一个开四个圈（奥迪车），戴着一根拇指粗金项链的男友回过家。

根据此次走访，可确定此舒伶乃真舒伶无疑。

因此杨云杰笑妻子多看了两遍"福尔摩斯"就真把自己当大侦探了。

木佳却仍不死心，她请了两天假，盯着"听雨轩"，生怕舒伶跑了。

两天时间过去，舒伶连门都没出。

第三天晚上，“一个人的诗社”搞活动，又在“听雨轩”的包间喝茶。

木佳进门时和舒伶打招呼，舒伶报以一笑，不像往常一样拉着这诗社唯一的女诗人唠叨。

木佳又起了疑心。

落座后，木佳忍不住问对面的“洪诗人”，有没有觉得舒伶和以前有什么不一样的地方？

“美女，上茶！”“洪诗人”大叫道。

舒伶像往常一样，缓慢地踱了过来，为众人施展茶艺。

当茶杯递到“洪诗人”面前时，他抬起肥胖的屁股，半起身，大脑袋朝前递，伸出“熊掌”接过茶杯。

等舒伶走远后，“洪诗人”笑着对木佳说：“没什么变化！还是戴着‘紫罗兰’呀！”

在“洪诗人”的笑声中，木佳听出他刚才“揩油”了！

她羞红了脸，拂袖离开诗社。

众人的笑声欢送她离去。

坐在办公室的椅子上，整理完案卷的木佳偷闲拿起《纳兰词》品读了起来。

这时，舒伶的短信发过来了。

“《纳兰词》看完后还我好吗？我想它了！”

木佳回短信：“我要在家里细细品读。”

想了想后，木佳又回了短信：“不是送我了吗？怎么那么小气！我觉得你和以前不一样了！”

好半天，舒伶才回来短信：“那么，我上网重新买一本吧。”

中午下班回家，木佳惊奇地发现，家里竟然被盗了，让小贼翻得一塌糊涂。气急败坏的木佳准备报警，却突然想起自己就是警察。当即用手机拍了照，又找了一把小刷子和放大镜，取下新鲜指纹，用透明胶带黏取走，俨然一副神探的样子。

清点财物后，她发现少了一部数码相机、一部旧手机，在整理被翻乱的书柜时，木佳按分类理好她和杨云杰爱看的书，竟然发现，诗词类里少了那本《纳兰词》。

木佳开动她的“大侦探”思绪后，气冲冲地跑到“听雨轩”，一把推开舒伶的卧室门。

舒伶正躺在床上看《纳兰词》。

还未等她爬起来，木佳一个跨步冲上前，抢过《纳兰词》一瞧，是新买的！

当即换了张笑脸，说道：“先借我看会儿。”

舒伶用沙哑的声音说：“还我书！”

木佳在关门前，转回头笑着说：“看两天后都是你的！”

木佳大步流星回到办公室，反锁上门，从抽屉里取出先前那本《纳兰词》，一页页透光看，还蘸了点儿水放在书页上测试，看看会不会出现“密电码”。当然，舒伶先前送的那本书也没发现什么夹层。

她把新旧两本书对比了一下，除了右下角有折痕外，其他没什么不同。

难道是自己猜想错了？

盗贼只拿走了木佳买的那本《纳兰词》。

一切的焦点都集中在舒伶送的《纳兰词》。

木佳反复查看《纳兰词》，心里想着《福尔摩斯探案集》里那些分析案件的办法。

木佳突然发现舒伶折起的书页右下角，正好盖住了书的数字，莫非是暗喻数字？木佳把这些数字摘抄了下来，组合成18位的数字“261418274557109138”。这些数字难道是保险柜号码？

带着疑问，木佳拨打了一位经侦队同事的电话后得知，这18位数是银行VIP贵宾客户的物品保管库的柜子密码，但是要有钥匙才能开。

那么，钥匙会在哪里？

木佳觉得这个舒伶“好鬼”，她折的那些书页，正好是讲一首首的纳兰词，给人的错觉是她喜欢这一首首的纳兰词才折起来的。

按照这样分析的话，那么钥匙她也应该做过暗示了。

木佳照这个思路分析下去，想到了书页上写的“八仙过海”，接着联想到当晚舒伶送书时指着“八仙过海”根雕桌说是她的“网名”。

有了！答案应该就在根雕桌上。

当晚，木佳组织了“一个人的诗社”活动，趁人不备，假做弯下腰捡东西，发现桌底下绑着一把“金钥匙”，立刻不动声色地取走。

第二天，木佳到银行VIP贵宾客户区打开了专属柜子，发现里面有一本《纳兰词》，第一页上写着：“杀我者，舒伶也!”木佳惊呆了，好半天才回过神来。

“雷人雷语”下面有一组数字，应该是银行卡的密码，因为柜子里还有一张银行卡。

在这组数字后面有一个鲜血凝固成的大拇指印。

木佳在银行查了下银行卡，里面有一千万元钱。她困惑了，不知道舒伶为什么会把这笔巨款交给她。

片刻后，她清醒过来，戴上手套，把这些东西放进物证袋，离开银行。

到局里的“痕迹物证鉴定室”，她请技术人员化验指纹和血迹。

经过技术人员比对，这是一个十年前携巨款潜逃的江南某市逃犯“罗丽”的指纹。

这个“罗丽”从照片上看，竟有七八分似舒伶。

难道是……木佳被一阵阵兴奋的思维跳跃弄得半天回不过神来。

报警！抓舒伶！这是“狸猫换太子”！书上不常这样说吗?

最后，警方查案后破获了一个奇特的案子：十年前，一个真名叫罗丽的江南女子与丈夫携银行巨款私奔（因丈夫炒股失败假离婚），到处隐藏身份。

在一个县城里，罗丽的丈夫发现了一个叫舒伶的女子和妻子长得神似，于是有了主意，套用了舒伶的身份和相貌，甚至让罗丽整容成和舒伶一样。而身份证通过申请遗失，让两人各持一证。

罗丽的丈夫和真舒伶在一起，他为高中文化的真舒伶买了文凭，并将其培养成和罗丽一样爱好文学的高雅的人，因为他知道罗丽这些习性改变不了，唯有改变真舒伶。结果日久生情，他爱上了小罗丽五岁的真舒伶。

后来丈夫闻知公安机关开展了“清网行动”，为了保全自己，欲下毒手除掉妻子罗丽，以结束逃亡的日子。

同时，罗丽因为发现丈夫和替身——真舒伶日久生情的事，为了防备，把大部分钱收了回来（丈夫炒股越来越猛，已积累了巨额财富），存在一张卡上，密码藏在《纳兰词》的页码上，交给了木佳警官。

一起凶杀案被制止了，木佳在一间储藏室找到奄奄一息的罗丽，在没有被丈夫获取银行卡的去向之前，她保住了性命。

早知道那些财产都会被收归国有，早知道丈夫会对自己下毒手，罗丽多年来何必让一个“愁”字罩心头。

五夜光寒，照来积雪平于栈。西风何限？自起披衣看。对此茫茫，不觉成长叹。何时旦？晓星欲散，飞起平沙雁。

人生便如词中所述，寿终亡时，便似一场大雪落下，所有的苦怨哀愁皆被埋葬，只剩下最初的贞洁。

“听雨轩”被关了，诗社失去了活动地点，渐渐散了。杨云杰有点儿埋怨自己没有把诗社的名字取好，让诗社真的成了“一个人的诗社”。

此时的木佳却正在想那句话：“家家争唱《饮水词》，纳兰心事几人知！”

作者简介：杨俊伟，傈僳族，全国公安文联会员、中国少数民族作家学会会员、鲁迅文学院第二期公安作家研修班学员。现工作于云南省怒江州泸水县公安局巡特警大队。

特殊任务

于隽永

1

要说调令过来了大伙儿还蒙在鼓里那是扯淡，这年头，机关里只要一有风吹草动，立马就能传扬开来。尤其是有关人事变动方面的事情，只要不是脑子里少根筋，人事这根弦都绷得紧紧的，往往是八字还没一撇，就已经传得有鼻子有眼。结果呢，别说这传闻还真挺靠谱，往往是谁谁谁当了局长、谁谁谁当了政委、谁谁谁靠边儿站了，真是一个字儿都不差，简直是“组织部”了。这年头能把自己鼻子下边那门把给闩牢靠的还真是不多见。当然，有一个人例外。

这个人就是冷群。

作为关少春的副手，而且是极有可能成为一把手的副手，冷群心里很清楚，那就是管紧自己的嘴巴，祸从口出这个道理他还是懂的。一句无关痛痒的话，落在对手的耳朵里就可能成为向你进攻的把柄，对手如果是进攻型的，那就更糟，这句所谓的无关痛痒的话语就会变成寒光闪闪的顶在你咽喉上的匕首，稍稍一动就会断送自己的性命。明白了这个道理之后，冷群无论在关少春面前，还是在同事面前，都很少说话。当然不是说冷群连句话都不会说，不会说话那不成了哑巴了？冷群当然不是哑巴，有时候表达自己的意见并不一定要说出来，用其他方式照样可以表达，甚至更加完美，这就是冷群的聪明之处。也正是基于这一点，关少春才把冷群视为自己的心腹，从政治部主任提拔成常务副局长。

一大早，关少春就把冷群请进了自己的办公室。冷群没有问关少春这个时候找他有什么事，因为他知道关少春叫他办的事情一定不寻常，不寻常到不是别的随便什么人都可以办，要不然，他冷群也没有来的必要了。

关少春要走的事，他已经听人说了，他听到的当然不是说关少春要调走了，但他从那个人的话里还是听出了弦外之音。他去参加一个无关紧要的会议，碰见了一个熟人，这个熟人向他打了声招呼。现在想来，那个人当时说的话很有意思。

那人在会议室门口对冷群说：

“冷局，我想这个会就应该你冷大局长参加，虽然这只是个安全生产的会议，但就是非冷局长不行。”

冷群就笑，冷群心里清楚这个人自以为是某个局的局长，对他的称呼一直是冷副局长，以此来标榜两人在职务上的不同，而且总是不忘问他：“怎么老关没有来开会啊？”

冷群对这个人一直就不感冒，但是出于礼貌，冷群还是笑笑，是那种很大度的笑，不跟人计较的很有分寸的微笑。

“哪里话，是关局长让我来开会的。”冷群原本想刺激他一下，但张了张嘴巴，还是没有说出来。从心里讲，他应该感谢这个人，这个人的舅舅是市委主管组织的副书记，他如此一说无疑已经把一些重要的信息透露给他了。

冷群用食指关节不急不慢地敲响了关少春的防盗门。

“进来——”关少春的声音里依旧透出威严。

冷群进屋时看到关少春坐在宽大的老板台后面，他朝冷群点了点头，用眼神示意他坐下。冷群刚坐下，关少春就从抽屉里拿出一个信封，交给了冷群，要他务必找到信封上那个署名的人，把信封里的东西退给他。

冷群看了看信封上的名字，上面写着“贾兴”两个字。贾兴这个人冷群认识，是局里的一个民警。于是，他小心翼翼地将信封放进自己的皮包里走了出去，脚步里充满了自信。

2

贾兴站到了冷群面前。

“这是你的吧?”

“什么?”

“上面有你的署名。”

冷群将信封递了过去，贾兴看了看信封里的东西摇了摇头。

“不是!”贾兴说。

“自己的笔迹，也不认得了?”

“名字的确是我的，可是里面的东西不是我的。”

“你担心我会处理你?”

“不是，冷局，真的不是，我不是担心这个，我是说我当时给他的不是这个……”

“我明白了。”

“当时我老婆非要回城里来，我才送了五千块钱礼券。”

“好，你回去吧。”

小伙子走到门口又回转身来，神神秘秘地对冷群说：“冷局，我们科室的小王为了提拔的事情给关局送了五千块，是他喝醉酒后亲口告诉我的。冷局，你千万别说是我告诉你的啊。”

冷群挥挥手让他走了。

半个时辰后，小王出现在冷群的办公室里。冷群看到小王后并没有急于把事情挑明，他让小王在沙发上坐下，然后又吩咐林子给小王沏茶。林子有一双很白嫩的手，这双手很麻利地给小王沏了茶，然后轻手轻脚地退了出去。真不愧是冷局的司机兼通讯员，小王盯着林子的背影想，心里充满了感激。也就是这个时候，冷群打乱了小王的思绪。

“这个，是你的吧？”冷群眼睛盯着小王，下巴朝写字台上那个信封点了点，问得有些深沉。

小王有些摸不着头脑：“什么？”

冷群又点了点桌子上的信封。

小王仍然没有明白过来：“冷局长，您什么意思？”

冷群示意他打开信封看一看，冷群说看一看就明白了。

看一看就明白什么？小王突然有一种不祥的感觉，他想起了半年前自己做的一件事情。那个时候局里正搞调整，已经干了八年科员的小王突然有了想进步的意思，因为他也感到被人喊做“科员种”的不舒服。想进步本来是好事，说明他还想为国家多做一些贡献，为社会多出一把力，但是他非常清楚追求进步意味着什么。于是他熬了整整一个通宵写了一番慷慨激昂的就职陈述，连同自己八年来的积蓄都放进信封里塞进了局长的卧室。

小王小心翼翼地打开了信封，打开了信封的小王自然看到了信封里的东西，看到了信封里的东西的小王自然就明白了冷局的意思，明白了冷局意思的小王却做了一个断然的动作，那动作再明白不过。

这信封不是他的。

小王走了，但是小王留下了一个人的名字。

老辛。

其实喊辛大水为老辛实在有点儿冤枉，他今年才四十，按习惯的说法是刚刚不惑，要不是他头上那片光地儿太亮，兴许大伙都叫他小辛呢。老辛就老辛吧，反正不准备提拔了。所以当冷群把老辛请到他办公室的时候，他也没往这上面想，还以为冷群让他来无非是想找他喷喷空、解解闷儿。要知道他老辛两片子肉一呱嗒，能把人给笑岔气。

当冷群把信封撂在他眼前的时候，老辛还没忘了对老同学幽默一下子：“哈，不节不年的你送哪门子礼啊？”

“少贫，看看里面是不是你的？”

“拾金不昧，啧啧，雷锋大哥又回来了，不对，应该叫雷锋大叔。”

“我在办正事，你正经点儿好不好？”

老辛这才一本正经起来，打开了那封已经被几个人看过的信封。老辛不看信封里的东西还罢，一看信封里的东西无名火“腾”地就起来了。事情已经过去五六年了，那个时候老辛已经是刑警队的大队长，冷群是政治部主任，两个人表面挺好，见面互相打哈哈，暗地里谁对谁都不服气。正好局里要配一名副局长，老辛和冷群是竞争对手，老辛以为自己资历老，局长已经拍板让他干，所以这副局长非他莫属，不料冷群却说了一句：一切都是变数。为了确保万无一失，他将自家新盖的一套三层小楼给卖了，就像个赌徒一样把卖楼钱全部押给了关少春，那可是二十多万呢，关少春个狗娘养的，咋就没有撑死啊。

没想到一切果如冷群所说，真的存在变数，最终还是让冷群坐上了副局长的位子，气得辛大水骂了关少春的祖宗十八代。现在冷群却拿着这个信封来问他，到底是什么意思，难不成还想整他一下？想到这里，老辛不由打了一个寒战，他仿佛看到冷群充满嘲笑的目光。于是他断然摇了摇头。

老辛走了，这次老辛没有给冷群提供下一个目标。

3

老辛走后，冷群才感到事情的复杂程度远远超过自己的想象。很明显，老关把这笔款的当事人给记错了，如果这时将这笔钱退还给老关，他一定认为自己办事不力，连一件小事都办不爽利，他在老关眼里的形象就会大打折扣，下一步要转正就比较麻烦。他知道，在这个节骨眼上，帮助老关就是帮助自己，可是怎么帮啊？难道把全局一千多人都调查了？那样的话，恐怕人还没有调查完老关就已经进了监狱了。那他冷群不仅没有帮老关，反而害了老关。一旦把老关给整下去，他冷群就没有了后台，没有了后台自己要想转正是根本不可能的事情。

偏偏这个时候，老关又打电话问事情办得怎么样了，冷群当然不能实话实说，于是顺口瞎编了一个理由，冷群觉得这个理由足以让关少春信服。他说这两天身体不太舒服，正打点滴呢，他让关局放心，等这边点滴一打完，他就去找那人退。

可这时候关少春说了一句让他吃惊的话，他说他已经当面问过贾兴，贾兴说你已经找过他了。

冷群只有承认自己确实已经问过贾兴了，可是，关局，贾兴否认有这回事。

关少春问道，那你准备怎么办？

冷群说，不行的话，我再问问其他人。

关少春在电话里冷笑，呵呵，你的确调查了其他人，你调查了小王和辛大水，你是不是要让全局的人都知道啊？

冷群感到心往下沉，顿了顿才说，那怎么办？

关少春说，就先放你那儿吧。

放我这儿——冷群一时没有明白关少春电话里的意思。

你就当一回贾兴不就完了。

这回，冷群明白了，搞了半天他才是贾兴，不，是信封上那个名叫贾兴的人，是这笔钱的主人。

是啊，他冷群做这笔钱的主人更合适，因为他是个能管住自己嘴巴的人。

4

事情过了两天，关少春让冷群到他办公室去一趟。冷群到后，发现局长办公室里多了几个神情严肃的人，关少春向那几名神情严肃的人介绍说，这就是冷群。又对冷群说，市纪委的同志找你调查些情况，请你一定要配合纪委同志的工作，要实事求是地交代自己的问题。

冷群一愣，说我能有什么问题啊？

来人中一个年龄稍大的说，前几天纪委收到一封举报信，反映你将自己受贿的现金退还给当事人的情况，请你跟我们走一趟。

冷群被带走了。

冷群终于明白了自己真正的任务。

5

晚上回到家里，老婆问关少春去省城没有。他说去了。老婆又问，见到儿子了吗？关少春说见到了。老婆说，把那一千块钱给他了吗？关少春疑惑地问，什么一千块钱啊？老婆说前几天我放在你西装里，让你去省城的时候交给他，你当时喝得醉醺醺的，还说我唠叨个没完没了，我怕你忘事，就用一个信封装起来放进了你的西装里，怎么你没有给儿子？

关少春这才明白过来，他只是说请人吃饭了。

老婆生气地说，你倒是大方，把钱给人家吃饭，那可是我给儿子这个月的生活费。

这时，外面传来敲门声，关少春打开门，他看到了冷群。

作者简介：于隽永，全国公安文联会员、全国公安作协会员、河南省作协会员、鲁迅文学院第二期公安作家研修班学员。先后在国家和省级文学期刊发表文学作品多部，其中现代戏曲《浴血童心》在《河南戏剧》发表；电影剧本《女公安局长》在《电影文学》发表；中篇侦探小说《错位的复仇》在《传奇故事》发表。现任河南省虞城县公安局警令部教导员。

玄奘大师（长篇节选）

杨亚玲

游　历

没带随从，玄奘由那烂陀寺出发，经伊烂拏钵伐多国先到达中印度诸国，再渡殑伽河，到达南印度，而后到达西印度、北印度，在旅行和求学中，时光如同恒河的水，悄无声息流淌过去。

离开伊烂拏钵伐多国时正值雪后，太阳被掩在雪幕后面，天地间透闪着恬静的柔光。兜着各色披肩的男子、女人、孩子乘木马嬉笑滑行在雪地上，顽皮的小孩急速滑到玄奘身旁，热情地招呼："嗨，你要往哪里去?"

玄奘微笑遥指远方。

小孩好奇地上下打量玄奘，偏着脑袋问东

问西。

小孩的父母亲却很快滑行过来，警惕地拉走孩子，玄奘听到父亲低声教训孩子："我们是婆罗门教徒，不要靠近佛教僧人。"

"婆罗门教和佛教不一样？我们每天不都在朝拜？"孩子叽叽喳喳地反问。

"我们信奉梵天、毗湿奴和湿婆，他们信奉佛陀，这就是不同。"

玄奘轻轻叹息，这就是印度，不仅教派林立，就算佛教本身，也派系各异，学说纷杂。在那烂陀，争执、辩论从来就没有停歇过。走出那烂陀，实际上是走进一片更加广阔的争辩、学习天地。

单纯的玄奘曾经为此苦恼，那时他以为佛法就是一条由上直贯而下的线，到达印度的路，就是由根溯源，层层而上，直达最基本、最深邃、最正确的源头。在一次次的论争中，他终于发现，佛陀灭度千年以后，再也找不到所谓最正确的源头，在佛法的每个层面上，都有无数分支和支撑分支的学说，就算是戒贤，他所说也未必全然完整和正确。

印度宽广的土地上，散布着无数可能的真理。

因此，他在伊烂拏国整整停留一年，跟从当地两名大德如来密和师子忍学习了戒贤并不推崇的萨婆多部和毘婆沙顺正理；在南印度驮那羯磔加国的阿伐罗势罗寺，他停留数月，跟从苏部底、苏利耶二僧学大众部根本阿毘达摩等论；在羯磔伽国，他甚至师从婆罗门教人学习因明。

经过稻田，跨过连绵不断的山陵、沟壑，抵达中印度瞻波国那天，正好是玄奘三十八岁生辰。

三十八岁，已经步入人生的中年。

每个人生都有自己独特的韵律和节奏，有的舒缓如诗歌，有的高昂如山歌，有的激进如急流，有的凝寒如冰泉。

玄奘的人生则如同以至诚之心诵读一本佛经。节奏声调抑扬顿挫，读音清准，一个字一个字地读，口到，眼到，耳到，心到，如行云流水，诵罢之时心开意解。

这本佛经正值读到中途。

其实每个步骤都很重要，少年、青年、中年，乃至今后的老年。

年少的时候，早熟的玄奘以为人生的需求和目标依靠勤勉就可以达成，所以轻而易举地讲出“近光弘法，远绍如来”的大话。当他真正朝少年所指的方向前行，将人生的佛经认真诵读，才知道勤勉仅是其中微而甚微的一部分。

三十八岁的佛陀，已经开始四方弘法。

玄奘，你该如何面对三十八岁以后的人生，该走怎样的道路？

恰在此时，瞻波国的一个传说故事，引起玄奘的兴趣。

遥远的年代，佛陀未诞时，有位每天放牧数百头牛的牧牛人。

某天黄昏，赶牛入圈，他清点数目，发现少了一头牛，四处寻找未获。就在几乎完全失去希望的夜晚，牛居然自行回到圈中，毛发光泽，叫声清亮异常，令其他牛害怕得不敢靠近。

这样的事发生多次，牧牛人觉得很奇怪，有天悄悄跟随在那头牛的后面，发现它离开群体后独自进入一片森林，钻进一个牛头大小的石孔，便跟着钻了进去。

接下来的遭遇，与晋人误入桃花源相仿。

由石孔内行进四五里，豁然开朗，芳草鲜美、落英缤纷，有种光华灼目的异果挂在树梢，颗颗灿烂如黄金，诱人垂涎，牧人实在喜欢，不敢吃，便摘取一颗偷偷放在怀里。

牵牛回去，正要钻过石孔时，突然闯来一个青面獠牙的恶鬼，不由分说，强行抢夺牧人怀中的果实，牧人不敌，眼睁睁看着果实被夺走。

回去后，牧人向当地一位有名的医者述说果实的形状。医者也不知道果实的名字，便说，不要马上吃，可以摘一颗出来，让我仔细看过再作分晓。

牧人第二天再度随牛入石孔，又摘取了一颗，没想到恶鬼仍然来夺，牧人眼见不敌，情急之下，将果放进嘴里。恶鬼伸出毛茸茸的大手，上前扼住牧人喉咙，逼迫他吐出来。牧人急了，索性一吞口水，咕噜一声，将果咽进了肚里。

奇事发生了！牧人身形陡然变高变大，他急忙想钻出石孔逃跑，头伸出了，巨硕的身躯却无法出去，年代一久，牧人渐渐变成一块人状石头。

玄奘同情这位不幸的牧人，他不过是对新生事物感兴趣而已，何以遭受如此严厉的惩罚？

人生可能遭逢的全新境界不胜枚举，有些新的境界也是由人所造。

一个大胆出奇的念头从玄奘脑中掠过：难道我不能以对佛法的领会，创出新的宗派？

念头一出，玄奘连诵“阿弥陀佛”，将这份“痴心妄想”压制下去。

除却北印度由戒日王统领，其余四印度犹如一盘散沙，小国林立，远胜中土春秋、战国和南北朝分裂割据时代，也不乏穷兵黩武、好战斗勇的小国家，国与国之间争伐不断。

行至南印度境内，正逢建那补罗国与摩诃剌侘国交战。

摩诃剌侘国王女身披重甲，高坐在战象背部的塔楼上，手挽强弩满脸戾气，驭手驱赶象阵冲向建那补罗国的牛阵，牛阵溃退不成体系。

王女穷追不舍，弩箭射到处惨呼连连，一泼血水溅污了玄奘的僧衣。

这是一个笃信佛教的国家啊，连女子也如此凶残嗜血，顶用佛陀之名，世人到底在干些什么？

玄奘已经无法叹息。

由西印度境茂罗三部卢国东北行七百余里，绕回北印度，在胜子论师曾经制瑜伽师地释论的钵伐多国贤爱论师所，玄奘再度停留两年，就学正量部根本阿毘达摩及摄正法论教实论。

前往摩揭陀国，杖林山中，他遇到印度之行继戒贤后最重要的师长——胜军论师。

胜 军

走进杖林山的竹林，初夏的潮热刹那间消失得无影无踪，满目翠绿在微风中流动，根根竹笋破土而出，沾着露珠的笋衣还未全部脱落，青色的竹节衬青青竹叶，像在诉说生命的清新与茁壮，徐风迎面扑来，通体舒畅。

竹林深处，悠悠传来久违的乡音：

“四时如湍水，飞奔竞回复。夜鸟响嚶嚶，朝光照煜煜。厌见花成子，多看笥为竹——”

吟的是梁朝王僧孺的诗，玄奘精神长振，脚下的疲乏一扫而空，顺沿林径小路快步前行。竹林掩映下的一片竹篱、三五间简易竹舍，渐渐离他越来越近。

竹篱空地上，一名年约六旬，浑身破烂、瘦小伶仃的僧人一边摇头晃脑地吟诗，一边煞有介事地锄地刨草。

他一定就是胜军论师。

玄奘很早就听说过胜军其名。

他出身刹帝利，自幼聪明过人，先在贤爱论师所学习因明二论，后跟从安慧菩萨学声明大小乘论，再跟从戒贤法师学习瑜伽师地论，古今历史、天文地理、医方术数乃至印度、中土及西方语言文字，无一不通，称得上印度第一奇人。

胜军扶锄停歇，抚摸颌下花白短须，朝玄奘招手。等玄奘走近，也不问玄奘是谁，从哪里来，毫不客气地将锄头塞过去，用汉语说：“来，我累了，帮我锄锄。”

这可难不倒玄奘，他扔下包袱二话不说干起来。

熟悉交替变换左右手，锄落时锄头尽量往前伸，手自然往后拉，将全身力量传送到锄头，省力而快捷。在蜀地半耕半学时习得的经验，今天派上了用场。

胜军越看越有滋味，索性光脚蹲上石桌，双手扶住瘦削下陷的双腮，像欣赏表演，边看边顺带指手画脚点评，“这里没平整”，

“喂喂，别太用力伤了苗儿”……

翻土、整畦、种苗，荒地变成齐整的苗圃，用手背揩揩额头上的汗，玄奘才发觉天已经快黑了。

“好，不错!”胜军从石桌跳下，一本正经翘起拇指，“年轻人到底有气力，喏，那边，你瞧——还有半分地没开垦，你明天再来吧。”闲适地舒展手臂，乐滋滋莞尔一笑，“我现在心情不错，去诵读半篇佛经，你别忘记这事哟!”

“论师!”玄奘着急，拜师学习的正事还没讲呢，他一个箭步冲上去，在胜军即将关闭竹舍大门时，一把按住门扉，闪身挤进房里。

胜军倒不以为忤，撩起空晃晃的衣袖，随手由书格上抽下一本佛经漫不经心“哗哗”翻看，头也不抬，“你今晚可以在这里睡，明天早点儿起来干活。”

玄奘心里一动，笑道：“不如让我就此住下，白天耕种，晚上跟随你学习唯识论?”

胜军睨眼撅起嘴角，似乎是一副不情不愿的模样，“我这里可不比那烂陀寺有吃有喝——”

这就是答应了，玄奘欢喜地跪下拜师。

胜军与戒贤齐名，然而两个人截然不同。

戒贤庄重严肃，无论身体怎样不适，在人前礼仪服饰无一可挑剔之处；胜军随和可亲，幽默诙谐，不修边幅，常年穿着破烂的僧衣。

戒贤执事严厉，对僧众弟子犯错必究一、二、三；胜军大而化之，弟子偶有过错，不过一笑了之。

戒贤每日所用斋食取材多样，制作精美；胜军常常独自居住在竹舍，只喝水，吃极少量的食物，打坐悟经之余或种地耕田，或吟诗自乐。

他们两人的不同，并不仅仅这些。

一年后，玄奘完成在胜军处的学业，准备回那烂陀寺时，曾与胜军有过一番谈话。

胜军大嚼刚刚收获的甜瓜，嘴里含糊不清："你知道我为什么隐居吗?"

这正是长期以来玄奘的疑惑，在玄奘看来，以胜军的博学多才，完全可以主持一座不逊于那烂陀寺的寺院，广开讲坛，座下弟子将如海如云，为什么要避居山林呢?

胜军说道："早在三十多年前，摩揭陀国王满胄王就曾经许以二十大邑，要立我为国师，我没有接受。二十六年前，坦尼沙和穆里克两国合并，戒日王初登王位，许以乌荼国八十大邑，多次请我任国师，我也多次谢绝。"

当时的戒日王一再追问缘由，胜军这样回答："中土有句话叫做'受人之禄，替人分忧'，我不过刚刚学通一点儿佛法，还有更多的没有悟通悟透，怎能有时间为您的国务操心呢？如果勉强登上国师之位，恐怕会耽误国事，后果可大可小。"戒日王这才作罢。

听到这里，玄奘也同样不解："身为国师，不正可以广纳弟子，更广、更好地弘扬佛法?"

胜军眯起眼连连摆头，把最后一片甜瓜塞进肚子里，也不管手上还有瓜渍，伸出一根指头狠狠朝玄奘脑门儿上戳："你呀你，空学一肚子佛法，不知道世道的反复无常。你要知道，宫廷和朝政就像羊圈和鸡窝，是天底下最污秽难测的两处地方，我听到耳朵里都觉得臭气熏天。一旦当了国师，天天在这两处地方奔走，稍不小心陷入泥塘，自己尚且不能翻身，从哪里来谈弘法？嘿嘿，我看戒贤法师现在就身陷其中不可自拔，别人看他光鲜荣耀，其中的甘苦、为难，恐怕只有他自己才能体会。"

说到这里，他自得地又拿起一个甜瓜放到手里摆弄，"三十年前，我师从戒贤，学不如他。现在我栖身方寸之地，逃脱尘欲的纷杂，专心致学，如果再作一次辩经，他一定不是我的对手。"

戒贤与胜军，一个在殿堂之上，一个在乡野之中。

在殿堂之上的，拥有了无上的荣光和无数的弟子；在乡野之中的，拥有了至高的学识和闲适自得的生活。

一名僧人，在学业和声名到达一定境界后，大概都会面临这两条路的选择。

十年与世无争的求学生涯，抛开时局，抛开政事，玄奘仅以一名普通僧伽的身份生活在那烂陀寺，穿行在五印度，西行路上曾有的旧事和艰险，逐渐淡去，成为遥远的、似有似无的记忆。

这一瞬，那些旧事鲜活起来，仿佛就在昨天——

高昌太妃和智月法师语重心长；

突厥野心勃勃；

活国宫廷谋杀；

质子伽蓝的宝藏……

他无法画地为牢，终究不能永远待在寺院里诵读一生的佛经，偶尔与旁人辩经。

不，这些不是他西行的初衷，也不是他所需求的生活。

他必须回归大唐，将学到的知识，传播到故土。

一来一返，一学一授，从懵懂走向成熟，从初始走向圆满，这是每个人、每件事的不二法则，更是玄奘所期待的人生境界。

玄奘趁机向胜军请教："如果我回到故土，您认为我应该选择怎样的弘法之路？像您这样，隐匿乡间，专心致学和教授弟子。虽然弟子不多，但也能将唯实论的真谛传达下去吧！"

胜军脸色一沉，慢慢将甜瓜放回果盘，正色问玄奘："你——真打算回大唐？"

玄奘看出他的不舍，他二人相处融洽，胜军曾经透露出玄奘留下两人共同致学唯识论的意思。他挤出一脸笑容，意图说服胜军："能将师父您的佛法理论带回大唐，是我的幸事。"

胜军把眼皮翻了翻，站起快步走入玄奘的居室，将他的行李胡乱一裹，出来一股脑儿塞到他怀里，扫地出门一样，"走、走，快走！"

玄奘知道胜军生气了，只得跪下不停叩首。

胜军像是负气般转过身不理玄奘，过了会儿，转过头偷觑玄奘，正巧玄奘叩首中抬起头，碰个正着。胜军尴尬地咳嗽几声，说道："行了，行了，别拜，我答应就是，今天天色晚了，明天一大早再走行吧？”看一眼玄奘，慢吞吞地说：“至于你刚才说的弘法办法，符合我向来的想法。佛陀刚开始传道时，座下有多少弟子？世上就算只剩一人传道，只要以心致道，佛法也可以永世流传下去。”

作者简介：杨亚玲，笔名沧溟水，鲁迅文学院第二期公安作家研修班学员。2005 年年底开始致力于文学创作，多篇作品散发于部队刊物及《百家讲坛》、《今古传奇故事版》、《曹雪芹研究》等杂志，曾出版长篇历史情感小说《大唐后妃传》、长篇历史传记小说《玄奘大师》、长篇消防军旅题材小说《突破火线》和散文集《六世达赖情歌》，其中根据《大唐后妃传》改编的四十集电视连续剧正在筹备中。现工作于湖北省公安消防总队恩施支队。

风尘季

张世凯

马二羊家的饭馆在一座破旧的城楼旁，那里的手抓羊肉，嘿，拧一口细嚼，浑身的热血滋滋上蹿，野马一样奔腾。

浑浑噩噩的暗黄色隐去了犀利的太阳，风和沙沆瀣一气，在树叶间肆虐，并不壮实的树干始终像拉满的弓坚韧着，嗓子眼儿里有尘土在窒涩地游走，受了刺激的鼻腔那个痒哟，我止不住打了个喷嚏。

沙尘中弥漫着燥热和寂寞。

从大漠戈壁往西走，祁连山的两个分支在这里叉开，裆间有股河水，冬天哩哩啦啦，有些细瘦，夏季就汹涌了。沿河上走，钻进山的裆里就到了玉泉镇。早年，我从警校毕业被分配到这里，上火车坐定，耳鼓里就“呜——”一声长啸，挂着霜雪的火车如脱骨的蛇，柔软滑腻地在山谷中蠕动。到了镇里，大近暮色，一辆警车泊在车站的暗处，几名警察在车前面敲锣打鼓，把个小站闹得红红火火。到所里热毛巾都备好了，饭菜也端上来，气氛让人感到像进了家一样，心热辣辣地打着滚儿……

一晃悠三十年了。

小镇不大，有个古城楼，一幢幢青砖楼房，卵石铺就的小道，行人款款入画，显得别具风格，古香古色。若没有了沙尘，很难相信这是在戈壁深处。

饭馆的幌子在风中飘曳，能晃晃悠悠地看清上面写着“马二羊手抓”的字样。

进门后先抖抖身上的风尘，抹一把脸，觉得清爽了许多。再看小饭馆不大，西北角的一张桌子上，四个灰头土脸的爷们儿玩儿扑克，骂骂叽叽地正在兴头上。

听到响动，四个人一齐瞅过来。其中一个身躯高大、满脸络腮胡子的爷们儿突然站起来甩了扑克，几步跨上前来，抓住我的手：哎呀，哎呀，这不是小张吗？不记得老哥啦。

我的眼睛一亮，一时间连呼吸都有些紧了：呀——我的老所长，你不喊我还真不敢认哩。

我的手在老所长粗硬的大手掌里被蹂躏着。

身体还好吗？

好，好，退下来五年了，你瞅这身板，硬朗得很，你呢？

还好，还好。

这小子，还记得你刚来的时候跟我过招的事，看你当时瘦成啥样了。

我好像被他捅到了羞处，脸红红地低下头……

所长是个当过兵的人，爱练队列和格斗。训练队列时，路边有很多人张着眼看，人群里还有不少水灵鲜亮的小女子，花嗒着眼，一脸的喜滋滋，给队伍长了不少精神。所长在队列旁边面如红枣，口令喊得气若长虹，全所的人让他调弄得齐整整，刀切一般，那步儿走的，啧啧，来劲。休息时，所长对我精瘦两全的身体不满，提出练对打，我迟疑着，所长就说，是骡子是马拉出来遛遛呀。无奈，我只好撑起骨架子在所长的拳脚下晃来摆去。打完后，我没咋地，所长倒让我的瘦骨硌得龇牙咧嘴，吸着凉气说，领教领教……

看着老所长满头的白发，我不由得叹了一声。

岁月如白驹过隙，人在这日月里真不经造呀！

老所长喊：老板，老板。

有个男子从套间里出来，头发乱蓬蓬的，稀稀的胡须像亏了雨水的庄稼，走路时一拐一拐的，有点儿赵本山卖拐的味儿。

瞅瞅，这就是马二羊，半斤的身子四两的×。玩牌的小眼睛边说边咕咕地笑。

老所长断喝：嘴里放干净点儿。

闷热的天，马二羊光着上身，亮亮的汗在硬邦邦的排骨缝里汇集成滚圆饱满的一滴，淹进裤腰里。下身只穿条短裤，裤口上有布丝缠绕着，显得有些单薄，能隐隐地看见四两闲肉一甩一摇的，很随意。

老所长看了一眼说：二羊呀，先把自个儿收拾利索，衣服穿整齐。

马二羊返身进门穿好了衣服。

吃啥？

手抓。

几斤？

先来四斤。

老所长说：今天我请客。

怎么能让您请客，我来我来。

老所长转身说：听着，你嫂子不在家，正好我也要吃饭，就这样定了。

马二羊脖子里露着青筋朝后屋里喊：四斤羊肉、四个凉菜。

里屋有女人回话，先让客人洗把脸，沏点儿茶水，润润嗓子，这天哟，真见鬼。

一盆水引出女人，细瞅也就三十来岁的样子，大个子，宽身板，肉乎乎的胳膊嫩瓷一般，胸前两个拳击手套，很抢眼。还没说话，脸上就绽开个灿烂的笑。

老所长说，银花，过来叫叔。

女人对着我喊了一声叔。

我吃惊了，慌慌地站起，这……

这是我儿媳妇，在镇小学教书，假期里闲着也是闲着，在饭馆里当个帮手。

有人来吃饭，是个年轻人，要了一碗干拌面，吃得满头汗水。年轻人走后，又来一个中年人……

来的都是客呀，马二羊里里外外忙得不亦乐乎。几个玩儿牌的爷们儿悄然离去，老所长也进里屋张罗去了。

坐下来喝茶水，才闲出空来看看。饭馆收拾得挺干净，六张桌子摆放整齐，墙面上贴满了画报，有媚眼腿子花草风景之类的，从远处看，像一幅抽象派油画。

又来了几位客人……

老所长从里屋出来，手里拎瓶白酒，一脸诚恳地问：不违反禁令吧？

我也是请假探亲的。

这里客人多，咱们到里屋去。

房子一间套一间，先是厨房，有个老太太木着脸炒菜。我们从她身边走过，她连看都没看一眼，好像我们不存在似的。大锅里炖着带骨头的羊肉，肉汤咕嘟咕嘟，香味诱人。从厨房再往里进是卧室，打扫得干干净净，也很整洁，一看就知道是个会过日子的主儿。

老所长招呼我们围着圆桌坐下，自个儿翻箱倒柜地找酒杯。

把大雄叫来？

大雄？这家伙在南方的大城市里滋润着哩。

大雄去了南方？

是啊，儿子大学毕业后在一家外企工作，一月一万多块钱的工资，去年退休后老两口就让儿子接走了。

大雄的婚事也是很传奇的。

年轻时的大雄一米八的个头，浓眉大眼，搁在大城市里能迷倒几个姑娘，就这条件大雄还是没有对上象。所里其他人每周都要回到县里的家耕耘自个儿的一亩三分地，该种的种了，该收的收了，只有他过着阳气鼎盛的日子。那年，在祁连牧场解救人质，大雄中了一枪（枪是自制的，每次只装一粒钢珠），事后我们上医院看他，他说那家伙就剩一粒钢珠，是专门留给我的，你们瞅。刚要解裤带，脸一红又紧上了。旁边陪床的女子就是被救的人质，眉清目秀，站在床前一眼一眼地剜大雄，眼神里沾点儿羞涩。邻床的病友说，这小媳妇可勤快了，大个子警察有福气呀。大雄听了，目光七拐八弯地找不着抛锚的地方，脸红成猪肝，女子忸怩了一下羞走了。

叫啥名？

芳儿。

好听，这空房儿留着你住哩。

这时芳儿来了，提一兜苹果，几个人憋住笑。芳儿拿出苹果，软着声气一脸羞色地说，吃吧，吃吧。

几个人都说，不吃白不吃。

芳儿密纤纤的睫毛对着大雄忽扇，大雄像是被一团毛茸茸的东西缠住了，有些气血封喉，出气明显地不匀了……

不经意中，大雄的儿子都成国之栋梁了啊。

马二羊端着羊肉进门，脸上满是歉意地说：客多地方小，来，吃肉吃肉。

老所长打开酒瓶，一边斟酒一边说：二羊也来坐。

这会儿正忙哩，你们喝吧。

老所长接着说：来盘花生米，少搁点儿油。

一股子肉香味立刻吊起胃口，我抓住一块热热地撸到嘴里，呼噜呼噜地嚼。

这肉可真香。

这要是小羊羔呀，那才香哩。

年轻女人又端来两碟剥好的新蒜，热情地说：就蒜吃，就蒜吃。转脸又对老所长说：爹，招呼我叔喝酒呀。

老所长端起酒杯说：干一杯。吱——自个儿先饮了一杯。

你来我往地敬了几杯酒，说话舌头直打卷。

不喝酒了，我还要开车。

别走了，就住我家，宽敞着哩。老所长跟我又对了一杯。

三十年了，心想再也见不到你哩。

老所长的一句话说得我心里七上八下，有股子酸水直往上顶。

以前所里的老哥儿几个，该退的退，该走的走。现在全是有文化的年轻人，所长才三十来岁。

是呀，当年你抓逃犯时跟逮个野兔似的，一手一个。

陈芝麻烂谷子不值得提，喝酒。

老所长的眼里噙满兴奋，说：最近正大练兵，队伍齐刷刷的，打拳时那一声吼，嘿，别提有多提神。你们现在听，还练哩。

倾耳细听，风沙中确实夹杂着口令声，声音被风沙曳得时近时远。

我看见桌面上摆着一张年轻民警的照片，问：这是谁呀?

老所长面露凄楚，但口气有些轻描淡写地说：他叫马林，是马二羊的儿子，警校毕业后被分到镇派出所。有一年追逃回来，马林就接到电话，说是他爹在农村放羊时不小心从山上滚下来，腰腿断了。年轻人心急呀，没来得及请假就走了，一起追逃的同事都受了奖，可他……唉……回来的路上出了车祸……临走时手里还攥着医院的账单和请假条。两件事的打击使马林的母亲从此不会说话，耳朵也聋了，一天就知道干活，进门时在厨房炒菜的老太太就是马林他妈。所里领导跟大伙商量后把两个老人接到玉泉镇，马二羊的羊肉煮得好，大家凑凑手就开了这个饭馆。刚才进来吃饭的几个人都是所里的民警，大伙来吃饭不穿制服，也不一块儿来，怕勾起老人的伤心，都是自己的战友呀！说到这里，老所长脸色难看，嗓子有些发哽，嘴唇也抖得厉害，一声“呀”像是从嗓子眼儿里扯丝拉线地挤出来，从我的心尖尖上划过。

真是老天不仁啊！

酒桌上的气氛沉重起来。

几个人都低下头，木然地沉默着……

片刻，老所长颤着声气说：行了，咱回家吧。

街上昏黄的风尘吹得更紧，有沙尘暴的阵势。我执意要步行，老所长没有阻拦。我们行走在大街上，行走在风尘中，我的心像被风尘裹起来，有些窒息。老所长的儿媳妇不断地介绍镇里的变化，说什么我一句也没有听见。我心里在想，不管在哪里，从警的每一个人都在用血汗书写着自己的历史，这种历史被风尘掩埋，为世人不知，只有自己知道，并让自己的后人去读、去品味……

在风中，我并不知道自己淌了泪水。

老所长的儿媳妇吃惊地问：叔，家里出事了？

我说：没有。

作者简介：张世凯，甘肃省作家协会会员、嘉峪关市作家协会副主席、鲁迅文学院第二期公安作家研修班学员。现供职于甘肃省嘉峪关市长城公安分局。

夜　警

张遂涛

一个晚上没有消停的时候，不是门被撬了，就是谁又在发酒疯。最可恨的是那群打群架的，警灯已闪在眼前，仍不停手，视老余如无物，老余只恨不能掏出枪对天开两枪，吓死那群王八蛋。好不容平息下来，带回所里处理，几个小时已过去了。

过了凌晨两点会好一点儿，只剩下喝醉酒找不到家或不肯付车钱被出租车司机拉到所里的。老余每次都要帮他们擦屁股，不是帮酒鬼付钱，就是送他们回家。

“警察这碗饭是那么好吃的?”一次一个新民警不理解老余为什么要替酒鬼付车钱，老余用这句话把他堵了回去。新民警没再说话，但是从他的表情可以看出他并没有理解。老余也不再多做解释。其实道理很简单，别看他说得老气横秋的，其实是怕麻烦，你不替他付钱，司机不肯走，又要扯半天，有这半天时间还不如替他付了——道理就这么简单。

干了这么多年，老余的想法就是复杂的事尽量简单化，越简单越好。但是他想简单，简单却不想他。他年轻气盛时，活儿还没那么多，手续还没那么复杂。他年老力衰了，事情却越干越多了，而且干得窝窝囊囊，枪不敢开，人不敢打，说句不好听的话，群众都敢指着你的鼻子叫嚣着要投诉你！十几年前他们哪里敢！老余感觉这身警服实在是越穿越没意思了。

去年本来他可以退的。他想了想，没退。有人说他傻，他不觉得，他有他自己的考虑。干了三十年，现在还是个主任科员，本来有机会弄个副调，一开始卡在学历——他函授大专，其实高中都没毕业——后来又卡在年龄。学历可以改，年龄你现在让他怎么改？老余为此气得跳脚骂娘。他曾一度灰心过，心想反正这辈子没想过当官。但就因为没想过当官，他才更不甘心，官就算了，干了一辈子，临退休了连个副处的待遇也不给？他心里多少还抱着希望，希望领导能够开恩，看在他干了一辈子警察的分儿上，最终给他破个例。要是提前退休，那就彻底没戏了，他不退休，就仍有五六年的希望。

还有一点，他没有提，其实所里的人都知道，只是因为他不提，也就没人肯提，像是都不知道一样。他的老婆没有工作，而且多年生病在床，老余算了算，退休后跟退休前工资差了一大截，这一大截工资让他的心里失落落的。

也许确实是年纪大了，精力衰退了，忙了一个晚上，老余感觉腰酸背痛，头晕目眩。终于闲了下来，他泡了杯浓茶捧在手里，在值班室找了张椅子坐下。值班室的电视里正播着足球赛，声音调得很低，球员们像哑了一样闷着头在草坪上无声地争抢。一个球员被铲倒了，躺在地上抱着小腿做出很痛苦的样子，裁判员一边嘴里吹着哨子奔跑，一边右手在左上衣口袋里摸索，终于一张黄牌被掏了出来。铲球那个球员做出很无奈的样子，伸手把躺在地上的运动员拉了起来，躺在地上的运动员仿佛很艰难地爬了起来，脸上仍带着痛苦的神色，然而转瞬，就继续跑动起来，仿佛什么都没有发生过。

老余啜了几口茶水，感觉好了很多。他斜眼看了看蹲在值班室一角的几个“黄毛”，“黄毛”可能腿蹲得酸了，正在不断变换姿势，一个屁股撅了起来，半蹲着，这个姿势可能舒服一点儿。老余冲着他喊了一声，他的屁股立刻就又垂了下去。

老余又把目光移回电视，比赛仍在继续，但是老余的注意力并没有集中在电视上。值班室里人进人出，一个民警看到老余还在喝茶，问了句：“老余，不去躺躺？”

老余说不去了。老余值班时没有睡觉的习惯，他觉得与其躺下再被叫起来，还不如不睡的好。他有过那样的经历，躺下来刚睡着，有时还没睡着，突然就被电话叫醒了，再穿衣起来，那种感觉更痛苦。

所以他困了，宁肯坐着打个盹儿，反正第二天上午可以补休，到时再睡也不迟。这么多年这么下来了，倒也习惯了，虽感觉累，却不困。而且兴许还是年纪的原因，现在睡眠明显少了，不值班时，在家也一样。老余这一生没有别的爱好，就是好泡个茶聊个天，他有几个聊友，经常是下班回到家，先买菜做饭，吃完饭洗洗涮涮，再把衣服洗了晾了，伺候老婆睡下，然后关灯出门。这时往往已是十点多钟，泡完茶聊完天已是凌晨一两点，回到家简单洗刷一下睡觉，早上六点左右又准时起床。几乎天天如此，白天也不觉得困。

茶喝完了，老余正想起身再续杯水。值班室的电话铃声突然响了，铃声调得很大，在楼道里显得很急促、很清脆。老余没有在意，仍然往办公室走去。刚走到办公室门口，就听到背后有人喊：“老余，出警，有人打架。”

老余哼了一声，算是应答。他倒水的时候，心里暗骂，几点了，还有人打架？他看看墙上的钟表，已是凌晨三点钟。

将八大件披挂上，帽子戴正，老余叫上一名协警。协警刚才可能睡着了，一脸的困意，正用手揉搓眼睛，嘴里还嘟嘟囔囔，骂骂咧咧。老余有点儿不满地斜了协警一眼，虽然自己也有牢骚，但他总看不惯别人发牢骚。

协警开车，虽说有规定协警不能开警车，但所里就这么几个民警，既要开车还要处理警情，哪里有那么多精力，所以到了晚上就睁一只眼闭一只眼。协警上车就把警笛拉响了，夜很静，警笛突然一响，仿佛把夜刺破了个大洞，突然一下子不安稳了起来。

老余一把把警笛按掉了，斜了协警一眼："大半夜开警笛干什么？你不怕吵死人呀！"

协警没敢说话，开车启动。

坐在车里，看着路灯下空荡荡、突然陌生了的街道，老余倒觉得刚才开那一声警笛也好，一下子把乏意扫光了，人感觉精神了很多。

出警的地方是一个城乡接合部，在这个快速发展的城市里，类似这样的地方很多。很多穷了一辈子的农民，因为时来运转，靠盖房子出租或征地拆迁，一个个成了腰缠万贯的土财主。老余对这些土财主感情复杂，既羡慕、嫉妒，又有点儿看不起。他是城里长大的，算是城里人。但城乡在这个弹丸之地实在是咫尺之遥，算来算去也就是几道街的距离。他父亲那一代还是农民，后来靠参军转业进了城市，也就是今天轮渡那一带。他在城里出生、长大，带有极强的优越感，就在十几年前，他还仍为自己的身份得意。然而才几年工夫，他就开始暗自遗憾，怪父亲当年不应该把老家的宅子卖掉。

正在胡思乱想，车子已经到了。协警回头问他怎么走。怎么走？老余说我哪里知道，我也要问了报警人才知道。报警人说的那个街巷老余不熟悉，这一带其实老余都不太熟悉。当地农民为了赚钱，拼命盖房子，特别是这几年，都盖疯了，见缝插针，只要能盖的地方全盖满了。房子和房子之间往往只留一条一人宽的小路，算是过道，房子的主人要是想递个什么东西，不用下楼，打开窗户就可以手碰手了。政府为了制止和拆除这些违章搭建，曾经动用武警，但仍旧没用，你白天敲他晚上就补好了，你今天拆他明天就再建，像是在玩儿猫捉老鼠的游戏。他们还很会利用老人，让老人们在村口躺成一排，让车开不进去。

在老余眼里，这个地方就是个不折不扣的迷宫。他曾经进去过几次，每次都迷路，都要找人带才能出来。虽然大家都说正常，但他总觉得丢人，后来没事就很少再去。老余给报警人打电话，报警人又左拐右拐说了一大通，老余听了头晕，就让协警听。协警到底是年轻人，又在这一带玩儿过，听了一遍就知道了大概位置。继续上车，左转右转，终于找到地方。打架的人在巷子里面，车子开不进去，老余只好下车，和协警一起走进去。

进去了，却仍找不到报警人说的那栋房子。村子很静，只偶尔听到几声狗叫。老余认真听了听，没听到哪里有吵架、打架的声音。找了半天没有找到，又给报警人打电话，报警人却吞吞吐吐起来，老余听得不耐烦，说："你倒是说得利索一点儿？说不清楚就下来接我们。"

报警人说："我刚才又听了听，好像不打了。"

老余说："你倒是再认真听听，到底还有没有在打？"

报警人仿佛真的放下电话听去了，过了好长一会儿，才又拿起电话，说："我又听了，真的没声音了，你不知道刚才叫的声音多吓人，我都吓醒了……"

老余还是有点儿不放心："你确定？"

老余这样一讲，报警人似乎又拿不准了，他说："你再等我一下，我再听听……"老余耐着性子等他听完，终于得到肯定答复，确实不再打了。

老余出了口气。不打最好，这么晚了，又是在村子里，估计是夫妻吵架。夫妻哪里会有那么多架好吵，吵完了，还不是要睡在同一个床头？

老余如释重负，上车，叫协警："开车。"

"去哪里？"协警还一头雾水。

"回所里。"老余说。

协警仿佛也高兴起来，一个甩头，就把车头掉了过来。

老余的身子晃了一下，险些撞在前面的椅背上，心里有点儿恼火，但是又不便多讲。他拿出电话，将出警情况向值班室和指挥中心作了反馈。

回来的路上，老余心里很高兴，一个警情化解了，要不又得半天折腾，特别是这种夫妻吵架的，劝起来还特别麻烦，你越劝他越来劲，你又不能处罚他。然而车还没有开到所里，突然又一个电话打了过来。协警紧张地盯着老余的脸，看着老余"嗯嗯呀呀"地嗯了半天，才把电话收了起来。

"什么事?"

"回去。"

"回哪里?"

"还回刚才的现场。"

"啊?"协警愣了一下，然后恶狠狠地骂了一句，把车头又甩了回去。

"干你姥，你不能慢一点儿呀!"老余突然冲协警喊了一句。

协警被骂蒙了，脸臭臭的，嘴动了几动，但什么也没说。

车子默默地又开到刚才停的位置，已经有一个中年男人在那里等，他见到警车开过来，忙不迭地上来。

"就是你报的警?"老余有点儿没好气地问。

"是我。"那人讨好地笑着。

"怎么回事?"

"是这样……你们刚走，我就又听到哭声了，好像还在打，我听到像是拿着皮鞭在抽，还有响声，响一下就有人叫一声……"

说到这里他停下看了看老余的表情，老余没吭声，直盯着他看，看得他有点儿发虚，解释道："我本来也不想再报警，但越听越觉得不对劲，我怕万一……"

"万一怎么了?"

报警人突然笑笑："我也就是想想，主要是害怕万一。"

老余看着这个长着一张面团脸的中年男人，突然有点儿厌恶。

他懒得再跟他多说，让他在前面带路。中年男人把他带到一个房子面前，回头嘘了一声，说有人在哭吧？老余听了房间里确实有人在哭。老余正想上去，中年男人突然一把拉住他的衣袖，说："我就不过去了，都是邻居，看到是我报的警不好。"又补充一句："我们出门在外打工不容易。"说完一闪身就钻进另一扇门里去了。

老余不管他，上前拍拍面前这扇门，里面突然静了下来，没有了声音，但也没人出来开门。老余侧着耳朵听了听，再用手拍拍，还是没人过来开门。

"开门，警察。"老余终于忍不住了，叫出声来。他的心里突然紧张了起来，手忍不住放在了腰间的枪柄上。

协警站在门的另一边，也紧张地盯着里面。

老余再要喊的时候，灯突然亮了，门开了，一个男的走了出来，光着上身，露出一肚子的肥膘。

他像是刚睡醒的样子，"什么事？警官。"说着还用手捂着嘴打了个哈欠。

老余看着他，感到有点儿奇怪："谁住在里面？"

那个男人回头往门里看了一眼，像是不确定似的："我，还有我老婆。"

"你老婆呢？"

"在里面睡觉呢。"

"睡觉？"老余顿了顿，看着他。

那个男人"嘿嘿"地笑了笑。

"刚才叫门怎么不开？"

"没听到。"

"没听到？"

男人又"嘿嘿"笑了起来："真没听到，你不知道我一睡下，跟个死猪一样……"

"刚才有人报警说你家里有人打架，怎么回事？"老余说着一边要往里走，那个男人仍靠在门边，似乎想阻挡，但犹豫了一下，还是让开了。

“谁报的警？打架？没有呀？”男人跟在后面。

里面的灯没亮。

“灯打开。”

男人把灯打开了，原来是一个小作坊，横七竖八摆着几台缝纫机，布头堆满了一地。

“你们是干什么的？”老余问。

男人“嘿嘿”笑笑，用手摸着后脑勺，像是不好意思讲。看老余还在看着他，才说：“赚几个辛苦钱。”

老余没理他，接着刚才的话头问：“没人打架？那怎么会有人说听到有人在打架，还有人在哭？”

“有人在哭？不可能，不可能，”那个男人摆着手，突然又笑了，“可能是听错了，是两口子吵架，两口子吵架……”

“你老婆呢？让你老婆出来。”老余说。

男人看了看老余，欲言又止，冲里面叫了一声，一个妇女走了出来。妇女面无表情，看着老余也没有说话。老余看着这个妇女，感觉她眉宇间有股恶气，但也没有再多想。

老余想应该确实是夫妻两人在吵架，也许也有打架，当着他的面不好意思讲。还好，这两个人在他面前都在掩饰，没有像其他打架的夫妻那样人来疯，越有外人在打得越凶，那样还得带到派出所处理，多麻烦。老余想到这里，就假意训斥了他们几句，说什么吵架也不找个时候，半夜三更的，自己不睡觉也吵得人家睡不成觉，老打电话过来报警。

那个男人点着头，是是是，以后再也不吵了。女人仍面无表情，不说话。

老余临走，又看了看做衣服的作坊，说，谁让你们在出租房里开工厂的？料子着火怎么办？赶快给我收拾了，我过两天再来，如果还有，就不客气了。

那个男人仍在点头，是是是。

老余上了车，又感觉头晕目眩起来，身子有点儿打冷战，可能是刚才出虚汗出的。躺在车里，他闭目养起神来。还好，他心里暗暗庆幸，只是两口子吵架，说说就算了。

回到所里，老余反馈完，突然感到真的要躺下休息一下了。刚才出那阵虚汗，让他觉得自己有点儿像要生病。他和衣躺到备勤室，闭上眼，想睡一会儿，却怎么也睡不着了，眼前不断浮现刚才出警那一幕，他总觉得好像哪里不对劲，但又想不出来。

看来真的是老了，神经都衰弱了。老余暗自喟叹。

好不容易，他蒙蒙眬眬睡了过去，不知睡了多久，电话突然又响了。一开始他以为是在做梦，没有理它，等他反应过来，电话已经是歇了又响了。

他接通电话，还没开口，就听到值班民警叫起来："老余，不好了，出人命了！"

老余一个激灵就醒过来了。

还是那所出租房。还是那个长着面团脸的中年男人报的警。老余赶到现场时，刑警大队的人已经去了，那个报警人也在。正在一遍又一遍讲述他发现现场的经过："……警车走了之后，我本以为没事了，正想睡觉，谁知睡了没多久又听到有人吵架的声音，我烦得要死，想再报案吧，又怕民警烦，就偷偷爬窗户过去看，结果一看，原来是两个人在打一个人……"

那个人现在就躺在作坊后面的一个小房间里，浑身伤痕，人已经死掉了，看样子应该是一个孩子。老余看着那个死尸，觉得不可思议，他怎么就会被活活打死了呢？

回到所里，天早已大亮。所里已是熙熙攘攘，又恢复了正常的一天。老余回到所里不知该干什么，平时这时他已经在家为妻子做早餐了，但现在他不知道该不该回去。情况他已经向局长、所长都汇报过了，局长、所长听了都没说什么，但他能感觉得出局长的怒气。所长是个三十多岁的年轻人，不忍心责备老余，听完老余的辩解，只是一个劲儿说怎么会这样呢？所长的神态让老余感觉很委屈，他突然觉得自己在所长面前像一个不知所措的小孩子，他很想哭一哭。

他又去找所长，所长正在忙，门口挤了一堆人。他在门口等了一会儿，等人群散去，他才走进去。所长让他坐下，转身关上门，打水烧水，准备给他泡茶。他静静地坐着，看着所长做这一切，没有客气，也没有阻拦。两个人都默默地没说话，直到所长坐下来，看着他时，他才有意识地把腰背挺直。所长沉吟了半晌，突然拍了拍他的肩膀，说："老余，你也不要有太多的心理负担，毕竟这种事也不能全部怪你，但是……"所长没有说下去，老余的心里却是咯噔一下。所长又说："我会尽量跟局里解释的，这点你放心好了。昨晚你也值了一晚上的班，挺累的，先回家休息休息，其他事情以后再说。"

老余回到家，妻子已经醒了，仍像往常一样躺在床上。他没有像往常一样先给妻子做早餐，而是在她的床头坐了下来，默默地，一声也不吭。

妻子疑惑地看着他，问："怎么了？"

又问："出什么事了？"

老余还是不吭声。问得紧了，老余叹了口气，像是征询妻子的意见，说："我想退休了，你看怎么样？"

作者简介：张遂涛，笔名西流。厦门市作家协会会员、鲁迅文学院第二期公安作家研修班学员。有小说、散文、诗歌散见于《散文》、《上海文学》、《福建文学》、《厦门文学》等杂志，有小说被《小说月报》选载。现工作于福建省厦门市公安局法制支队。

散 文

父亲的收藏（外一篇）

张新军

父亲收藏的历史无从考证。从我记事起，我就看见他整日佝偻着腰，肩上搭着一个破麻袋，手里拿着半截铁钩子，为了一点儿可怜的收藏物在连队四处奔波。收藏几乎占用了他所有的业余时间，一直到他的生命行将结束。可以说，收藏伴随了父亲整整一生。

严格地说，父亲的业余活动根本谈不上收藏。他的收藏纯粹是一个平民为了生活而无奈进行的，与那些社会名流及富有的收藏者风马牛不相及。因为他收藏的物品其实都是别人丢弃的、无用的废物，但我觉得他与一般拾破烂的还有一点不同，他有职业，他是一个农场连队的牧工，收藏是他的一个业余兼职。

父亲是连队的一个牧羊人，他卑微地生活在

这个世界上，在旁人眼里似有若无，只有那群不会说话的绵羊知道他的存在。他像一芥野草，被人忽视就罢了，还要忍受干旱的煎熬和烈日的炙烤，以及人们的践踏。但他生养了我们弟兄几个，让我们活下来的信念在他骨子里像山一样不会动摇。在我们兄弟眼里，他是一匹疲惫的老马，拉着满载家庭重负的破车，在生活的道路上艰难跋涉。每月微薄的工资养活不了我们，每天捡破烂换一些零用钱补贴家用，成为他天天做的一件事。

父亲的收藏毫无规律，无章可循，他几乎遇见什么就捡拾什么。在连队的早晨、中午或者黄昏，在家属区的垃圾坑、废弃的旧房子、路边的林带，总有一个罗圈腿、弓着腰的老头在拼命拨拉、寻觅着什么，身上破旧肮脏的黄军装泛着白花花的汗碱，几只绿头苍蝇围着他嗡嗡转。不用细看，他就是我的父亲。

父亲把捡拾来的东西背回来，然后分门别类，把布鞋、塑料鞋、酒瓶子、铁丝各自装入麻袋。院子里、家里堆得满满当当：摇摇晃晃的饭桌下面是脱粒过的苞谷芯子，那是晚饭后父亲挠痒用的，这是他一天中最惬意的时刻；几个灌满肥皂水的农药瓶子躺在土灶旁，是消毒后用来装酱油醋的；墙旮旯的一小堆土坷垃，是父亲上厕所的手纸；院子里搭衣服的长长铁丝上，挂满了夏天碧绿的红薯秧子、秋天散了心的白菜帮子、霜打过的红萝卜缨子；门口的三个大缸，已经烂得四分五裂，用水泥沙浆钩了缝，周身用铁丝箍着，是用来腌咸菜的；旁边几个圆圆的卵石，是压咸菜缸的；几个身高参差不齐的半大小子，在院子里追逐着打四角牌，这就是父亲的全部家当。

捡拾的废品攒满一麻袋后，父亲就把麻袋驮到马背上，来到团部废品收购站卖掉。这一天我们比过节还要兴奋，中午早早地依偎在院子门口，眼巴巴等着父亲回来。远远看见父亲骑着马归来，我们就像一个月看一次露天电影一样高兴。父亲带给我们的是几米平布衣料、一卷母亲纳鞋底的棉线绳、腌咸菜的颗粒盐和酱油、醋、火柴、煤油；还有几支铅笔、橡皮和拼音本。遇到父亲高兴，还会给我们带几粒平时很少见的薄荷糖和几块团部食品厂生产的香甜的黑面包。

有一年春天青黄不接，四处弥漫飞舞的各类不知名的小蠓虫几乎遮住了太阳，它们将垦区所有的树叶啃噬得干干净净，戈壁滩上的野菜叶子也被咬得支离破碎。妈妈天天给我们熬玉米粥就腌萝卜条，一天三顿重样，被我们戏称为“老三篇”，而这样的日子眼看也快要断顿了。父亲卖光了所有的藏品，日子也维持不到月底。家里养了几年的大黄猫，在一天夜里悄无声息地不辞而别，从此再也没有回来。只有黑狗仍然忠实地陪伴着我们，只是在我们吸溜吸溜喝粥时不停地用身子摩擦我们的裤腿儿，两眼可怜巴巴地望着我们。这一天晚上，在昏暗的煤油灯下，父亲叹着气，蹲下身子从床底下捞出一副马鞍子，然后失神地端详着它，这样专注的神情我们很少看见，被生活压弯了腰的父亲甚至很少用这样的眼光看我们。这副马鞍子年代已经很久远了，呆头呆脑的，像件出土文物，上面的皮件黑乎乎的，弥漫着一股陈年的膻味和战争的硝烟，铜制的铆钉锈迹斑斑，显得很是沧桑。但从外表看整个做工却非常精细，鞍头上镌刻的神秘花纹，显然出自能工巧匠之手；用细皮条编织的精美穗子挂在两边，依然散发着陈旧而古典的光泽。我知道，这副马鞍子是贫穷的父亲唯一值得炫耀的历史。进军新疆时，他曾是部队的一名骑兵，这副马鞍子陪伴他度过了那段难忘的军旅生涯，他一直视为生命，平时藏在床底下，谁也不让动，只有开春的时候，父亲才拿出来在墙根下晒晒太阳。遇到他难得高兴的时候，会给我们弟兄几个讲他过去与战马的故事，但每次都重复啰唆，后来我们也听腻了、听烦了。我们有时候甚至有点儿嫉妒，父亲对马鞍子比对我们兄弟几个都好。父亲的老朋友、牧羊人贾法得知父亲藏有一副马鞍子，多次上门央求以物换取，但都被父亲沉着脸一口回绝。这天晚上天黑透了，父亲一句话没说，铁青着脸扛起马鞍子出了家门。第二天起床，我们看见屋子中央堆着满满两麻袋玉米棒子。后来才知道，父亲用马鞍子换了贾法的玉米。

这年秋天，连队的秋收结束后，父亲每天天不亮就赶羊似的把我们兄弟几个往地里赶，拼命四处搜索、捡拾地里遗落的玉米，连队所有的玉米秆子都被我们兄弟几个翻了个遍，我家院子里堆满了金黄色的玉米棒子。下酷霜的一个早晨，父亲装了满满两麻袋玉米，推着架子车一声不吭地走了。中午，父亲拉着架子车回来了，两麻袋玉米不见了，上面放着他的马鞍子。父亲虽然很穷，但为人却很直爽义气，送给别人的东西犹如泼出去的水，是绝对不会去要的，然而为了这副马鞍子，他却失信并得罪了多年的老朋友。

从这以后，这副马鞍子就再也没有离开过父亲。

父亲虽然大字不识一箩筐，但沧桑的阅历却使他老谋深算。他知道家里一无所有，我们兄弟几个是他最大的财富，把我们拉扯成人，他的后半生就有指望了，就像他整天早出晚归放牧的一群绵羊，膘肥体壮后在秋季总能卖个好价钱。为了把我们养大，他宁愿历经人间艰辛和苦难，想尽一切办法让拮据的生活维持下去。在别人鄙视不屑的眼色里，他若有若无地生活在这个世界上，做着自己愿意做的事情。

在那个短缺的年代里，父亲拼命劳动着，颠沛流离地寻找着废品。为了攒够我们每学期不算昂贵的学费，除了购买一些必需的生活用品外，他把卖废品的每一分钱都锁在家里唯一的一个木箱子里，钥匙拴在一个尖尖的羚羊角上。那只羚羊角牢牢地用皮绳在他裤腰带上系了一个死结，随身不离，被磨得乌黑晶亮。有时候，嘴馋的我们为了买几个海棠果和几根冰棍，弟兄几个趁他深夜熟睡时，悄悄解下羚羊角，从箱子里偷出几毛钱，再把钥匙按原样拴在父亲的裤腰带上。连续几次后，很快被精明的父亲发现，他再也不把钱放在箱子里了，而是趁我们不在时，藏在我们谁也找不到的地方。后来我们弟兄几个费尽脑汁，把家里所有的地方都找遍了，也没有找到一分钱。只是有一次下大雨，把堆放柴火的棚子淋塌了，我们在扒房子时，从塌了的房梁上发现了一个用细绳密密麻麻捆着的布包，打开一看，里面是整整齐齐一沓子钞票！

后来我们长大了，都有了工作，父亲也不去捡破烂了。但他一辈子没有其他嗜好，退休后收藏废品仍然是他的最爱。家里的牙膏盒、空纸箱、旧鞋子，他一个不丢，认认真真地收藏起来，院子里堆得到处都是，不是为了卖钱，而是为了满足他那根深蒂固的收藏欲。他天天做的事情，已经习惯了，一天不做，心里就发慌，总觉得日子缺少点儿什么。有时候，我们弟兄几个回家，趁他不注意，把一些乱七八糟的破烂东西扔得远远的，父亲回来后转了一圈，也没发现什么东西丢失，我们暗自得意，可没过几天，被我们扔掉的东西又一件不少地被父亲捡了回来，原封不动地放在原处。

生活好了，日子也觉得过得特别快。年过八旬的老父亲，在一天夜里终于瘫痪在床，从此他的生活需要我们料理。我们兄弟几个决定把老房子卖掉，把父亲接到我们身边，轮流伺候尽孝心。在我们弟兄几个处理他的收藏品的时候，神志不清的父亲显得很痛苦，但又无可奈何。只是当我们把那副马鞍子从床底下拉出来时，他一下子显得很激动，睁大眼睛挣扎着要坐起来，嘴里呜哩哇啦地大声叫嚷，我明白了他的意思，附在他的耳边告诉他，马鞍子不卖，继续给你留着，他才慢慢平静下来。那个父亲拴钥匙的羚羊角，被独具慧眼的小弟拿走了，摆放在他那装饰现代的城市客厅里，显得古朴率真，据说是现在很流行的工艺品。

父亲的收藏就这样结束了。他收藏一生，唯一留下的藏品——那副破旧不堪的马鞍子，也随着他走到哪里，搬到哪里，轮流由我们兄弟几个收藏，伴随着他时光不多的晚年。至于它的最后归宿，已经失语的父亲已无法交代。只是有一次，我看见他独自一人坐在床上，长时间地望着墙角的马鞍子愣愣发呆，傍晚的余晖洒在他身上，使沉浸在往事中的父亲显得更加孤独。我慢慢走过去，上前搂住他的肩膀悄悄告诉他：你走的时候，我把马鞍子放进灵柩里，让战马永远陪伴着你。父亲吃力地听完我说的话，缓缓抬起头，两眼定定望着我，浑浊的眼睛骤然放出光来，摇摇晃晃举起他的右手，重重地在我的肩膀上拍了一下，这时候我发现，一生倔强、从不流泪的父亲突然老泪纵横。

麻雀群

这是一群庞大的、由一只只灰褐色麻雀组成的飞禽军团。

一千只？一万只？还是十万只？谁也说不清楚。在荒野的上空，在茂密的丛林，在高耸的山冈，麻雀群像一道横空凌厉的闪电，一首激情飞扬的诗篇，一幅稍纵即逝的美景。

当这群黑黝黝的、雄壮的军团，一起振动着千万只小小的翅膀，海啸般掠过晴朗的盆地上空时，风起云涌，气势磅礴，仿佛天马飞腾，仿佛大河奔流，仿佛群山呼啸。刹那间，轰鸣的麻雀群遮住了太阳的万丈光芒，空旷平坦的荒野上，留下的是一团团巨大的、迅速翻转的阴影。

麻雀群飞越寂静的天空，发出嗡嗡的訇响，与天地共鸣。声音由远及近，从小到大，犹如平地乍起惊雷，又像一架架战机引擎的巨响，撼动荒原，震颤人心，声音的波涛席卷了整个盆地、整个天空。麻雀群像向日葵追寻太阳，鱼儿向往大海，它们挣脱了大地的羁绊，渴望天空无边无际的自由。

天，原本是空的，此时却密布了汹涌翻滚的麻雀群，千万只流动、搏击的翅膀，把浩瀚的天空切割得支离破碎。有时候，有两三只麻雀掉队了，像遗落散失在天空的音符，但很快，一眨眼的工夫，它们如箭矢一样追了上来，矫健的身影迅速融入麻雀群黑压压的阵营，你纵然有一千只眼睛，也分辨不出刚才掉队的是哪一只。

麻雀群，一团黑色的、旋转的云，弥漫在准噶尔盆地苍凉的高空。它如一个高傲、冷酷而内心刚烈的皇帝，率领着一群威风凛凛的大臣，横空出世，君临天下，检阅着波涛起伏的旷野、滔滔不绝的丘陵；俯瞰着千年不死的胡杨林、奔腾不息的戈壁河。这群自由、奔放的精灵，桀骜不驯，放荡不羁。浩瀚无垠的天空，是它们图腾的天堂。它们尽情飞翔，扶摇直上，纵横万里，向天空、向大地、向整个世界，张扬着非凡、率真的个性。

这么多的麻雀聚集在一起，简直是自然界一个伟大的奇迹。它们中间，肯定有一个神奇而威严的首领，统率着这支庞大的军团。这群自由的精灵，无拘无束，洋洋洒洒，迷恋着大地，主宰着天空，掌握着自己未来的命运。

有时候，麻雀群栖息在荒野的沙枣树上，这时一排排的沙枣林，变成了一座座峥嵘的褐色山峰；有时候，麻雀群降落在连队的柴火垛、草垛、马厩、雪地、粮场上，这些地方就平铺了一层黑色的、涌动的雪。

大西北的麻雀群，是一群浪漫的唯美主义者。它们天生就是为了歌唱，活着就是为了飞翔。因此，每一只麻雀，都是一个绝妙的歌手；每一只麻雀，都是一个优雅的舞者。它们的生命属于天空，天空又是它们的舞台。它们的一生，时而啾啾歌唱着，仿佛美妙的神曲掠过苍天；时而在天空旋转着、盘桓着，摆出千姿百态的柔美造型，肆意张扬，酣畅淋漓，让人惊叹造物主的神奇。

麻雀群在天空的表演，是一次壮观的视觉盛宴，是神奇美丽的大自然创造的百看不厌的经典。少年的我，常常如痴如醉，在荒野上仰望天空，怀着焦渴的心情，静静期待着麻雀群的到来。

正午或者黄昏，盆地边缘一片沉寂。寂寞、单调的长天，万里无云，空空如也。这时，遥远苍茫的天际，传来若有似无风的响声。紧接着，呼啦啦飞来一群铺天盖地的麻雀。它们汇聚成一张黑灰色的、扇形的巨网，忽而翅膀紧贴着原野飞翔，身影几乎覆盖了整个苍茫的大地；忽而炮弹一般射向天空，直冲九霄，达到它们的极限后，扇形的网凝滞不动，形成一团黑色的、凝固的云。一瞬间后，麻雀群突然齐刷刷暴雨般骤然降落，灰色的扇面翱翔着翩翩起舞，动作优美，整齐划一，蔚为壮观，仿佛集体演奏着一曲铿锵的天籁之音。这时，大地、荒原、山冈和河流，万籁俱寂，俯首帖耳，倾听着它们磅礴、激越的交响。最后，它们汇成一阵急遽的、旋转的暴风，洋溢着疯狂的野性和激情，呼啸着掠过原野上空，追逐着高远的苍天，向上，再向上，愈飞愈高，愈飞愈远，凝聚成一个飘逸的、极富动感的不规则造型，仿佛乐曲最后一个昂扬的调子，戛然消失在看不见的、惆怅的盆地的远方。

望着渐渐远去的麻雀群，我屏住呼吸，内心激动不已，沉醉在壮美的风景中久久不能自拔。少年的我呀，仿佛变成了一只伶俐俊俏的麻雀，翱翔在自由自在的麻雀群中。

有时候，夕阳西下，西方逶迤的地平线，燃烧着火一样明亮的霞光。麻雀群排着长长的扇形队伍，向着盆地最后的光明，勇士一般向前冲刺。它们翩翩旋转的身影，闪烁着金色的万丈光芒，仿佛一只只浴火的凤凰，嘶叫着勇往直前。渐渐地，渐渐地，麻雀群融入了辉煌的霞光中，融入了苍茫的地平线，成为绚丽的光与影的一部分。

大西北的麻雀群是雄壮的、血性的，充满了阳刚之气，洋溢着浪漫之风，豪爽、热烈、奔放、高昂，天使般纯洁、勇士般顽强、僧侣般执着，闪烁着至真至美的光芒。它们是一股激情澎湃的暴风骤雨，来得快，消失得也快。有时候，只是一刹那间，沸腾的天空就没有了翅膀的痕迹，只有丝丝缕缕的声音嗡嗡作响，不绝于耳。偶尔也有纤细的几缕羽毛，在天空中似有似无，像北方灵动的雪花，梦幻般飘飘舞舞。

噢，麻雀群，神奇的麻雀群哟，你们从何而来，又飞向哪里？

大地、河流、山冈、丛林，仍然沉浸在霎时的激情中而默默无语，风在轻轻嘶鸣。

只有天空，恢复了亘古的宁静。

作者简介：张新军，中国散文学会会员、新疆生产建设兵团作家协会会员、鲁迅文学院第二期公安作家研修班学员。现工作于新疆生产建设兵团第七师公安局。

守护美丽

卢 荽

红头鸟婉转歌唱，“啾啾”地贴着水面低翔；白鹭在天空中划出优雅的弧线，渐渐消失在视线尽头；青茅迎合波纹起伏的湖面上那星星点点的金光，翩翩起舞；绸缎般柔软华贵的水禽，在波光粼粼的远处，成群结队地栖息。

此刻，螺旋桨击打着湖水，发出“突突”的轰鸣声，惊起成片的野鸭，扑棱着，拍打翅膀。半空中瞬间出现一局流动的棋谱，既是黑色，也夹带着白，黑白交错，移动着，变幻着。薄雾弥漫而下，寂寞三两处的浮萍、蒿草掩映中的滆湖，似娇羞的新娘，将明眸善睐的眼神掩藏于围网密布的深处。

“西风起，蟹脚响。”透出水面晒太阳的螃蟹，伸伸腿，吐吐泡，横七竖八地挂满围网，一只、两只，成千上万……

当你来到滆湖，相信你一定会被这份美丽与神奇所打动。驾上小艇来到位于湖中央的滆湖繁殖保护区，看野鸭群飞，或倚桨在湖四周密密匝匝的围网间穿行，看慵懒的螃蟹晒太阳，该是如何一种惬意的享受。

可是，有谁知道，就在这份美丽与祥和的风景里，暗流也伺机涌动。

“红福——”巡逻艇上的男子，扯着嗓门儿向门扉半掩着的渔船大声叫唤。

“哎——”老远处有应答。一名渔妇从围网中撑篙而出，当她驶到近处，看清人影时分，汗涔涔的脸上露出笑容，“是曹警官啊，红福在里面踏网，补老鼠洞呢（检查修补渔网），有啥事吗？”

“噢，红福家啊，回头你记得叮嘱红福，吊蟹（蟹上网，意味着离收获不远）了，可要防贼防盗呵。”

“谢谢曹警官。上次围网被贼割破了，多亏了你提醒。要不，损失可就大了。”

“说谢就见外了。等蟹起后，记得把网重新整理一下哦。”他叮嘱完，这才挥挥手，发动引擎。

巡逻艇上的男子，是宜兴市水警大队的民警。几年前，滆湖水产保护区设立警务站，他被派驻到这里，一晃，就是一千多个日日夜夜。

他，孤独地守护着这份美丽，默默承担着这劳作于二十万亩水域、一千多户宜兴籍渔民（滆湖接壤常州武进与宜兴）生命财产安全的责任。他，谙熟围网纵横、星罗棋布的水道，掌握着每户渔民的情况，包括任何确切的方位、家中人口多少，甚至每家养殖的水产种类。

“是曹警官啊。”原本低头采菱的女子，听到马达声抬起头，笑盈盈划着菱盆，靠近小艇。“这点刚采的菱，你带回去吃，野生野长的，可别推啊。”话还没说完，“哗啦”一下，倒进来一大桶。

他见状，连声说：“水生嫂，不要不要。”

“曹警官，你再和我客气，那就是看不起我们穷渔民啊。”口气里带着微微的嗔意。“要说报答，我们全家可是欠了你一辈子的人情，哪是能用这点东西来表达的?”

他就不再说客气话，他知道渔民的脾气，直来直去。他记起去年8月“麦莎”横行期那场惊心动魄的战斗。

接到上级撤离全体渔民船只的命令，他开着快艇，一户一户上门通知撤离。

风越来越紧，浪越来越高。终于通知完所有船户，他紧绷的心才像一块大石头落地，深深地吁了口气。

忽然，他的手机响了，“曹警官，我是水生，我知道我错了，没听你的话马上撤离。我们一家人现在还滞留在船上。幸好我留着你的警民联系卡……”电话那端传来的声音带着恐惧。

他一跺脚，“哎，这些渔民，舍不得养殖的鱼虾，连命都不要了。”心里虽这么想，却丝毫没有影响行动的迅捷。两分钟后，他与两名前来协助抢险的联防队员，驾驶着巡逻艇出现在风大浪高的滆湖里。

湖面上苍茫一片，暴雨铺天盖地，雨柱像喷射的水枪，蜇痛他的眼睛，衣服、鞋子浸得湿透。岌岌可危的小艇，在巨浪中摇摆不定。

他镇定地指挥队员往船舱外舀水，稳住船舵，劈波斩浪。半个小时后，巡逻艇出现在水生家的渔船边。

巡逻艇探照灯下，紧紧抓住船舷的水生一家人脸上，挂满了不知是雨水，还是泪水……

他看到暴雨中挣扎的渔船，仅剩的一根缆绳在狂风中“嘣嘣”直响，他不再犹豫，一头冲进暴雨中，跪在颠簸摇晃的甲板上，努力将缆绳套到船桩上。狰狞的渔船终于被驾驭住，近在咫尺的围网，逃脱了一场随时可能被脱缰的渔船冲垮的灭顶之灾。

在这个当年上过老山前线，亲眼目睹过战友横尸疆场，经历过血雨腥风洗礼的汉子眼里，这样的危险根本算不上什么。

他就这样过着风里浪里的日子。

"曹警官。"显然是听到了十分熟悉的马达声，前面那艘船的舱里探出一个人头，扬了扬手。船越来越近，饭菜香味也越来越浓了。

靠近渔船，他一跃而上。

"春生，快没酱油了吧，给你。"他从挎包里拿出一袋调味品递了过去，"新米上市了，要替你们带些尝鲜吗?"

"好呀好呀。我们不方便上岸，总是麻烦你，实在过意不去。曹警官，今天吃了晚饭再走吧。"春生心存感激地望着他。

"不用了，晚上还得巡逻。现在可是蟊贼出动的季节。"看着春生一家人其乐融融的景象，他忽然想起家中可爱的女儿和辛劳持家的妻子，想起只有周末才能回去陪她们，心底有些酸涩，但脸上却什么也没表示出来。他跳上小艇，拉动马达。

家家户户渔船上的灯亮起来了。湖面上也起风了。他掖了掖单薄的制服，驾着小艇，在月色暗淡的湖面上巡弋。

船驶近殷村港，远远的，薄雾烟霭弥漫的湖面上，隐约有三两只菱盆在移动，上面人影晃动。

"这么晚出来作业，显然不是渔民。"他悄悄关掉引擎，灭掉船灯，用桨划动小艇，谙熟地从围网另一侧插过去，隐藏在拐角处。

果然，这是伙蟊贼，乘着月色朦胧，正在围网里安放小金钩（一种偷捕工具，一百余米的丝线上密布金钩，放在水下，只要鱼咬饵，便逃脱不了）。

他突然发动引擎，拉足马力冲到蟊贼面前。

强烈的探照灯光芒照得对方睁不开眼睛，他一声猛喝："哪里走!"更是把蟊贼们吓得魂飞魄散。对方压根没想到这个时候还会有警察巡逻，而为了避免被守夜的渔民发现，他们所依赖的交通工具菱盆，在快艇巨大的水流冲击下，早已东摇西晃。唯一能做的，只有束手就擒。

等到渔民听到动静冲出来时，他已带着他的"猎物"，踏着月色归去。

在这美丽的湖面上，生活着淳朴善良的渔民，栖息繁殖着名目繁多的水产、禽类。他，一名普通的水警，就这样，与这块神奇的水域、翱翔的飞鸟、游弋的鱼虾，息息相通地生活着。

他孤独地守护着这份美丽，没有白天，没有黑夜。

对于他来说，这也许只是个开始。未来，还有许许多多个这样的日日夜夜在等待着他……

作者简介：卢婺，中国报告文学学会会员、全国公安作家协会会员、江苏作家协会会员、江苏公安作协副秘书长、无锡公安文联理事、鲁迅文学院第二期公安作家研修班学员。现工作于江苏宜兴市公安局。

折　箩

关长安

折箩，《现代汉语词典》中解释说是指吃过酒席之后倒在一起的剩菜，前面还有一个注解，是方言，至于哪里的方言我尚未去深究，因为从小就知道了这个意思，便以为是东北的方言吧。我的分析是：折是动词，倒的意思；箩是名词，装东西的容器。这样就得来了一个整套的动作：把东西倒进容器里，后来把这个动作用作了名词，专指倒进箩里面的东西。我还把用几种剩菜放到一起烩出来的菜叫折箩，既然是剩下并且应该倒了的，自然就不是什么好的。

可偏偏有人喜好这样的东西，我就是。这就像是大部分东北人愿意吃渍酸菜一样，尽管酸菜被科学证明了没有什么营养，甚至还有害，可当年没有办法保鲜白菜而形成的方法竟然成了饮食的惯性，到了冬天不吃点儿酸菜嘴里没味儿。

小时候，我家在村子里面还算是过得去的人家，可终归也摆脱不了大环境的影响，生活水平并不高。估计我的记忆是从 20 世纪 80 年代初开始的，佐证是我每每想起小时候的事情，大抵是以上学前班为界。上学那年我六岁，是 1982 年。再将记忆向前推进两年，基本上是四岁。似乎从我有记忆，就已经开始能够常年吃大米白面了，这也养成了我喜食米饭的习惯。我觉得吃米饭的最佳方式，就是汤泡饭，泡饭的汤，要有折箩烩成的菜汤更好，或许是菜的种类繁多而使滋味丰富吧，每一次都觉得好吃得很。

和折箩相关的记忆，是大席——我们把十几桌乃至数十桌的成规模的筵席称为大席。

我所在的村子也就是百余户、几百人，不算大。但一年总有几个孩子长大成人要结婚的。结婚是一件大事，无论是对结婚者还是对父母来说，都直接关乎一家人的颜面，倾其家，荡其产，也要办得风风光光、火火热热。另一方面说，这也是为小两口的新日子开一个好头。这就要求一切能让外人看到的东西都要好上加好，不然，别人怎么知道这婚礼的隆重？至于以后的日子，大家都关着门过，只有老两口看着小两口甜甜蜜蜜，自己躺在被窝里的时候，才知道养个孩子遭了多少罪。嫁妆和彩礼等自不必说，每个时代都有那个时代的“几大件”，比如我记得小时候说的三大件就是手表、自行车、缝纫机。我家那个村子里面讲究的人家，手表要上海牌的，自行车是飞鸽或者永久牌的，缝纫机是蜜蜂牌的。单这酒席便是吃了一顿又一顿，有的是从结婚前几天甚至十几天就开始吃的。迎来一些女眷叫“坐堂客”，在炕上，大有“座上客常满，樽中酒不空”的盛况。那一桌饭菜若是放在当下，断不能勾起人的一丝馋虫，可那时候，去吃婚宴却是一件隆重的事情。大人小孩儿，穿新衣、戴新帽，尽着够地吃、尽着够地拿，这一顿没吃饱，别急，还有下一顿。有的一家老小没有事情，随喜个三块两块，甚至五毛八毛的份子，赖在主人家里吃蹭的也大有人在。可吃蹭不等于吃剩，一桌的酒菜若显出颓败的样子，主人家是要主张撤下去的，不然于面子过不去。结婚嘛，自然要有个大的场面，当然也要讨个好口彩，若有人说出“这家人家连个席都供不起”的话来，是要被人在背后指点的。菜是撤下去了，然后换来新的，这剩的怎么办？扔了揪心地疼，再说糟蹋吃的东西也是罪过，有的主人家就动了心眼儿：挑着品相尚不错的菜留下，添上一些新的材料，凉的重新摆盘，热的重新烧过，遂又成了新菜。这里面，大抵就有了些折箩的味道了。过了二遍火的东西毕竟不同，但因其不甚明显，客人也并不深究，自然不能归到折箩一族里面。至于那些无法重摆上台面而又弃之可惜的，便通通折入箩内，等待着成为烩菜的命运。婚礼过后，便亲戚朋友、左邻右舍各分一些，夏天要赶快着分，不然容易变质，冬天则一样一样地分开，放到外面冻成坨，在仓房里吊起一个筐箩，放进去，怕有耗子偷吃。每次吃饭的时候拿出一样热了，或者是每种敲下一点儿，这样那样的放在一起炖了，连汤带水的好下饭。直到现在，我老家的小县城里面，逢个红白喜事、学生考学、小孩满月百天的，总要去饭店摆上一些席面，宴请些亲朋好友、邻里同事。去的人也不再像我小时候农村携家带口地图个吃喝，只不过应景地去点个卯，捧个场，弄个礼尚往来什么的。桌上的十几二十几道菜除了孩子喜欢的疯抢着吃一半扔一半之外，大抵是少有人动的，这样一来，收拾剩菜的机会便大大地增加。等到筵席散后，便是七大姑八大姨的，手里拿了一摞的方便袋，挨个桌地走，挨个桌地收，场面倒也颇为壮观。看来无论到了什么时候，中国人节俭的习惯是不会变了。

我的概念里面，吃酒席还是小的时候吃着过瘾，虽然菜都是乡村的师傅做的，谈不上几级几级的红案白案；做出的菜也没有什么好的卖相，吃着却觉得香得不行。现在却对什么吃喝没有了大的兴趣，难得有想吃的东西，尤其到了参加什么仪式的筵席上，更是手拿筷子不知朝哪里放。我爸说我是享福烧的。推想着可能是小时候没有去饭店的机会，现在却每天穿梭着吃这吃那，把嘴都吃麻木了。或者这也是近几年湘菜和川菜火的一个原因——味蕾是需要刺激的。可我对结婚大席里面的几个菜却还有很深的情结——熘肉段、红焖肉烩干豆腐或者是红焖肉、扣肉烩豆腐泡——这些菜都是源于小时候的记忆。现在的席里面或多或少地还有这些菜的影子，只是加了或这或那的东西，变得不那么纯净和纯粹了。我所最喜欢的折箩的结合就是——肉段、干豆腐、豆腐泡、青椒、蒜薹的混合，肉段要让外面的淀粉有化了的感觉才好，至于青椒是要炖到了皮肉分离的地步，热腾腾的加上大米饭，别提有多美了，一定要吃得大汗淋漓才算过瘾。人啊，有时候真得草根一点儿，这样才能得到平民的简单快乐，就像小时候在大冬天啃冻豆包和冻梨一样，简单的快乐才是真正的快乐。让欲望啊面子啊赘得走不动的时候，就像总吃山珍海味的嘴，也麻木了。

我有一个舅丈人，家里两个儿子。两个儿子般儿对般儿大，眼瞅着都到了年龄，该说媳妇了。舅丈人为了缓解压力，先把小儿子送出去当了兵，然后就着手给大儿子准备结婚的事宜。新盖的大瓦房，室内装修，据说还给了承包土地和摩托车。至于彩礼钱，我是不甚了了，但数目肯定是不小的。可后来定了亲之后，女方母亲又张口再要一万块钱的奶金，这对我这舅丈人可是雪上加霜。但那么多钱都拿了出去，似乎也并不能因为这一万块钱前功尽弃，害得儿子娶不成媳妇。可大儿子不干了，老爹养大自己也不容易，给了那么多还嫌不够，丈母娘也忒贪心了，遂怒而不结婚。或者是丈母娘也觉得过分了点儿，也或者是我舅丈人做了让步，后来大儿子算是把婚给结了。舅丈人是他们村子里的医生，人缘也还不错，结婚的时候正是夏天，便可着屋里外头的使劲儿放桌子，上面的十碟子八碗，五十斤大桶灌的烧酒，成箱的啤酒随处放着，来的客人吆五喝六，一片繁荣热闹。我是在结婚正日子的前一天傍晚去的，俗话叫做吃“半截席”。半截席的菜是不能与正席相比的，可依然是鸡鸭鱼肉，样样都有。我跑到厨房，看到大师傅正在挥汗如雨地加工着菜肴，成盆的鸡和猪肘子放在大盆里面，很有些大锅饭的味道。吃饭的时候我是坐在院子里面，这亲戚那亲戚地认了很多，却没有几个能够记住的。吃的菜也寡淡无味，草草吃完就回去了。第二天早晨因为有事情便没有去参加婚礼，却觉得有什么事情给忘记了。后来想起来，是想让岳母帮着弄点儿折箩回来。老婆笑我没出息，妈妈说我就是个苦命的娃娃，还说那菜经过了多少人的筷子，还不知道有多脏呢。遂发狠，说改天我要去办大席的饭店要上一桌，谁也不吃就都折到一块儿，你看干净不干净？可终于没能做到，心里也知道，不是剩下的东西便没有剩下的味道。

上次回家，和几个同学去吃饭，他们知道我的喜好，给我点了熘肉段。之后我问老板，熘肉段都三十五块钱了……

作者简介：关长安，笔名佟桐，全国公安作家协会会员、鲁迅文学院第二期公安作家研修班学员。现工作于黑龙江公安消防总队。

那段光阴里的“一”些情缘

李万军

人们常说，四十不惑，五十知天命。眨眼工夫，我便步入了不惑与知天命之间。经历了半世人生，回望自己穿过的岁月，总会想起过去那段光阴里的“一”些情缘。

一双溜冰鞋

在我记忆的深处，在我家老屋的一隅，珍藏着一双已经生锈的溜冰鞋。这是一双令我心酸的溜冰鞋，每每提及它，就不由得使我想起那年那月，发生在我们家，我和我爹之间的那件令人心酸的往事。

“文化大革命”时期，由于我家成分高，家

庭的贫困程度可想而知。我们一家八口，全靠父母作田种土维持生计。为多挣一点儿口粮，母亲倚仗结实的身板，不得已时就一个顶俩，扮演着双重劳力的角色；为了让我们兄弟姐妹多识几个字，父亲不得已经常在夜间步行十余公里到附近的集镇上靠“挑脚”来换几个血汗钱。上初中那年，“文化大革命”结束，街面上的“卷头发”和“花格子”似乎一夜之间扮靓了整个小镇。不觉中，滚轴溜冰这门新兴的体育活动，在玩伴中悄然兴起。

那时所谓的溜冰，全是因地制宜随便买双溜冰鞋，找个有水泥的地方滑滑就算不错了。至于溜冰鞋，当时只能在县城以上的集市买到，于是一些家里条件好些的、爱赶点儿时尚的伙伴，都争先恐后地跑到县城买了溜冰鞋。一到课余饭后，他们都不约而同聚集到学校的水泥场上轻舞飞扬。

每每看到同学们那矫健的身姿，在偌大的操场上像高尔基笔下高傲的海燕飞翔在蓝天与大地之间的情形时，我不由得百感交集，浮想联翩，而后总是选择默默地离去。但我对那神奇的、仅凭四只滚轮便可实现开车或翱翔在天空中的飞机一般的感受的溜冰梦想却因此而与日俱增。

对于家境，我心知肚明，但迫于溜冰场对我的诱惑，我还是下定决心，向父亲撒了一次谎，谎称学校最近要交一笔资料费。因我了解父亲，就算家境再困难，只要是为了学业，父亲就是砸锅卖铁也在所不惜。父亲在紧锁一阵眉头后，慢慢腾腾地从一个塑料包里掏出我要的五元八角七分“资料费”。当时，看到父亲的满脸无奈和数钱时的吝惜劲头，我的心里真像一个打翻了的五味瓶——五味杂陈，同时一种风雨欲来的预感一下从心头泛起。但我最终还是顺利地从父亲手里骗得了这五元八角七分。因后来再也凑不齐路费的缘故，只好托人帮忙从县城买回了一双溜冰鞋，至此，算是圆了我的溜冰梦。

正当我每天沉浸在溜冰的欢悦之中时，终于有一天，父亲从一个小伙伴口中发现了我的欺诈。一天，在我放学回家的路上，盛怒之下的父亲等不及我进家门，就罚我跪在禾场上，不由分说，一把从我的书包里掏出那双溜冰鞋，右手高高扬起，像一个激战中的老兵，将我那双溜冰鞋连同他的愤怒一齐抛向了屋顶。霎时，只听得“咣当”一声闷响，而后，就是溜冰鞋连同震裂的瓦砾碎片一起顺着人字形屋面滚落下地的声响。我不敢抬头，也用不着抬头，心就随同可怜的溜冰鞋一起破碎了。

那一夜，我失眠了。黑暗中，我爬起来，摸到后院，拾起那双面目全非的溜冰鞋，用报纸扎牢后再用一块红绸缎包好，将它藏进我房间的一口黑漆木箱里，从此不再碰它。

几年后，我应征入伍去了海南，到了桂林，进了武汉，最后又回到了常德。在这段风风火火的日子里，我时常想起我的黑箱子，想起那双躺在箱底的溜冰鞋。历经辗转和多年军旅人生的洗礼，我曾无数次地产生想再玩儿一把的冲动，最终不是因为时过境迁就是因为物是人非而放弃了。

多年来的摸爬滚打，虽然磨灭了不少关于儿时的记忆，但我对那双溜冰鞋的怀念之情却始终没能淡然。

一支纪念笔

军旅时期，在我的上衣口袋里，一直扣着一位形影不离的“战友”——一支乌黑发亮的纪念笔。这支笔，自我迈进军营开始，已伴我走过了二十多年的风雨人生。在我的心里，永远铭记着这支笔端凝结着的真情和它伴随我走过的难忘时光。

记得参军那时，对越自卫还击战尚未结束，战事连绵不断。当时，几个正在念高二的男生，不知是受到老山前线英雄事迹的感召，还是出于对绿色军营的那份向往，看到征兵命令后，一同邀我应征，志愿接受祖国的挑选。

应征一开始，我头一个走出校门，去体检站当了排头兵。父亲闻讯后，极为不满，理所当然地提出了种种反对理由。一时间，我与父亲的情绪极端对立起来。村里的民兵营长长庚是海军出身，曾在部队当过班长，还参加过对越作战。他得知我的情况后，在一个大雨倾盆的傍晚赶来我家，连夜做通了父亲的思想工作，使我得以顺利参检。此后的日子，我不负众望，一路过关斩将，淘汰掉村里其他热血青年，赢得了村里唯一的一个参军指标。就这样，我在父亲犹豫不定的目光里，在同龄人的惊羡中，如愿以偿地穿上了绿军装。不几日，新兵就要启程出发。我们这批新兵被分配去海南服役。登车时，长庚用长满厚茧的大手一下抓起我的胳膊，语重心长地对我说："俺村四年了，就出你一个兵，咱这地方穷是穷点儿，但不缺村官和党员，家里的事别惦记，既然出去了，不干出个样子，就别想着回来。我没什么好相送的，就送你一支笔吧！这支笔是我参军那时，村里的抗美援朝英雄'春肚子'送的，我不是不明白他老人家的意思，只怨我没文化，没出息，才入了个党就回来了……今天，我把它送给你，希望你用它从入党申请写起，写出个与我不同的人生来。"

那时，听着长庚一字一板的嘱托，我默默点着头，心头不由涌起一股躁动的热血，似要迸发出来。运兵车终于缓缓移动，送行的大红花多得直扎人眼，鞭炮声催人泪下，送别的人群流着泪、喊着话、挥着手。依稀间，隔着车窗我回头看见，父亲和长庚正站在一处，老营长那古铜色的脸拼命地朝我笑着，但我还是在不经意间发现了他脸上淌下的几滴泪水。那天起，我揣着这支乌黑发亮的纪念笔，到祖国最南端的海南岛参军，成为名副其实的天涯哨兵。

在新兵连的日子里，我用这支不同寻常之笔写下了我的头一篇军训日记；当老兵的日子里，我用这支饱经沧桑之笔写下了我的入党申请书；上军校的日子里，我用这支智慧之笔攻克了一个又一个学术堡垒；在恋爱的季节里，我用这支情感之笔向心爱之人倾吐真情，向恋人描绘了大海的蔚蓝、天空的辽阔和海岛上的爱情神话。

无数个夜晚，我握笔端详，掩卷沉思。想想从军数载，虽未经历炮火硝烟，血泪洗礼，也算了却了长庚的夙愿，看似可以聊以自慰了。然人生如笔，使命无限。在一次又一次的人生挫折面前，我几欲止步不前，弃笔高搁，但每次都欲罢不能。凝望笔尖，浮想联翩：有时即便你超越了功名利禄的缭绕，却难再摆脱家长里短的束缚；就算你顿悟了四大皆空的现实，却无法逃脱日月轮回的定数。一想到此，我又不由自主地握紧了这支不同寻常的纪念之笔。

一个瘪水壶

部队宣布我“解甲”的翌日，我便着手打点行装，不太情愿地撤退了。想想自己当兵二十一年，没有“入团”，没有存款，也没有太多的遗憾，但唯一让我遗憾的是：我的一件珍贵收藏——一个瘪水壶不翼而飞。为此我伤心了好些日子。

一个瘪水壶不见了何以致我难以释怀？故事得从二十年前说起。二十多年前的今天，我参军入伍到红色娘子军的故乡——海南琼海某团某营无线电连。记得当年我们的连长是从广西边防轮战回来的战斗英雄，而排长则是一个刚从通信学院毕业分配下来的白面书生。那时，他二十刚出头，属嘴上不长毛、做事不牢靠，甚至还有点儿学生味的那种年轻排长。在排里，他自然是最高领导，又比我们这群新兵年长两三岁，但实际上他很少以老大自居。实话实说，在我那时的印象中，排长这人不好不坏，相比于连长，还算不上那种令人敬畏的指挥员。但自打我与排长之间发生了那次摩擦后，在我的人生长河里，对这位排长的尊重和思念之情便与日俱增，甚至终生难忘。

一天，连队“八一”会餐，排长担任连值日官，恰逢我和另外一个新战友担任连队伙房值班。我那时的部队驻地还没有自来水。那天也巧，我们连队仅有的一口液压式水井在保障杀一头猪、饭菜还没做一半的时候就罢工了，任凭我怎样使劲儿按压就是滴水不出。这节骨眼儿上，若临时去三公里外的村庄挑水，丢开我们驻地略显紧张的军民关系不说，就时间而言，最快也要半小时。依部队当时作息，再过二十分钟连队就要开饭了，担任伙房值日的我那时深感责任重大。考虑至此，我与炊事员一商议，便向排长作了汇报。排长听了汇报，沉吟片刻，走进伙房，用手指着一口满满的潲水缸说：“就用它炒菜！”炊事员二话没说就遵照执行了。听到这样的指示，我顿时傻了眼，排长见我用惊奇的目光瞪着他，转头又甩出一句："别啰里吧嗦！这相当于战时机密，明白吗?"我当然不明白，思想也一下转不过弯，只是勉强地点了头，然后没精打采地协助炊事员瞎忙，终于抢在中餐号鸣响前的一刻，做好了这顿丰盛的"潲水饭"。

开饭之前，指导员依程序发表了一番热情洋溢的讲话，紧接着，广东梅州籍的连长用他那十分拗口的普通话，向全连百十号兄弟发出了"要哑山、拗卡肝"（一二三、一口干）的行酒令。开场白一过，此起彼伏地敬酒声就不绝于耳："一二一，真兄弟；感情深，一口闷……"顷刻间，餐厅里原本正襟危坐的百十号兄弟就像炸开了锅的蚂蚱。顿时，阵地战、游击战、运动战、消耗战，全亮了出来，那场面可谓热闹非凡，那气势看似排山倒海。回想起来，我至今还没见过哪家酒店能与之媲美，也没见过哪个单位能与之匹敌。看得出，战友们那天比在家过年还高兴哩！见此情形，我禁不住扫了排长和炊事员两眼，只见他们竟若无其事，且吃得津津有味，唯独我不动碗筷。又过了一会儿，我憋了很久的"正气"终于迸发了。我用不阴不阳的声调向身边的战友发布公告："今天厨房里没水，别喝啦！这是一桌潲水饭。"我口一开，结果可想而知，周围的战友纷纷清醒过来，赶紧撤退，吐声一片。正当我暗自得意时，排长走过来恶狠狠地瞪了我几眼，这回，我丝毫没有理会排长的权威，并全然做好了应对危机的心理准备。

一回到排里，只见这个昔日的白面书生一下就变成了红脸关公，见我回来，排长立即宣布了检查内务卫生的命令。我知道这是冲我而来，因为我平时的内务就不好，再加之今天伙房值班，我的内务卫生更差。评就评吧，看天能塌下来不成？我暗自给自己打气。孰料，评到我时，排长一反常规点评，而是带领大家指着我被子上一块没洗净的"地图"说："李万军把洞庭湖都转移过来了，难得呀！我看这周的流动红旗就搁他这儿吧！"排长的话还没说完，引得战友们一阵哄堂大笑。此时，一种从未有过的莫大委屈立即填满了我年轻的胸膛。是可忍孰不可忍！我终于怒发冲冠，跳起来指着排长的鼻子破口大骂。气急了的排长也走过来佯装用力实则轻轻地踢了我一脚。见排长动脚！我再次跃起，一把从床头架上取下我的军用水壶，朝排长狠狠地砸了过去。只见排长轻松一个右弓步，立马就躲过了我的攻击，失去目标的水壶只得“咣当”一声砸到了水泥地上，成了“瘪三”。战友们见势不好，纷纷前来劝架，几个老道一点儿的班长立刻围了上来，把我“控制”起来……

后来，连长得知此事，找我谈了话。他说，其实，“潲水饭事件”排长早报了，连长已知晓原委。然后教育我说，作为军人，非常时期遇到特事一定要区分对待，凡事要一分为二。在半个小时的谈话中，他根本就没有提及处分之类的话，这是我始料未及的。次日下午，我只在排务会上做了个书面检讨，而排长则没我那么轻松，据说是在连党支部大会上作了检讨，还接受了大家的严厉批评。再后来，我才彻底明白，我之所以能够免予处分，完全是排长向连长、指导员主动揽过、替我开脱的结果。

此事一晃过去二十多年。期间，我和排长多次见过面，喝过几回酒，也多有联系。每每联系，几乎必提此事。随着时间的推移和岁月的洗礼，我俩的感情也日渐加深。每当提及此事，老排长总是哈哈大笑，有时还免不了又要自我检讨一番。

作者简介：李万军，中国散文家学会会员、全国公安作家协会会员、湖南作家协会会员、湖南摄影家协会会员、鲁迅文学院第二期公安作家研修班学员。目前已发表文学作品八十余万字，曾先后获过战士文艺奖、丁玲文学奖等奖项。现工作于湖南常德市公安局武陵分局。

心灵场（外一篇）

李晓平

正如电有电场，磁有磁场，生物有生物的场，其实，人的心灵也有一个场：这就是心灵场。

那天电视里播放了一则关于红外体温检测仪的新闻，通过检测仪可以清晰地看到人体周围布满了线状或雾状的气体，据说北京奥运会在安保方面也动用了这种检测仪器。看完那则新闻，我先是呆若木鸡，既而便手舞足蹈了起来。如果照这个速度发展下去，人类是不是很快就会发明出测试人体生物场的仪器？那么测试心灵场的仪器呢？

突然明白了那些被尊为佛祖奉为仙师的人的身上，为什么都会金光四射。

突然明白了当年老子骑青牛过函谷关时，为

什么关令尹喜会看到他的头上有紫气缭绕。

突然明白了人与人之间为什么会有所谓的“同性相斥，异性相吸”。

突然明白了“儒、释、道”为什么要追求“天人合一、道法自然、和合圆融”的生命境界。

——这一切所诠释的，其实都是一种心灵场啊！

每个人都有一种心灵场，只不过目前还没有相关的仪器能够让人直观地看到这种场，但看不到的并不表示它就不存在，就像孤陋寡闻的我直到今天才知道有红外体温检测仪一样。

不同的人因为其内涵的不同，心灵场所呈现的能量也就各不相同。这样人与人相处时的结果也就大相径庭。正如俗语所说：“心大，量大，包容天下；心小，量小，一句话气倒。”我想：伟大的人释放的心灵场一定是最有吸引力的场，就像天空，就像大海，不仅可以包容他人，当然更能包容自己，所以可以与各种各样的心灵场相谐相融。这种场如果用有韵律的仪器来显示，那么仪器里所播放出的音韵一定就是天籁之音，不但优美动听，而且还余音袅袅，绕梁三日，让人久久不能忘怀。恬静的人释放的心灵场一定是透明的，微微透出几缕淡紫色的意象，弥漫些许茉莉花的芳香。这种场就像一朵花儿在默默地凝视着你，会让你感受到最美、最祥和的气息，让你会不由自主地微笑，对自己的任何拥有都要倍加珍惜。快乐的人所释放的心灵场一定是粉红色的，就像一块若有若无的轻纱，稍有风动，就会随风飘舞。忧郁的人释放的心灵场一定是黑灰色的，就像一种细菌、一种传染源，或者一块含着水汽的乌云，不但侵蚀着自我的机体，也会给人带来郁闷的气息，稍稍沾上，就会心灵沉重、黯然神伤，只企盼雷声大作，让水汽凝成大雨倾盆而落。仇恨的人释放的心灵场一定是具有杀伤力的，就像炸弹的场，令人望而生畏，并且可悲的是，这种杀气首先伤害的那个人是自己，其次伤害的才是别人。

于是，我明白了：为什么一些心灵明亮的人，即使是破衣蔽体，哪怕是面相丑陋，也会令人敬畏，因为那种大彻大悟的智慧会使他的心灵场释放出世界上最美的光泽，就像佛祖拈花时的微笑，让人顿生超然的觉悟。于是我明白了：为什么一些邪恶的人即使头戴王冠，身着龙袍，也让人觉得猥琐低贱，因为他的心灵场一定是封闭的、排他的，别说走近，即使观之望之都会让人不寒而栗。所以，一个心里对学生充满爱的老师，即使有时教育方式欠佳，也会得到学生的理解和敬佩；反之，一个道貌岸然的伪君子，哪怕真的做了一些假惺惺的好事、善事，也会让人觉得虚伪，因为一种色彩阴郁的场正在紧紧地包围着他……

对于心灵场，也许小孩子或小动物的感觉会更为敏锐一些吧。比如一些天资聪慧的孩子，一看见祥和的人就会微笑，一看见不怀好意的人就要大哭不止。再比如一些小飞鸟，当人要喂养它、亲近它的时候，它甚至会飞到人的肩膀上或者手心里，可当人要加害于它的时候，它就会忙不迭地飞走，并发出几声绝望的哀鸣。在一些作品里，为了吊起读者的胃口，有人甚至会把这些情节描写得神乎其神，殊不知这都是人的心灵场在作怪呢！

罗曼·罗兰说："要散布阳光到别人心里，先得自己心里有阳光。"——太符合辩证法了！一个人的心灵，只有先拥有了阳光之场，你才会把真正的阳光带给别人。而与之相比，"话不投机半句多"这句谚语就更为精辟入理了，两个互相排斥的心灵场聚在一起，就像两块同性的磁铁，那种拒绝是缘自骨子里的，这时别说是半句话了，即使是沉默的眼神，也是带有攻击性的。所以一些识相的人不但能够懂得接近，更会适时地选择远离，因为人的心灵场决定了人都有属于自己的生存圈，就像老百姓所说的"羊肉贴不到狗身上"。所以，一些恰到好处的舍弃，也是一种睿智的体现。

当然，心灵场不是与生俱来的，它也是可以提升的，就像智者的修真悟道，武者的潜心炼身；就像商者的经商先调心，作家的为文先为人，修得好了，心灵场自然会清气上浮，浊气下沉。如果达到超凡入圣的境界，甚至会焕发出迷人的祥光，无论走到哪里，都会彩云缭绕，一片澄明。

真希望科学发展的步伐再大一些，让人能快一些看到自己的心灵场，如果那样，对于公众的社会道德评价也将会有科学的依据了。

都是一副臭皮囊

我的儿子刚刚学步时，她的儿子也刚刚学步，所以我们的年龄应该相仿吧？但我以前却从来没有这么比较过，不仅自己不会这么比较，假使有谁拿我和她比较，我甚至会和他急，会觉得那个人在伤害我。为什么？因为她是疯子！不仅仅她是疯子，她的男人也是疯子，所以，她的儿子也必定是个疯子。

他们一家三口是我们这座小城的一块疤瘌，被人们戏称为“一组一挂”。“一组一挂”是我们这里的土话，意思是“带斗的拖拉机”。之所以把他们三口人称为“一组一挂”，是因为他们三口人每次上街时，总会共骑一辆破旧的三轮车，车上还总是插着一面用破布做成的黑旗。三个人无论春夏秋冬，全都蓬头垢面，全都破衣烂衫，尤其是那个女人，长长的脏头发披散着不说，破烂的衣衫上，还总是扎着一根麻绳。这样的三个人以这样的方式出现在美丽的街道上，自然会成为令人触目惊心的“风景”。

第一次看到他们在街上走时，我不禁倒抽了一口冷气，一时不相信在当今的祥和盛世里，怎么还会存在这样的家庭？为什么没有人管？为什么没有人把他们送到疯人院里去？后来渐渐地就想明白了：疯人院也不是谁想去就能去得了的，因为进疯人院也要花一笔费用；再有，大路朝天，各走一边，疯子也是人，法律的哪条哪款规定，疯子就不许上街走路？

这一家三口出现在街头时，经常是那个男人在前边骑着三轮车，车斗里坐着他们的孩子，那个女人有时也和孩子一起坐在车上，但大多数时候她是跟在车旁快步走的。以前，他们经常去的地方是市政府的大门口，据说他们是向政府讨钱花的。后来，随着政府的惠民政策越来越好，他们的日子也都得到了安顿，他们就不再到市政府去了。但他们依然到街上去走，也许是为了采购物品，或者就是为了散步吧。我不知道他们家平常的日子到底是怎么过的，但走在街上时，他们是不和任何人发生关系的。就像一群过街的老鼠，不仅狗不会多管闲事，就连猫也不理不睬的。街上的人们并不都是瞎子，他们每次出现在街上的时候，大家都会看到他们，但看到了也都像是没有看到似的，即使目光碰巧遇上了，也马上把眼帘垂下去或转开来。因为据说如果你看了他们，或者你眼睛里的好奇恰巧被那个女人看到了，那个女人就会拾砖头瓦块打你，正常的人谁愿意和疯子打架呢？当然也真有愿意和疯子打架的人，就像被狗咬了的人，有时也追在狗的后面去咬狗一样。如果遇到这种情况，那个总是闷头蹬车的男人就不再那么木头一般地蹬车了，他会猛然把车子停下来，然后就低头冷冷地瞪你。如果这时你屈服了，他依然会那么目光阴冷地按兵不动，要是你直到这时还不觉悟，依然要挑衅下去，那受伤害的一方肯定就是你了。因为此时，那个身高足足有一米八零的又粗又壮的男人，定会像狮子一般向你冲过来，况且每到这时，冲过来的还有那个女人，要是连坐在车上的孩子也冲过来，那么你可就要吃大亏了，因为据说那个孩子是很擅长咬人的，并且咬住了就不会再松口，直到把那块肉咬掉为止。几次较量的结果，他们再在街上走时，人们就再也“看不见”他们了。于是，喧嚣的街头依然是那种平静的喧嚣。

我每次遇见他们，都有一种心惊胆战的感觉，生怕自己那关注的眼神被他们看到了，会遭到突然的袭击。但他们走过去以后，我总会久久地站在那里，看着他们的背影慢慢地走远，走远……后来，我曾问过自己，问自己为什么如此关注他们？很快答案就出来了：其实我最想关注的，是坐在车斗里的那个总是一身破衣、一脸苍白的孩子，因为他的年龄和我儿子相仿。母亲的心总是很软的，所以我每次看到他时，心都会像被人揪住了似的，紧紧的、疼疼的。那个孩子，多数是面朝后坐着的，每次他这么坐着时，我都会久久地看着那个孩子的面庞。我发现那个孩子的眼睛和他的父母一样漠然，有时，漠然的眼光也会落到我的脸上，但落到了却和没有落到时一样，看来他的这种漠然是从骨子里带出来的。与他的父母那黑黝黝的脏脸相比，他的脸色却显得有些苍白，是那种营养不良的苍白，当然苍白的脸上也是脏兮兮的，就像饥荒图片里那些饥饿的孩子。

于是，每次遇见，我总会不由自主地感叹：唉！同样是人，可生活对于这个孩子来说，该是多么的不公平啊！不公平到连最起码的权利都被剥夺了，仅仅因为他出生在疯子的家庭，所以他这一生就注定成了人们眼睛里的疯子。

春去秋来，秋去春来，他们一家就这么在街上走着，日子也就这么慢慢地过了下去。后来有一段时间，突然就看不到他们了。我觉得有些闷，终于忍不住，就问了一位卖菜的大妈。大妈告诉我说："听说那个男人好像是病了吧！"

啊！有病了！顶梁柱病了，那这一家三口可怎么活下去呀？想到这里，我的心不由得疼了又疼。

再隔一段日子，那辆车又出现了，车虽然还是那辆车，但骑车的男人却不再是那个男人了。代之骑车的，是那个已经长高了的孩子，而坐在车里的，却是那个女人了。

仅仅一段时间不见，那个孩子就真的如同高粱一样，长得高高的了，虽然无论是他无论瘦骨伶仃的身体，还是苍白的面庞，依旧显出了明显的不健康，但他真的已经变成了一个男人。他的脚长得很大很大，穿着一双破旧的老胶鞋，一定是他父亲留下来的。他就用那双穿着老胶鞋的脚用力地蹬着他父亲留给他的三轮车，照样把车子蹬得哗啦啦地唱起歌来。坐在车上的女人依然是一身破烂，依然是蓬头垢面，但她却变得有些慈祥了。此时坐在阳光里，她正安详地闭着眼睛，脸上闪烁着一种幸福的光泽。是的，我真的在她那脏兮兮的脸上看到了一种幸福的光泽，她就那么面带幸福的光泽，朽木一般地坐在车斗里，任凭她的儿子把她拉到海角天涯。

我的眼泪突然就涌出了眼眶，心底里也涌出了一种莫名的感动，不知怎的，我突然有些羡慕起这对母子俩了。与他们相比，我真的就比他们幸福很多吗？除了那层体面的外衣，除了那张还算清洁的面庞，我还比他们多了些什么？还多了什么？还多了什么？

事后想来，当时之所以能那么脆弱地流下泪来，是缘于我的儿子刚刚考学离开。他考上了一所很让人觉得体面的大学后，就喜气洋洋地背着一个小行囊离开我了，从他离开我的那一天起，我无论有多么的想念他，无论有多么的爱他，但也轻易不能与他见面了。从那天起，哪怕我重病在床，我也得刚强地硬挺着，如果这时他打电话来问我，我也得含着笑意说："妈妈很好啊！真的，大儿子，妈妈真的很好啊！"是啊！哪个母亲能忍心因为身体就影响儿子的学业呢？那天我突然意识到了一个非常严酷的现实，那就是我的儿子这次离家求学，其实就是真的离家了！完成了学业，他就要工作；有了工作，他就要建立家庭；建立完家庭，他就要有自己的孩子……要是这么说起来，我还不如这个疯女人有福呢！她虽然与社会毫无瓜葛，但他们一家三口毕竟始终在一起相依为命，不是吗？

再者说来，与社会有了那么多的瓜葛，人就真的不孤独了吗？那天我仔细地统计了一下，在这个社会上，我结识了太多的朋友，多得就像繁星，数都数不过来。可细细品品，究竟哪一个朋友才是我真正的朋友呢？当我遇到灾难的时候，谁能真正地帮我承担重负？当我因一件窘迫的事而憋得要疯掉了的时候，我的这些放不到桌面上的牢骚话到底能向谁倾诉？记得那次我因重病躺在离家很远的病房里，形容枯槁，衣衫凌乱，连朋友的电话都接听不了。这时，忽听丈夫说有个朋友要来看望我，我顿时恐惧起来，就像看鬼片一样恐惧。我马上用手势告诉丈夫：不要他来，不要他来，不要他来！丈夫见我认真，马上安慰我说：这么远的路，人家又都是有工作有职务的人，咋就说来就来了？不过是说说而已吧？可我依然还是害怕了好几天，并且每一天都强迫丈夫把自己的脸擦得干干净净的，把衣服穿得整整齐齐的，弄得丈夫一个劲儿地冲我皱眉头。幸好朋友最后真的如同丈夫所说，"不过是说说而已"。事后问自己：为什么会恐惧？答案当然是怕自己的狼狈相被朋友看去了呀！如此说来，自己所谓的朋友，都是建立在层层面具之下的。可话又说回来！有了包装的朋友，又怎么能称之为真正的朋友呢？

是的，都是一副臭皮囊，我们与他们，与这特殊的“一组一挂”，真的没什么不同。如果非要分什么不同的话，那唯一的不同，是他们把孤独写在了大街上，我们把孤独藏在了心灵里。

作者简介：李晓平，全国公安作家协会会员、吉林作家协会会员、洮南市作家协会副主席、鲁迅文学院第二期公安作家研修班学员，洮南市人大代表。创作电影《道是天情》（中央六频道播出），长篇小说《心中有鬼》（时代文艺出版社）、《鬼使神差》（作家出版社）、《古镜》（言实出版社）。现工作于吉林洮南市公安局。

散文二题

吴全礼

故宫深处

她们啥时候长大的，不觉得啊！前几年听到快八十的母亲，看到身边几个长大的孙女自言自语时，心里还认为母亲的感慨有些多余、可笑。转眼间，已过不惑之年的自己，才体会到日子追人的那种不疾不徐的紧迫和无奈。

当我第一次走进故宫，将双脚落在坑洼不平的地砖上，时光似乎以更加具体的方式和面目凸显在了眼前。那些朱红的高墙和巍峨的宫殿，几经修缮依旧气势磅礴的神态，若没有如织的人群穿梭其里，紧闭上大门，你会相信里面的生活场景还在延续着帝王的年代，无须想象和虚构。是这些无数残破犹如尖刀的地砖，剥离掉那些浮华的外表，呈现出了布满沧桑和血腥的历史的本真，使你感受时光远走的足迹就在眼前和当下，那些残破的状态就是一把标有刻度的尺子，为你丈量着时光的深度。

很少有人去注视这些面目全非的地砖，急急踏上修复平整的路途，赶往那些曾经盛满繁华富贵权势的宫廷殿堂，并随着解说员的引导，去想象他们所描述的帝王生活境况，去复原宝物最初的容颜，去抚摸那些据说能带来好运的器物。一对六七十岁的老夫妇攀上围栏，不顾危险地去触摸盛放灭火用水的大缸，一边嘴里念念有词。围栏抵挡不住游人发自心底的期盼，只要是人能触摸到的地方，就闪现着耀眼而有些虚幻的光泽，可见历经了多少双手的抚摸，寄托了多少人的祈愿！然而即便摸遍帝王器物，又如何抵挡得住时光这把无情剑呢？曾经有多少帝王以最虔诚和隆重的仪式祈求帝业永续，终归还得面对朝代更迭不休的现实。一块块地砖上留下的那些得意或失意的脚印，甚至承受过烈火、剑戟和鲜血的洗礼，目睹和经历的人世风烟，就在过往的人群脚下静静诉说，鲜活而具体。你看到或听到了吗？行走在这些盛满往事的坑洼不平的地砖之上，你无法匆匆疾行，只能慢下脚步，静听它们无言的叙说。走过之后，再拾级而上时无意间回头，那些深浅不一的凹坑如同一张张吸纳光阴的嘴，或尖利、或粗闷、或无奈的号呼声平地而起，如利剑、如绳索向人扑来。一阵寒凉从后背透过，身处如蚁的人群里，那种生命不可待的恐慌突袭而来，使我禁不住挤进人流深处。

妈，能不能再陪我们十年？这是我们对已经抵达暮年的母亲的祈求，也是对生命的渴盼，不敢奢望百年。明知道这样的乞求太过于脆弱，还是紧束在心底不肯放松。看看故宫里那些已经死去的树木，苍劲的虬枝、鼓突的树结，尽管彰显着旧时的张扬，却已断了生命的征象。那些活着的苍松翠柏老态尽显，皴裂中空的树身被水泥木板修补，用木棍或铁管支撑着，好像拄着拐杖、坐着轮椅的老人。树身上的名牌，只标注着古树属类，而没有具体的树龄。这不是管理者的不细致，而是对这些树木的尊重和敬仰。人活百岁终有一死，树的生命同样有它的定数，哪怕你有再先进的仪器，也无法准确地判定它们具体而不差毫厘的年龄。死去的已经不会再醒来，活着的还在继续活着，暮年了谁还在乎年龄的大小？它们像见证一段历史的老人，静观风云变幻，一切尽在不言中。深宫局限了它们历经风雨的烈度和强度的历练，使它们丧失成为栋梁的机遇，一辈子都在装点着有限的几个人的生活，安静而不逾矩。一道宫墙，宫内宫外的树木有着不同的气度和状态，同龄的树木，宫外还能觅见多少身影？对它们而言，生与死，是幸，还是不幸？

避开人流，独自走进那些被人冷落和有待修缮的偏僻之处，远离喧嚣后的沉静，将心情放进这些宫阁楼榭，你看到、听到和体会到的，是繁华落尽后的实景实情，是时光留下的，没有叠加太多现实的真正的故宫的面目和表情。重重宫门的背后，多少亭台的角落里，遗落下谁人的悲欢离合、爱恨情愁？抚摸着故宫深处那些少有人迹处的廊柱，昔日富丽的油彩被时光之手剥尽，精美的雕花显出本真的木色，几经风雨失去光滑圆润的体貌，粗糙而陈旧。一道道木纹在那些雕花中松散开原有的细密和紧致，尽显出每一根纤维的茬口，细数那些木茬里蕴藏的日月，看似绵延的日子就变为清晰可数的一个具体的数目了。谁多谁少，你不知道，我也难猜。就在这些门后廊角，让人似乎听到了贵人隐忍的哭泣，看到了年轻宫女幽思的面容，感受到了秋风秋雨的凄苦无助。一名工作人员突然从一个拐角处出来，不解地看着独行此处沉默不语的我，用一种驱赶而略带厌恶的眼光逡巡，我是否侵扰了他的宁静和默思？守在这里，他会想些什么，又会做些什么？他的快乐和谁分享，他的愁肠如何化解？恍惚间，他仿佛就是那个找到属于自己私人空间的宫人，可以在这里高兴，也可以到这里倾泻自己的悲伤。偶尔有进来的人，只是在廊口的门洞瞥一眼就转身而去。走进这些不为人关注，还没有经过后人整修粉饰的角落，你看到的会是和很多人看到的不一样的一个故宫。如果你能静静地坐在廊下，闭上眼睛，就能感觉到附近的假山、流水、树木的气息，甚至有宫女细碎清浅的脚步声，从某个地方渗透出来。“流光容易把人抛，红了樱桃，绿了芭蕉”的感慨就在耳边若隐若现。

转身退出，穿过假山，会入人流，看到另一处宫殿里墙上展示的戏服、陈列的锣鼓铙钹京胡、地上摆放的戏箱，皇家戏楼——畅音阁就在眼前了。层层楼阁下的戏台，当初的那些名角清亮婉转的吟唱已经无法找寻，仅留下这些并不是原物的用具，支撑着今人的余想。而那些观看他们表演的帝王将相，如今成了现代人眼中的表演者，他们排演的那些无论多么精彩的人间大“戏”，不论演绎多少年，最终依然不得不鸣锣收场，再有多么的不舍，也难以永久性地留在这个你方唱罢我登台的“戏台”之上。静谧的戏楼，黯淡的华彩，时光深处的那些歌舞升平的日子，去向了哪里？戏如人生，人生如戏，人人都是主角，该如何去排演自己的一生？然而，人生的确不像演戏那么简单，没有事前写好的属于你自己的脚本，更无法排练和预演。戏台犹在，看过、正在看和以后要看戏台的人会连绵不绝，并且终会成为戏台的过眼云烟，连戏台也会难以幸免地消失在时间的深处。

再一次将目光轻放在一只高大的香熏炉上，蛛网陈旧破落，如同久无人居的老屋，破败狼藉罩在近顶的炉眼周围。放开你的想象去勾画一幅往昔的图景，缭绕的缕缕香烟娉婷而出，如白衣的仙女在四处游走，抚慰着那些焦虑的君臣，抑或为某一庄严的时刻营造着肃穆的气氛。此时，它却如昏聩无用的老臣，被弃之一旁，一切荣华富贵与它无关。而那些站立在宫殿屋瓦上的野草，随着季节年复一年地枯荣而生生不息，不倦地书写着时光之书。宫殿门口的石制日晷上，香熏炉和那些野草共同拥有的生命刻度上，记下了它们曾经相伴走过的日子，它们谁会走得更长、更久呢？

无须再继续找寻那些会入时光长河深处的繁华和萧条，再高大的宫墙、再深的宫殿、再巧妙高超的修补，都无法比拟日月同辉久远。在一堵宫墙下，一群小学生叽叽喳喳地坐在地上，摆出各自带来的零食，吃着、说着、笑着。对他们而言，眼前的就是现实的，至于这些积淀着时光的宫殿，只是一座房子，进来看看就会离开的。的确，破败不是不圆满，而是圆满之后的另一种方式的圆满。

走进故宫，时光不会倒流；走出故宫，时光自顾自地流动，不会为你等待，更不会为你停留片刻。

一缕不绝的烟尘

仰望悬挂在壁上的圆明园复原图，想在一天的光景里走遍这“万园之园”是奢望。从走进这片依然飘浮着“烟尘”的皇家园林时，就没有出现过一日踏遍的念头。残迹了了，每一寸土地下，都埋藏着一根根疼痛的神经，即便眼前没有成群的亭台楼榭，那些已被时光和人工改造成自然状态景观的美仍随处可见。然而，在那个炮火肆虐的时日，走进圆明园，犹如背负着一缕无法束缚的狂火，那痛彻骨髓的烧灼在晴丽的天空下无法扼制。

园林介绍、图片展示、教课内容、旅游宣传的资料上，大部分是圆明园西洋楼景区的大水法遗址，那些残存的挺立着脖颈一样的门柱，像一柄利剑插在了记忆的高台，想忘也忘不了。历经火焰吞噬炮火烧掠的土地，总会留下一些连时光也无法消磨的痕迹。那些横竖倒卧、叠摞着的雕花石柱、石块，就如同烧伤的面容上遗留下来的、任多么高超的医术和药物也无法抹去的丑陋的迹象。毫无犹疑，偏执一般地就想去大水法遗址，至于其他的景观，看与不看都可。

走进大门，绿树花圃，喷泉勃发，湖水潋滟，游人成群结队。当初的胜景似乎从来就没有存在过，若不是那些起伏的小山丘间，被绿树隐住的零星石质小亭台，展露出经年的风吹雨打后的苍颜，这里就是一个大型的公园而已。顺着指示牌，沿着湖岸往里寻找，一处只剩半边的残存石拱桥静默在眼前。走过去，无意中回眸一看，就那么一眼，使人无法再迈动脚步。返回坐在它的身边，看着湖水映着它的身影，身影相接的那个寓意圆满的“圆”，不缺边少角。身影的另一边则皮开肉绽，坠落的石块在水中隐现着硬朗的身形，这是全园唯一残存的一座石拱桥。在这园林里，曾经该有多少它的兄弟姐妹呢？孤零的身影，那是一滴和着血水的泪，含在园林的眼角。筋骨一般的石块为它支撑起残存的躯体，曾经恰似江南月夜小桥流水的妩媚景致，那节庆赏月吟诗的风雅，帝王独步沉思的身影，全部断裂在炮火轰响的那一天。在内心勾勒出它最初筑成的容颜，匠心独运的匠人无法预料，西方文明人的枪炮野蛮无度到如此地步。起身离去，不知要如何与它作别。依依杨柳近在眼前，随风摆动。残肢断体、生离死别的痛它已尝过，还有什么痛能够让它难以萦怀？

抚柳而过，一块免费参观十二只兽面人身铜像的招牌，吸引了很多游客走进长盒子形的厅堂。随着众人走进，鼎沸的人群簇拥在销售各种旅游商品的柜台，微缩仿制的大小不等的兽面人身铜像尽列其间。在这几间房屋的一个不太宽敞的走廊里，陈列着较大的十二只兽面人身铜像，并不是残缺不全的那些原物。来来往往的人群，没有多少人站在这些仿品前细心观看，匆促而不动声色。欺人的招牌，又有谁去计较？那些仿制的兽面人身铜像，尽管仿制得精美绝伦，却无人问津，在一个柜台旁静观过往的人群，至多有人伸手漫不经心地抚摸一下，像一阵轻风偶尔掠过，毫无知觉地又去了。十二只兽面人身铜像，还有哪一个至今流落海外，似乎无所谓，仿制模糊了真品的缺失感吗？那几个回归的兽首历经千折百回的路程，还不够艰辛吗？那时的烈焰和炮火，真的离我们远去了吗？

置身在西洋楼景区，眼前那些倒伏的巨型石块带来的冲击力，远远超过了图片、影像和文字。熊熊燃烧的大火在逶迤的宫殿中蹿出阵阵浓烟迷雾，炮火炸裂腾升的烟尘弥漫在天际，雕梁画栋顷刻间灰飞烟灭，精雕细刻、技艺超群的西洋楼景观群瞬时筋断骨裂……这一切似乎就在眼前。谐奇趣、线法桥、万花阵、养雀笼、方外观、海晏堂、远瀛观、大水法、观水法、线法山和线法墙等十余个欧式建筑和庭园，有些只剩下了一个单薄的名称，有的残留下几个残破的构建物，更多的则是被炮火轰炸成面目全非的乱石一堆。乱石丛中的游客，以各种姿态拍摄留念，就在这种惨不忍睹的景地，还能听得到众石悲泣的地方，满脸轻松自在的游客攀上攀下寻找雕花完整的石刻，兀自拍摄。正在独自感慨，听到附近一对母女的对话：

妈，你笑一下，笑一下。

好好的东西被糟蹋成这样，咋能笑出来，咋能笑出来吗？

她们的对话，使跟前一些正在嬉笑的游客顿时一愣神。

一个六十多岁的大爷顺着说：

就是呀，我们的好东西被人家毁坏成这样了，看着只有生气，哪里还能笑出来？东西坏了可以修好，要是人心死了，那就没救了！

人的心要是死了，的确什么都不会在乎。只是，还没死的心，有些该在乎的却不在乎了。观水法的台面完整如初，当初在此观景的帝王将相早已化作尘土。面对壮观的石龛式的大水法的残骸，却无力按下那小小的相机快门，手抚任何一块石头，都能感受到它残破的心脏依旧在跳动的频率。在观水法的左侧高处，有一个简易的棚架，一架机器正对着大水法的残迹，可以通过这架机器看到大水法的原貌，几个人招揽着游客，犹如街头的小贩吆喝着生意，但几乎没有人去看。人为的对美和文明的践踏和破坏，保持原状比恢复原貌更有力量，时间不能改变一切！

在景区播映室里，坐满了倾听有关圆明园历史的游客，立体逼真的复原景观、凝重的讲解，将游客带到了历史的深处，目睹这座人类文明史上的巅峰之作被抢掠焚毁的经过。在故宫等地随处可见的外国游客，在这里很少能看到他们的身影，是偶然，还是常态呢？法国大文豪雨果的雕像伫立在大水法的身边，他那段痛心圆明园被毁的文字，刻写在一本翻开的石刻书上：……在历史面前，这两个强盗，一个叫法国，另一个叫英国。从前对帕台农神庙怎么干，现在对圆明园也怎么干，干得更彻底、更漂亮，以致荡然无存。法兰西帝国侵吞了一半宝物，现在，它居然无耻到这样的地步，还以所有者的身份把这些美轮美奂的文物拿出来公开展览。我希望有朝一日，解放了的干干净净的法兰西会把这份赃物归还给被掠夺的中国……他的愿望，还只是他自己的愿望。

“圆而入神，君子之时中也；明而普照，达人之睿智也。”其中，“圆”是指个人品德圆满无缺，超越常人；“明”是指政治业绩明光普照，完美明智，谓之“圆明园”。愿望与现实，被连天的炮火变成了一缕经世不绝的烟尘。即便大文豪雨果的愿望变成了现实，我们还要牢牢记住，这缕烟尘断绝的，不仅仅是一个人类文明发展史上的园林奇迹。

走出圆明园，那夹道的银杏树上灼灼的明黄树叶，如同一缕火焰在心里熊熊燃烧。

作者简介：吴全礼，笔名北方，全国公安作家协会会员、石嘴山市作家协会会员、鲁迅文学院第二期公安作家研修班学员。现工作于宁夏石嘴山市公安局。

夜幕下的判决

沈 雪

缪斯广场塑的那尊女神，应该是梅耳珀弥妮，要不然，她守护的这段河，定会充满诗意，或者是艺术的画廊，或者是音乐的殿堂，而绝不会在那样的夜晚，放任冰冷的河水，吞噬一个人的生命。因为梅耳珀弥妮掌管的是悲剧，悲剧在她的视线范围内出现，是再正常不过的事。但同时，作为路人、旁观者，我也亲眼目睹了这场悲剧，目睹和放任了一条生命在短短十几分钟内的消逝。

以前我一直认为，宣判一个人的死亡，如果是罪大恶极，只有法院才有权力，当然生老病死的除外。但那个寒冷的夜晚，我和儿子，还有几个义愤填膺的追击者和看热闹的围观者，以及冰冷的河水，都当了决定生死的判官，对一个行窃后仓皇逃窜的盗贼宣判了死刑，执行的过程是由河水行使的，执行的地点就在缪斯广场前面的那段河里。那把用来拖地的拖把，也充当了行刑的帮凶。

我第一次看到那把拖把的时候，它在一个人的手里挥舞着，像一杆被斗志昂扬的士兵握在手中猛烈追击敌人的枪支。那时夜幕已完全降临，我和儿子在外吃完饭后沿着河岸往家走。因为没有直接照射河面的灯光，宽阔的河面被罩上了一层神秘的黑面纱，黑暗、模糊，看不清它的真实面目，更不知道它已张开大口，在悄然地等待着吞噬一个人的生命。

冬日的河风刮起来冷飕飕的，大概是天冷或正是吃饭时间的缘故，这条路上行人寥寥无几，除了远处的西苑广场有一群女人饭后在随着舒缓的音乐节拍翩翩起舞外，就只路边三三两两分散停放有一些车辆。

这些停放的车辆，是财富的象征，而财富总是令人向往的，也有人时刻在觊觎，尤其是在这行人稀少又有黑暗的掩护下。这些车辆的存在，会成为某起事件的诱因。

所以，我看到拖把的时候，是在走到一辆黑色轿车的旁边时，它在前方离我十米远左右的一个男人的手里，男人在朝前猛跑，跟他一起跑的还有另一名男子，两人没跑几步，便先后侧身翻过了路边的护栏，跳到下面的河堤去了。河堤与路面中间，是三米左右的堤坝，有一定的斜度。

我很好奇，他们在跑什么？还扛着拖把。在车旁驻足观望的一个上了年纪的老人说，有一个盗贼撬开了这辆车的车门，偷走了放在车里的包，车主人吃饭回来刚好碰上，因此便发生了刚才的这一幕。

原来奔跑的男人是去追被盗走的包去了。

在这黑暗而寒冷的夜晚，包、贼、拖把这些东西原本跟我和儿子毫无关系，我们仅是顺路回家的过客，更无意卷入一场审判。但我们朝前走了大约五十米远，第二次看到了那把有着较强战斗力的拖把时，事情发生了逆转，我和儿子别无选择地加入了判官之列，不自觉地顺应时间和环境对一条生命下达了死亡的判决。

在男人手里高高扬着的拖把，此时出现在我们前方大约三十米远的河堤上，拖把是湿是干，是脏是净不清楚，能看清的是有一个人在河里游动，至于脸长脸短，是否额上印有一个“贼”字，或者是否有一副贼眉鼠眼的长相，不清楚。他在向对岸河堤的方向游去，离堤大概有十几米的距离。河堤上除了那个扛拖把的男人，还有五六名围观者，其中有一个穿着白色上衣的女子，他们在虎视眈眈地盯着河里的人，像捕猎者在等待着猎物的落网。

我和儿子不由得加快步伐，几乎是小跑着到了事件发生的地点。我们在河堤上方，与缪斯女神的塑像隔着马路和绿化带。如果要下到河堤，得朝前或朝后至少走五十米以上的距离才有下去的石级，但如果有一定的体力，也可以直接翻过围栏跳下去。

河里的人穿着厚厚的衣服，游得很吃力、很犹疑的样子，似乎在选择恰当的靠岸点，又或者在考虑是游向对岸逃走，还是回岸边当猎物接受惩戒。他在揣度自己的归宿，更是在为自己的生命把脉。

这段河的河面很宽，有上百米。冰冷的河水，吸水后沉重的衣服，加上惊恐，显然，他知道自己不能安全泅渡到对岸。最终他选择了回游靠岸。

十米、五米、三米，快到河堤边了。这时，那把一直高扬着的拖把成了判官手中的戒尺，直接伸触到他的头顶上，把他往水里按。同时，几个声音在喊：“打死他，打死他！”“把包交出来，死强盗！”“打！”“打！”还有一个声音在喊：“注意，他手里有刀。”这些声音在夜幕中传得很远、很清晰。

这几个我只闻其声看不清面目的人，似乎个个都是身着紫袍怒目圆睁的罚恶司，在尽职尽责地履行他们的职责，使恶者受到应得的惩处。

河里的人几次游到岸边，几次抓住了生存的希望，试图爬上来，但都被那把拖把给推搡了回去，堤上还有人摆出了要狠狠揍他的架势。这是决定生与死的时刻，他努力了好几次始终不得靠岸后，只好无奈而无助地选择了转身，茫然无措地缓慢向河中游去。

我想此刻他的脸上肯定写满了乞怜，他不知道死亡在他转身的那一刻已经拉开了序幕。叫嚷、威胁声消失了，拖把停止了舞动，一分钟前还激愤无比的判官们在死亡命令符上画上那道决定生死的“押”后，随着他的转身平静了下来，再没有人发出过任何声响。这时又多来了几名看热闹的围观者，大家目光的焦点都集中在他的身上，默默地注视他在水中挣扎的过程。

三米、五米、十米……前面是上百米的河面，他游得很缓慢，他知道他根本游不到对岸，因此游得很迟疑。每划动一下，都仿佛在生与死之间作一次艰难的抉择；每游动一下，他就向死亡靠近了一步。时间和体力已无力抗拒下达的死亡命令，死亡的终点就在离岸三十米远的地方，他将在那儿终结他的生命。

“救命!”是整个事件序幕拉开到他生命结束时他唯一吐出的两个字。他费力地游到他生命终点的时候，开始上下沉浮，双手在水面挥舞。在生命的最后时刻，“救命”这两个字，他喊了两遍，第一遍和第二遍，相隔有五秒左右的时间。第二次刚喊出这两个字，他就沉进了水里，从河面消失了。

夜幕下的河水是无须掩饰自己的贪婪的，它庞大的身躯吞噬一条生命太不足为奇。在他沉下去的地方，河水很快以流动的方式抹平了作案的痕迹。

那一刻，空气像凝固了一样，四周变得死一般的沉寂。下达死亡命令后观望他生命结束过程的判官们，短暂的沉默过后，对他的死亡显得有些不知所措，开始了骚动、不安、焦灼。他们是否在反省不该这么草率就签署了死亡命令？大家在观望，在等待。

那一刻，时间像要停止了转动一样，走得出奇的慢，像走了一个世纪。大概过了两分钟左右，两个中年男子的出现，给已执行的死亡判决带来了稍许的转机。这两人是从缪斯身后的住宿区跑过来的，大概是梅耳珀弥妮看厌了悲剧的发生，派他们来挽回悲剧。只可惜时间延迟了一些，如果提前两分钟，剧本的结局将是另一个版本。

两名矫健的男子从我和儿子的身边侧身翻过护栏，敏捷地跳下高坎，冲到堤边。其中一人麻利地脱掉了身上的衣服，另一名来不及脱衣就直接跳进了河里。此时堤上已聚集了越来越多的人，见到有人下水相救，麻木、观望的人们不再呆立，立即变得鲜活起来。有拿电筒的，有指挥方向的，都积极给两名施救者指点沉下去的位置。而先前那把一直表现积极的拖把此刻悄无声息不见了踪影。

仅几秒钟的时间，身手矫健的两人便游到了那个人生命结束的地点，并很快便搜寻到了沉在水中的他，将他拽上了岸。在电筒光的照射下，我和儿子此时才看清了这个人的长相和穿着。三十几岁的样子，穿着棉衣和一双极普通的棉鞋，浑身湿漉漉的，双目紧闭。围观的人群中有一个动作熟练像当过医生的中年人赶紧俯下身子给他做人工呼吸，但已无回天之力，最后翻了翻他的眼皮后，摇摇头走开了。

没过多久，警察和120到了现场，几个穿着白大褂的医生同样上去翻了翻他的眼皮，又摸了摸他颈部的动脉，也摇了摇头走开了。

我和儿子离开的时候，他仍躺在冰冷的河堤上。警察要弄清楚他是谁，要弄清楚事件的原委，那是他们应该履行的职责。

这场关于死亡的判决从下达到结束仅二十分钟左右的时间，非常短暂，执行得也比较干净利落。他的生命随着流动的河水停留在了那个寒冷的夜晚。而我和儿子的心，也被留在了那晚的夜幕中，久久不能释然，胸口像压有一块沉甸甸的石头一样，十分沉重。

一场审判结束了，而一轮新的审判却开始了。不同的是，前一场审判，是针对一起事件，虽然最后以结束生命为结局，但前提带有正义的成分，而后一场审判则是关于责任和良知。

离家还有一段路程，我和儿子默默地行走着，无法淡化刚才的一幕，更忘不了那两声呼救。我们没有说一句话，都在努力为自己寻找开脱的理由和借口，同时也在深深地自责和反省。

这个晚上，我们无意间当了一回看客，也间接变相地当了一次判官，参与了这次事件的过程。在这过程中，我和儿子虽然无水中救生的经验，但是我们俩是会游泳的，只是因为顾忌太多不敢下去救他，眼睁睁地看着他失去了生命。

儿子顾忌的是听到堤边的人说那人手里有刀，怕下去他会用刀伤害到自己；我的顾忌则是因为生理原因不能触及冰冷的河水。

再则，事件发生的整个过程，我尽力做了我该做、能做的一切。看到他在河里后，我第一时间拨打了110；发现他被拖把推搡时，我在上面大声地制止过他们；在他转身回游时，我叫他回来别去；他游不动的时候，我叫他别慌，这段河不深，试一下能否踩得到底。整个过程，我的心一直在“突突突”地狂跳。这群临时组合的判官中，就我一个人在向他传递信息，只不过我的声音在这夜幕中显得十分苍白。

后来我们了解到，他是一名大胆的盗贼，听说还是一名瘾君子，要不然他不会选择那么早的时候就开始动手撬别人的车门。

回到家后，儿子默默地写作业去了。虽然有了上述的理由，但我仍无法释怀，不得不给好友打电话倾诉心中的困惑，寻找解脱的密匙。朋友除了找出我已找到的这些理由外，还多了一条就是我必须要尽快地走出阴影，不能因为我的情绪影响到儿子。

两个小时后，写完作业的儿子出来告诉我说：妈妈！警察如果找你做笔录我陪你去，我会如实地告诉他们我看到的一切。然后他又十分认真地说：妈妈！这个人偷东西不应该，但我觉得他罪不该死。我们不去救他有一定的理由，但如果我们俩去救了他，至少能给他一次改过的机会，但现在他死了，他想改也改不了了。我觉得我们当时还是应该去救他。

儿子说的是事实，但在那种情况下，他是不能去救人的，毕竟他才十四岁。

一场关于死亡的判决已经生效执行。我不知道，那个夜晚，那个扛拖把的人、那个穿白衣当时也在场的女子，还有那些围观的看客，以及未能及时到达的警察和医护人员，是否也有我和儿子一样的心情，是否也会在心底对自己开始一场良知的审判。

我想，那个晚上，最释然的可能只有跳下河去救人的两名男子和那个俯下身子施行人工呼吸的人。他们的心里不会有愧疚，更不会有自责。

那个夜晚以后，我希望缪斯广场的那尊女神变成塔利娅，多给我们带来喜剧，而不是梅耳珀弥妮，只给我们带来悲剧。

作者简介：沈雪，中国散文学会会员、全国公安作家协会会员、贵州作家协会会员、鲁迅文学院第二期公安作家研修班学员。现工作于贵州黔南州公安局。

活着，验证伟大
（外一篇）

张杰帅

回归固然是一种美好，但生命中总会有不期而遇的碰触和让人措手不及的袭扰，唯一的选择是面对……

——题记

第六天，这是面对疾病困扰生活的第六天，看不见的病魔似魔咒般恐怖，我作为战斗的一方，被赋予了挑战的意义，手持着的成功指数，为零。当日子回归了最为原始的规律性，想抒写生气的蓬勃，时而望着依旧蓝的天，依旧面庞百般的人群，生命之重加上了一串串难度的形容词。或许只有在危及生存的尖峰时刻，我们才能感受到和谐日子里最为重要的安详与静谧。无法改变的事实，让我们坚定着怀揣的梦想，追逐着继续追逐的梦。

回忆在千年前开始，曾经没有思想的环境，人们为了原始的生命状态，警醒着争夺物质的存在。在那一群为自身欲望巡猎的部落里，总会有那些敢于思考的思考者。他们把精神上更高境界的想法留在了每一处踏过足迹的地方，先进的人文精神、美好如梦的愿望，将一个一个和谐的音符和成了大时代的曲调，调侃着世俗的人群。

生命是一次跋涉，在经历中反复打量着走过的历史。每一个人，每一件事，我们渴求的无限未知，在现在这样的环境里，试图验证明天的梦想。但现实的交错却是实现梦想的努力在破灭与重新梳理中的轮回，只应该在无须理由的攀登中继续着旅途的艰辛。尽管在无尽的等待中，我们学会了沉淀时间的缄默，但勇于呐喊的心声，是脆弱中必须做出的回应。

呼吸是种责任，是种使命。在现在燥热的都市中，我们是否能够在体会中做到细致，在沉默中学会真正的沉默呢？这其中的珍重必须有人去感悟，那是可贵、可敬的。可贵在我们可以挥霍无穷的物质，妄想填补心灵的空白。可敬的是造物主竟能在万物中造就出人类，造就出这个带给每一个个体生命震撼的世界。在一次拥有完整生命的旅程即将终结时，联想的空间充斥着僵硬和完全溺毙的思想，灵光的闪现是敬畏生命的唯一方式。

天晴后的云朵拥有灿烂的魅力，因为一切都躲避了束缚，我想当然地认为心情会好转。但一些事的突然来临总会让我们去问一句，为什么？为什么困境总是相同的，忘记付出的代价却是不留痕迹的消逝？

失望着的是希望，希望着永远的希望。活着总需要勇气，扔掉那些变异的面具，我们会用高歌的虚张去掩饰遑论的叫嚣。如果在一片寂静的海中，泛起一叶轻舟，划向将来的自己，彼岸的等待是变幻多姿的企盼。

不喜爱那种期盼的畅想，患有回忆的症状，无法好转。今天的大片时间又将是回忆的空间，无限增长。摆脱掉以往的恐慌和伤痛，迎来的是又一轮的焦虑，生命的高度在经受着创造者的鞭打，我们在衍生的命运中徒然考虑到那些过往的等待。那些延伸在过去的延伸里，希望在将来的希望中。

当太过哲理的话语将要粉饰生活的命题，我们却将生活自负地改编成一个有着亲和力的半命题。在我们不经意撰写的文章中，标点起到了关键的作用，点缀着不苦不甜的篇幅。堆积的符号争先恐后地发挥它们的价值，生命在所有的选择中还是将一串省略号加载到了身后，它说它讨厌逗号的轻浮，讨厌问号的质疑，我们应该在省略中、在探讨中感受无限的惊奇。经历就是财富，相信我们的信念总会在永远的乐观中，无限省略，直到永远……

生命的模式在我们的习惯中改变着，不曾想改变那些不适应，试问自己，今年过去的岁月，值得吗？二十多年的经历，不同幅度的考验，熟悉的，不愿意的，太多的积累，说一声：我们无悔！挑战是迫于无奈的挑战，但蓝彻的天、清渺的海，还不是将自己赋予了生的昂扬？优秀的追求必定携带着似苦雨的泪水，难道诞生是一个错误？不！诞生的意义就是谱写我们自己独一无二的、与生命抗争的神话，奇迹?！奇迹？奇迹！

提笔就是一串记录，历史的记录总是在默默中完成的。我并不知道用真诚能否解决生命的思考题，或许陌生是隔离的可爱之处，但陌生了的希望是永远无间可穿的。岁月狰狞的面庞偶尔会很实惠，它给予我们生活的惊喜，那就是和蔼的善意，成功的信心！

我们应该在每一次困苦和烦恼的病痛后更加笔直地站起，勇敢地记述自己的历史，转移今天的梦想到明天的明天。

记得两汉帝国遗留的城墙旁长满了野草，记得唐宋时的庙宇里堆积了厚厚的尘土，记得明清的钟楼在颓废中恐慌地倒塌。没有太多的记得，只有我们即将创造的自己，时不我待。生于此，长于此，我们与这个时代相遇，在相遇后的数十年里，我们作出的每一个决断中都包含着个体与时代的浓重背影。从容在那手中握紧，成熟在那心中充实，欣慰的人生又该上路了。追求成功的道路上，我们正在反复的挫败感中自信地前行，经历在继续。在黄昏的大幕即将落下时，我想与所有的困难说声再见。如果命运的框架注定是一切无聊的寄居地，那么在困难与病痛来临时，我会把它看作一次辉煌的约会，荣耀。

我们忘怀那些打击和伤痛，寻求着自信、自尊、自爱。活力是生命的象征意义，活出精彩，扩张它的抽象意义，这是我们弱冠之年后的庄重行礼，向二十年成就的自己发送着一份份调查卷，这里有耐性的积攒、信念的坚守、生命力的执着。

半个月的困惑，十五天的坚持，身体最终好转了。但这一次与病痛的约会我认为非常甜蜜，就像是一个甜蜜的梦。我不愿去炫耀自身的顽强，我愿意在一次次的经受中感受生命的丰富多彩，感恩生命的伟大；我更愿意在我自己的生命中体会着一首首如歌的感动，哪些困苦即将过去？哪些喜悦即将到来？我们在实现了一个个认为值得的梦想后，活着才应该是最大的收获。因为我们在久远的过程中坚强地走过，勇敢地接受，豪迈地继续走着，脚下的路！

尾声即将唱出，但尾声不是结束，终结的是过往的懵懂，迎接的是今后的伟大！

如果我的人生是一本继续抒写的书集，那其中一页一页翻开的故事，就充满了无尽的畅想和记忆的回顾。活在当下，把握现在，我们是大海中的一片浪花，有时被波涛汹涌的巨浪席卷着不知该去何方，但我们还是继续活着，验证着伟大。今后或许我们会有一些这样的日子：伪善的灵魂被无情地打回了最为原始的生命模式，但我们仍要用生命最初的奋斗与顽强，完成目标的填写。那个目标就是用自己的经历告诉所有人：生命不只在于物质，更在于精神。

我们活着，为了验证伟大。

蜿蜒中的寂静·古刹情

当我们行驶的车轮渐渐放缓它的速度时，一道道山岭里的翠绿便展现在我的眼前。那些不惧风雨吹打的草木，在绝壁之间生存，顿时让我为之一震。这些再平凡不过的花花草草，却在不经意间诠释着生命的意义与内涵。寂静的山路蜿蜒曲折，似乎是藏匿着宝贝似的。莫名的伟大与古老的传奇用它特有的迎接待客方式，等待着我们去寻找和发现。而这些魅力的所在就在山路的尽头瞬间给予了回答，它的名字便是历史最有力的见证——千年古刹。

古刹的本意是指年代久远的寺庙，而这一集合体在中国的大江南北以古老和传奇伫立千秋的数目确实是稀少和珍贵的。“燕然对古刹，代郡隐城楼”、“古刹云光杳，空剑山气深”，这些流传千古的诗句更是将古刹的神秘与清幽书写了出来。古刹的情怀，想必也是在历史见证中才得以感动人心的吧！

走在青石砖铺满地的古刹之中，那油然而生的是对创建与维持古刹的历代有心之人的敬佩与感动。看着净土古刹的牌匾与碑楼，时光又一次穿梭在古刹的历史沿革里。它就在山西交城县西北十公里处的石壁山中，四面石壁陡立，翠柏环抱，是风景幽雅的佛教圣地，也是中国佛教净土宗的发源地，同时也是日本佛教净土宗的“祖庭”。这里叠岭周环，群峰泻翠，山石拱列如壁。古刹坐落在苍松翠柏之中，显得格外绚丽壮观。

北魏孝文帝于石壁绝岭间似乎感应天意般建造了玄中古刹，从昙鸾高僧到涅槃学者道绰，再至善导大师，都无一不感触于高僧传承的事迹与学说。现在古刹中依旧留存的佛家学说碑记便是当年高僧研修的存证。时光慢慢推移，当唐太宗李世民巡幸太原之时，这位盛世之主也听到了玄中古寺的钟声，那时道绰名扬遐迩，僧俗熙熙攘攘，使得并不信奉佛家的天子也深为感动。古刹之中的御书阁也见证着这位天子为长孙皇后祈求祛病的细节和感人的历史。

在玄中古刹中，那中外闻名的不只是它的辉煌历史，更为突出的是它在北魏创建至今一千五百多年的历史长河之中，作为中国佛教净土宗的祖庙和中国北方的主要道场，曾在净土法门的发展中起过不同凡响的作用。在崇尚佛教的中国封建社会，它是让民间大众寄托希望和幸福的教义所在，而今，新时代下的我们看到的是佛家文化在古刹之中的香火不断，代代相传。

筑基林间，飞廊右转，化栏灿烂于虹涧，漱渠香霭于龙鳞，富丽堂皇。再看看眼前的天王殿、七佛殿、千佛阁、四殿三院，逐级升高，依山就势，层层叠叠。此外还有钟鼓二楼、南北塔院、祖师殿及僧舍、禅院、客房、斋堂等建筑散布各处。它们那古老陈旧的身影虽比不上都市的繁华与瑰丽，但其蕴藏着的千年不变的文化内涵和精神却永远都高于繁华城镇的喧嚣与光亮。你看那宋代遗物秋容塔依旧雄峙在东山之巅，两层八角呈白色，迭涩重檐，砖座宝顶，中空置佛，塔身挺秀，被视为玄中寺的象征。你看那阁内明清遗物，数百尊佛像会聚一堂，面型姿态各不相同。殿内外，飞檐斗拱，雕梁画栋，油饰彩画，莫不具备。再看那木雕佛像造型生动，金碧辉煌。在这个时候，有一种叫做古老智慧的艺术浮现在我的眼前，建筑精灵和它所携带的深厚的千年历史气息深深打动了我。我们的精神内心其实早已在林立的高楼间湮没了最初的灵动，我们的文化修性也在如潮的人海中丢失了许多。来到古刹，我仿佛嗅到了一股来自远古的散发着经书醇香的淡泊气息，看到了一片快要被历史风尘淹没的修身养性的绿洲。在古刹的面前，我长长地呼出了一口气，内心叹道：深山自有灵动在，别开修身一片天。

行走在这些伟大的古老建筑工程间，雅致的协调布局、镶嵌的诗词墨刻、神奇的玄中四绝，佛像的庄重慈祥、庙宇的威严雄健，在千年之后依旧散发着它们身上的文化气韵和绝代风华。在这古刹之中，我看到了历史悠久的佛法讲演、高僧坐道的耐心传承，更有那皇帝驾临的威严风范。这悠久的净土祖庭带着世世代代淳朴百姓的美好愿望，为改变自己与生俱来的贫穷落后，而诵经佛法，同时传承着中华佛家的血脉。我相信佛家的教义就像玄中古寺那样，从山重水复的林荫小道间突现高耸的台阶与高大宏伟的山门，激发人们更上一层楼的奋发精神，仿佛在骨子里就生出一种与命运一搏高下的决心与气魄。

回望来路，净土宗的祖师、玄中寺的高僧们在庙堂之上探讨佛法的光辉岁月还在历史的眼前浮现，那些殿阁在历史千年的天空之下，经历着时光带来的风霜雨雪。我们此行也要结束了，但那萦绕在心间的古刹之情却根本不能结束。那古刹之情在于对古老庙宇至高的历史传奇的膜拜，在于内心安静与深思的一种交换，在于个人情感的丰富与充实的美丽过程。

一个个质问依旧盘旋在我的脑海中，如此辉煌的历史，如此珍贵的建筑，我们应该怎样去理解和读懂它所蕴含的深深的意义呢？我们是否在用心感受着自己民族的辉煌历史呢？历史证明，蔑视历史的人，只会在大浪淘沙中被湮灭。我们这些后世子孙又将如何面对自己的祖先呢？

感喟古刹之情，在蜿蜒曲折的寻觅中，我猛然间仿佛受到了高僧的点化，彻悟了许多。历史也许在命运的体验与经历中，已经为我准备好了一切途径的主题，是古寺遗迹？是千年之刹？是古刹之情！

古刹仿佛就是为了等待我们，而历尽沧桑后的古刹也终将在这中华大地之上，神奇地、伟大地、雄浑地继续矗立着，抒写永恒的千百年壮阔的历史！

作者简介：张杰帅，中国散文学会会员、中国散文家协会会员、中华诗词学会会员、全国公安作家协会会员、全国公安消防文联会员、山西省作家协会会员、鲁迅文学院第二期公安作家研修班学员。现工作于山西公安消防总队。

难忘那山那人那事

杨素宏

那山：放歌狼牙砺我柔心

从我知道狼牙山五壮士的故事以来，我一直是在仰视着狼牙山的。

2013 年 11 月的一天，鲁迅文学院第二期公安作家班组织社会实践教学活动，安排到位于河北省保定市易县的狼牙山进行采风，我终于看到了狼牙山的形状和面容。

车到山脚，狼牙山那雄伟的身姿便映入了我的眼帘，如同当初我在意念中想象的那样，磐石般坚挺，高耸入云端。我伫立于阳光下的寒风中，抬眼仰视这座英雄的山。下车走到五勇士雕像前，一股血流往上直涌，说不清是沸腾还是痛楚，他们——五个战士，为何不藏进那狼牙般的巨石的缝隙里以躲避日寇的追杀呢？那样其实是可以保全自己的啊！或许，是他们没有时间那样做，只能采取紧急情况下的非常之举——跳崖。

我仰视狼牙山，我仰视宋学义、葛振林、胡德林、胡福才、马宝玉五位英勇的八路军战士，他们在为中华民族的解放事业的战斗中，不惜牺牲自己的一切——在完成掩护百姓和八路军主力部队转移任务后弹尽粮绝的情况下，抱着绝不当日本鬼子俘虏的决心，视死如归地纵身跳下万丈悬崖……他们的身躯，犹如狼牙山一样高大雄伟。

虽然现在已经有了索道可供人们上山游览，但为了体验当年八路军战士爬山的艰辛，我跟随我的同学们从山脚沿着石级一步一步地攀登前行，路陡自不必说，仅那蜿蜒曲折，就足以让人晕头转向。

在半山腰处的两块紧挨着的巨石上，我看到分别纵横地镌刻着的两处刚劲的大字“狼牙壮士”和“银甲归然”。旁边是一处似天梯般的长梯台阶，路很直，几乎成一条直线，约有七八十米长。我本想一口气爬上去，可用尽全身之力，第一次冲锋，只攀了八十三级；休息一会儿再冲，然而四十级后，腿脚便酸软了，眼看就要攀完后面的路，却怎么也抬不起脚。定睛一数，上面还有二十多级。把石梯级数相加，方知此处石梯共有一百四十多级台阶。

一百四十级台阶都如此难攀，可想当年他们在那乱石中与日寇周旋作战有多艰难！

上得棋盘坨，得见一千年古柏，一块青石板卧于树荫下。仔细一看旁边的简介牌，方知此柏树为两千八百年前古人栽下之柏，那青石便是当年鬼谷子先生（王禅老祖）与其弟子孙膑下棋对弈之处。近前一看，石上清晰地刻有十九条纵横纹理之线，恰似一围棋棋盘，这便是棋盘坨地名的由来。

我沿着石级继续攀登，终于登临狼牙山的最高处，此处虽非五勇士跳崖处，但如今已建起了纪念碑塔，镌刻着五勇士的铜像雕塑，以志铭记他们的丰功伟绩。行至此地，我难禁心中激扬，不由得放开喉咙，高歌起《太行颂》来："英雄的山啊胜利的山，你就像我们不可动摇的坚定信念……你鼓舞我们百折不挠永远向前，永远向前……"

正当我唱到高音处，歌声在山谷回荡时，河北作家周东川同学举起摄像机对着我说："你再完整地唱一遍，我帮你全程录下来，做个纪念吧！"身旁几位同学和游客也齐声说道："再唱一遍吧，听着有劲儿！"于是，我把英雄融进歌里，用心托起他们的灵魂，让颂歌成为纪念英雄的永恒！

如今，我已身为人民警察中的一员，所思所想所行所事，与前辈英雄所开创之伟大事业，应同属于为人民服务宗旨所赋予的使命和目标。景仰英雄，不在于空谈，而在于以自己能力之事、能献之心，好好服务于民族大众，报效于生于斯长于斯依赖于斯的祖国！

那人：将生命化作硝烟随风飘散

2013 年清明节前，我再次到云南麻栗坡烈士陵园，去拜谒祭奠逝去的战友。

我和他们已经分别二十九年了！二十九年来，每当我想起他们，都会心酸、流泪，都会在心中涌起无尽的思念、愁绪和不安，都会吟唱起《怀念战友》、《我从老山前线归来》。那逝去的岁月，勾起我无限的回忆……

生活是多么的丰富多彩，可他们再也无法与我同享。战争是多么的残酷无情，让他们二十岁的青春随着硝烟化为灰烬。我常常在睡梦中回忆过去，常常会想起我同宿舍的、在边关老山战斗中牺牲的战友贾应勇、李吉祥、周保中、雷光华！

那时，年轻的我们其实还是一群乳臭未干的男孩儿。在踏上一片战火硝烟的土地时，也只知道，为了保卫祖国的领土完整，为了党和人民的利益，我们要战斗，要为保家卫国而战斗。

为了大地百花盛开，为了原野绿水长流，为了母亲永远微笑，为了亲人不受欺辱，我们唱着《再见吧，妈妈》，走上了保卫边疆的战场。

在那场收复祖国领土老山的战争中，他们为了使命，为了胜利，洒下一腔碧血义无反顾地走了，变成一道美丽的霞光或一颗灿烂的流星，带着稚嫩的笑容，永远地走向了另一个世界……二十岁，多么灿烂的年华。如果不是为了国家和民族，谁会将美丽的生命化作硝烟随风飘散？

我是幸运的。今天，当我站在他们的墓碑前，为他们的坟上添一把新土、献上一束鲜花，为他们敬上一杯酒、点上一支烟，向他们弯腰低头鞠躬时，我更加懂得“奉献牺牲”的含义。可是，他们，当时却未必知道他们所付出的生命的真正含义！

我还清晰地记得，那一年的冬天，寒风中夹着雪花，我们这群乡下娃儿，打着光脚板赶了十几里山路来到县城武装部，换上了草绿色的军装。经过一个星期的解放牌大篷车、火车闷罐车的辗转，到达了位于云南西部山谷腹地的一个名叫博尚的小镇。

到部队的第一天，是夜间两点钟。我们从迷迷糊糊中被叫醒：“同志们，到啦，快下车吧！”那是接兵排长樊明浩（浙江绍兴人）的声音，有点柔柔的江苏口音。下车一看，汽车停在一个很大的操场上。“四列横队，集合！”新兵班长王浩拉大嗓门儿准确而有力地吼道。由于从武装部出发前，我们曾列过队，因而也没出什么洋相，便站成了不算标准但也还整齐的队列。

队伍被带到团部大礼堂前，那里已经站了许多列好队的新兵们。团首长讲了段简短的欢迎词，然后是军务股长点名分兵，我被分配在三营七连二排四班。同被分到一个新兵班的还有贾应勇、李吉祥、周保中、雷光华……我们被班长张正仁（贵州正安人）带到了七连连部门前，新兵连指导员彭向武站在连部门口迎接我们：“同志们好，欢迎同志们成为光荣的七连战士！大家赶快去休息吧！”

睡了不到四个小时，我听到了第一次军号声“嗒——嗒——嘀——嗒——”“同志们，起床了！起床后，整理内务，七点半开饭！”值班班长（当时还不知道他姓名）洪亮的声音从窗外飘过来，我从来没有听到过那么洪亮有力、富有磁性的声音，我不由得从床上弹了起来。从此，我们的军旅生活开始了。

政治教育、队列训练，紧急集合、跑步、障碍、射击、战术，一样接着一样，辛苦自不必说，可谁也不叫苦，还都在暗下决心，相互较劲儿，争当训练标兵。训练场边上“平时多流汗，战时少流血”、“练为战”等标语口号成了大家训练的座右铭，不用做多少思想工作，大家都把苦练杀敌本领当成了一种自觉行为，没有谁吝惜半点力气。

新兵基础科目考核评比时，我们班的队列、射击、长跑都取得了好成绩，而贾应勇、周保中更夺下了个人成绩三个第一。连长给他们戴大红花时，贾应勇说想借连长刘家政（四川资中人）的四个兜（那时干部服装上衣是四个口袋，战士服装上衣只有两个口袋）照张相，但因为部队有规定，而没能照成。

1984 年夏天，遵照中央军委的命令，我们所在部队从滇西开赴滇南老山前线参战。战友们纷纷以笔、以咬破手指尖的方式，写下了一份份请战书、决心书、遗书。贾应勇是第一个咬破手指写请战书的，他的举动感染了我们全班战友。当时我是用钢笔写的给父母的遗书，写好后又誊了一份，一份交给连队党支部，一份装进放在储藏室的提包里。

我们踏着硝烟来到了老山战场。进入阵地的那天深夜，我们分不清战场的东南西北，为了防备遭到敌人袭击，上级指示我们不能走有道路的地方，而只能跟着向导在山沟灌木丛林中艰难穿行。陡峭的山崖和荆棘藤蔓阻挡着我们的去路。有的战友因为身上的武器弹药和食品（压缩饼干、罐头）太重，影响了行军速度，担心不能按时进入阵地，边走边将身上背的食品丢弃，只留下枪支弹药。结果到达阵地后，饿得前胸贴后背，当天上午只能靠山泉水充饥，直到下午炊事班将饭送上阵地才得以填饱肚子。

不曾想到，在后来的战斗中，他们四个人先后离我们而去。记得贾应勇在牺牲之前，曾对战友们开了一个小小的玩笑：“我贾应勇如果光荣了，就请你们把我埋在这里。”他指了指脚下的阵地。

后来，贾应勇牺牲后，部队将他安葬在边关的麻栗坡烈士陵园。边关烈士陵园虽然远离生他养他的故乡，但又何尝不是他的故乡呢？战士守卫的地方，就是战士的第二故乡！

这块我们曾经战斗过的地方，随着边境战事的平息和边境大扫雷的完成，如今已盛开着遍地的鲜花。“老山兰”随着老山作战的影响名扬世界，一曲优美深情的《我爱老山兰》唱进了全国人民的心中！和平的回音荡满山谷溪涧。此时，我站在他们的坟前，多想他们站起来和我对话，共叙我们经历过的那场战争。

他们牺牲时，不过刚二十岁出头，后来我才知道，只有李吉祥稍大一些，已经二十二岁了。但不管怎么说，他们都还很年轻。曾听到有一句话是“做一回男人再去死”。可他们，还没有经历过恋爱，更不曾尝过爱情的滋味，他们做过“男人”了吗？

我也明白，他们的生命虽然有限，但他们的英魂却留在人间。年龄是生命延续的累计，但英雄的功绩是不以年龄累计的。有的人活着，他却是死的；有的人死了，他却永远活在人们心中！

我面前高耸的陵园英雄纪念碑，深深地镌刻着用鲜血和生命凝聚的老山魂，向人们述说着烈士们的丰功伟绩和献身精神。站在烈士墓前，泪水再次模糊我的视线，喉咙酸涩如哽，使我说不出话来，只好在这里向烈士再次鞠躬：我亲爱的战友，安息吧！

那事：喜马拉雅的生命之旅

1998 年九十月间，时任成都军区战旗报社编辑记者的我，奉报社领导之命，策划一次“西藏边防哨卡行”采访活动。受领任务后，我一边抓紧时间写出采访计划和报道方案，一边做好赴西藏边防采访的准备工作，除了加强身体锻炼外，还找来一些关于西藏人文地理方面的图书进行阅读，还学习了有关西藏边防部队建设的资料。

9 月 3 日，我搭乘成都飞往拉萨的航班，到达了位于拉萨东南方向，距拉萨九十多公里的贡嘎机场。当我走出机场出口时，西藏军区政治部宣传处蔡汉银副处长、常明军干事等早已等候在那里。他们接到我后，一边询问我的采访打算，一边向我介绍在高原应注意的事项：为了防止发生高山反应，初进高原时，千万不要做动作幅度大的运动；要注意预防感冒，特别是初冬时节，昼夜温差大，要注意保暖……我笑他们简直是“婆婆妈妈”。可这种“婆婆妈妈”，却真真切切是对我生命的关怀，而且是非常厚重的关怀。

此后，在我一路的边防哨卡采访中，这种关怀无时无刻不在伴随着我。从拉萨出发算起，经日喀则到樟木口岸，到珠穆朗玛峰，到定日、定结、亚东，再到乃堆拉、詹娘舍、塔克逊、查果拉、肖站、无名湖、旺东，一路行走在平均海拔四千米以上的边境线。我到达的最高处，是珠峰北侧二号营地附近的冰山，海拔表显示的高度是六千二百三十米。

那天，我到达驻守在珠峰脚下的三连营地时，正巧碰上一排三班的战士要到二号营地去巡逻。我想这正好可以采访他们巡逻的情况，于是，没顾得上喝口热开水，便随着战士们往二号营地的方向一路攀山而去。那感受，至今我也没能说出来，心中只有一个字——“苦”。

一路上，《一级口岸的一流哨兵》、《巡逻在珠峰下》、《夜访塔克逊》、《沐雨乃堆拉》、《挂在云端的哨所》、《寂寞放歌吼大山》、《我登上了查果拉》、《融进哨所便是兵》、《“肖”的沉思》、《无名湖之恋》、《建功在云雾山》等一篇篇文稿从我的笔尖流出并发表于报端，引来了读者对曾经神秘的边防哨所的释然和对哨所守卡官兵的敬仰。

这一趟走来，所有的情感都已经融在所写文稿的字里行间。细算一下行程和时间，从9月3日进藏，到10月27日离开拉萨，正好四十四天。而这四十四天中，以拉萨为起点，又以拉萨为终点，粗算亦有四千四百多公里。而以全部发表于报端的文稿计算，共五十六篇四万四千余字……我忽然发觉自己好伟大，是什么赐予我这般神奇的力量呢？竟然在短短的四十四天中完成那么大的不曾想象的工作量！后来想过，这或许就是那些在边境线上默默奉献的边防军人的伟大精神感染了我的缘故吧？

我也确实“伟大”！我想，至今，还没有除了我之外的哪位作家、记者或旅行家，能在一段完整的时间内，沿着平均海拔四千多米的西藏边防线，走进那寂寞而孤单的哨卡，去和那些守卫在哨所的官兵们共眠夜话吧？而我，有了这段举世无双的经历！

不过，在这一段经历中，有一件差点儿让我丢掉性命的事，还不曾写成文稿在报刊上发表过。时隔多年，我虽早已释怀，但那记忆却也是刻骨铭心的！

今作一记述，以告慰余下的生命：今后凡遇大事小事，以平常心待之，不可造次！

那是 1998 年 10 月 7 日，我从山南出发去错那，车刚启程，望着那伸向天边的高原山路，我便有一种预感：今天可能要出事。

不知怎么的，我往日都系了安全带，但那天却没有，而且一直在车上昏昏欲睡，任凭驾驶员小李开着那辆陪着我已经跑了三千多公里高原路的老北京牌吉普车飞跑。

下午 13 时 20 分，当我们到达一个叫“俗坡”的地方时，由于道路开始有些平坦，驾驶员小李也放松了警惕，车速渐渐加快了起来。在一段大约有十五度坡度的地方，我“小李慢点”四个字还没说完，车子已从路的左侧飞离了路面。在车轮子离开路面的一刹那，我下意识地喊了一声：“完了！”随即，汽车已毫无控制地滚下了山坡。我只感到翻了几个筋斗，头顶重重地砸在地面上，脖颈一阵钻心的疼痛，膝盖、右胯和眉宇间都渗出了血。几秒钟后，车子“咣当”一声停住了，而且是四个轮胎着的地。我紧紧攥住座椅前的扶把，感觉到车子停稳了，“我还没死！”我奋力将被变形的车门夹住的右脚抽出来，从已被摔碎玻璃的车窗探出头去。好险呀，车子正好停在一块约五平方米的小土台上，土台下又是五六米高的坡坎才到沟底。再回头往上看，我们已足足滚了十多米远！我摇摇驾驶座上的小李，他抬起头来，脸色发青地望着我，半天才说出了一句话：“杨记者，你，没事吧？”“真是老天保佑啊，我们都没有死！”我安慰他说。

小李呆坐了一会儿后终于醒过神来："杨记者，真是对不起，让你受惊了。我开了这么多年的车，这是头一回出事，还差点把命丢在这儿了。"我劝他不要想那么多了："是受了点惊吓。不过，这只是有惊无险而已，只要我们没死，就是最大的幸运了。现在要做的事是想办法把车子弄到路上去，不然的话我们就只有在这儿当山大王了。"

于是，我和小李拖着受伤的身体，钻出了车外，先察看了一下行车路线，然后开始检修车子。小李是老驾驶员，我也是老修理工，我们两人一起动手。不一会儿，汽车马达又重新响了起来。尽管车体已经变形，但还能开得走，于是我们把车子从那十五度的斜坡坎上一点一点地滑了下去，五六米的距离，我们用了将近半个小时。14 时 40 分，我们终于重新上了公路。

俗话说"大难不死必有后福"，我不曾想将来会有什么福，但翻车的滋味却是这一生都不可能忘得掉的。或许可以这样说，都"死"过一次的人了，还能去奢望什么呢？死虽然没什么可怕，但当死要来临的时候，人的求生愿望还是十分强烈的，哪怕就是听天由命的那一刹那，也希望自己不死。不过，经历这次翻车后，特别是能够从死神手里捡回来一条命，这对我来说，已经足够了！

难忘我的喜马拉雅之旅！

作者简介：杨素宏，侗族，中国少数民族作家协会会员、中国散文学会会员、全国公安文联会员、鲁迅文学院第二期公安作家研修班学员。发表过散文、小说、报告文学若干。曾任成都军区战旗报社编辑、人民公安报社记者，现为四川省公安文联副秘书长、文学专业委员会主任。

刘绍棠与浩然

周东川

刘绍棠 1936 年 2 月 29 日出生在通州大运河畔的儒林村。浩然祖籍宝坻单家庄，1932 年 3 月 25 日出生在开滦赵各庄煤矿，在蓟县王吉素村长大。因而，他们同属冀东老乡。

后来，刘绍棠和浩然同住在北京和平门北京市文联家属楼的“红顶子”楼。浩然跟我提过，这个楼在二十世纪八十年代初反对兴建楼堂馆所的时候，曾停建，是他和写过《青春之歌》的杨沫找到北京市委，才得以建成。刘绍棠在儒林村的表姐唐敬茹的儿子刘松岩对我说，刘绍棠曾找时任北京市副市长的张百发要房。市长问：要多大的？刘答曰：一粥一饭一书房，足矣。市长嫌他口气小。刘绍棠在“红顶子”楼的书房取名“蝈笼斋”。他和浩然同在一个单元，一个住七楼，一个住五楼。可谓近邻。

大运河畔的土地孕育了一代神童作家刘绍棠，并赋予他非凡的灵性，十三岁就写出小说《青枝绿叶》，被叶圣陶先生编入高中课本，他在课堂上自己朗读自己写的课文，被称为千古佳话。而浩然十岁时死了父亲，十三岁死了母亲，成了孤儿，与姐姐相依为命，政府替他打官司，从黑心舅舅那里夺回房屋和土地。

1954 年 9 月，刘绍棠考入北大中文系。浩然只读了三年小学，半年私塾。共和国成立的那年冬天，浩然在蓟县参加了扫盲班。1954 年 6 月，他调任《河北日报》驻通县专区记者组，当上了驻站记者。

神童作家像一颗灿烂的星辰闪耀在星空。1953 年 2 月，时任团中央书记的胡耀邦接见刘绍棠并与之谈话。1956 年春，刘绍棠由康濯、秦兆阳介绍加入了中国作协。浩然在文学这条“开满鲜花又布满荆棘的道路上”艰辛地跋涉着，补充文化，给报社写稿，后来写出了描写祖籍单家庄和开滦赵各庄矿的《乐土》，燕山南麓盘山西翼靠山小村王吉素、刘吉素的《活泉》，加之《河北日报》的摆渡，在 1956 年金色的秋天，浩然发表了后来被他称为入门之作的小说《喜鹊登枝》，从而跨入了文学的殿堂。同年他被调入北京《俄文友好报》。三年后，也就是 1959 年金秋时节来临的时候，浩然从郭小川手中接过中国作协会员证，梦圆了。

就在刘绍棠顺风顺水、志得意满，浩然苦苦求索、奋力攀爬的时候，有了两人的第一次见面，而这次见面给浩然留下的印象用浩然自己的话说，“实在不太美好”。直至浩然已是六十三岁的老头子了，在廊坊写他的自传体小说《圆梦》的时候，还能清晰地回忆起在他心灵上打下强烈印记的那第一次见面：

1954 年，在浩然调任《河北日报》驻通县专区记者组当驻站记者之后，一天，浩然与当时的《北京日报》记者从维熙赴大兴、固安共同采写北京市赴河北省灾区的慰问活动。人们都知道，那时从维熙是刘绍棠的追随者和小老弟，于是，浩然就让他牵线，想认识一下刘绍棠，愿意和刘绍棠做朋友。从维熙满口答应，并约定礼拜天见面。

是日上午十点，浩然从通县赶来，在东单西侧的《北京日报》报社院里等他们。可左等也不来，右等也不来，直等到上午 11 点还没来。浩然向门卫打听到从维熙的宿舍，结果正巧碰上从维熙和刘绍棠从宿舍走到胡同里。见面后，从维熙跟浩然解释说，把见面的事给忘了，并把浩然介绍给刘绍棠。就在刘绍棠与浩然握手寒暄过后，刘绍棠把浩然当成了普通的文学青年，要来纠缠他，说了一句："我现在很忙，就连中央大报的记者采访我，也得事先约定时间。很抱歉，以后有机会约定时间再说吧。"话音一落，刘绍棠举步前行，把他俩晾在那里，弄得从维熙这个中间人和浩然都下不来台。浩然自己找台阶，对从维熙说："你们忙吧，我也有事。"而后从维熙追上刘绍棠向东去了，浩然独自向西去了。

这就是今天我们可以称他们为文坛巨匠的两位的第一次见面。当时的浩然很是郁闷，在心里记恨刘绍棠的"狂傲自大"，可后来浩然又很是庆幸自己当时没有和刘绍棠做朋友。再后来，浩然成名以后，也有了无以计数的"粉丝"后，就完全理解了当时的刘绍棠。

为什么浩然暗自庆幸自己当时没成为刘绍棠的朋友呢？让我们看看 1957 年的刘绍棠。在后来的"大鸣、大放、大字报"之后，风云突变。这一年的春天，他在参加了王蒙的小说《组织部来的年轻人》的座谈会之后，又参加了几次座谈会，发表了对文艺界的一些意见和看法。而在两年前，即在他十九岁时，还曾给毛泽东写信商榷《在延安文艺座谈会上的讲话》。刘绍棠说，后来的"风向一转"，写检查都来不及了，一顶右派的帽子就戴在了他头上。于是就有了绵绵二十年的倒霉时光。多少年后，浩然还清晰地记得几十年前刘绍棠被打成右派挨批斗的一幕："那一天，坐在团中央礼堂参加批判刘绍棠大会，我见刘绍棠坐在右边隔几排的位子上，低着头、塌着腰，一副落魄的样。"设想，那天浩然和刘绍棠见面后，一见如故，刘绍棠在酒馆里请浩然喝酒，两人成了无话不说的朋友，一块儿参加座谈会，一块儿发表意见，浩然不被打成右派才怪!

我们再来看看1957年的浩然，这年春节过后，他被派往保定采访，出发前，单位做了一次例行体检。他在保定没待两天，便被急令召回：X光片显示，他得了浸润性肺结核。回来后他被组织安排住进了位于北蜂窝的《人民日报》疗养院。这以后，外面怎么热闹，他都不为所动，看他的书，写他的小说。后来他称自己这样做，得了天大的好处，使他没当上“右派分子”，没有让那顶可怕的帽子把他这棵文学嫩芽活活地压死，保留了以后“发展壮大”的基本条件，躲过了一劫。我一直在想，是老天在帮他吗？试想，如果命运让浩然也成了右派，还会有家喻户晓的鸿篇巨制《艳阳天》吗？中国的文学史上还有今天的浩然吗？

那天，我和浩然的秘书在电话里探讨这个问题，仁兄一言以蔽之：“宿命。”刘绍棠倒霉时仅仅二十一岁。二十一岁，有拿笔的本事，却失去了拿笔的权利。而浩然却是另一种状态：1965年，他的长篇小说《艳阳天》脱稿后，他已然成为全国走红的青年作家之一。你随手翻开当时的《人民日报》，不经意地就会在文学期刊的公告栏里的文学目录上，发现浩然的名字。二人的反差如此巨大。

刘绍棠和浩然各自按照自己的生活轨迹生活着。刘绍棠回到了生他养他的儒林村，背着背筐拾粪；浩然到海军采访，直升机空降到军舰上。可时光到了1978年，浩然被江青株连，倒霉了。在这一年的全国第五届人大代表会议开幕式上，纪登奎在人民大会堂宣布取消他人大代表资格，而此时的刘绍棠被平反。

浩然哀叹，他们倒霉时才二十多岁，我倒霉时四十五六岁，我今生还站得起来吗？老作家林斤澜想帮帮浩然。一次，在家宴请京城几位著名作家，刘绍棠也在被邀请之列。当时的浩然正走背字，大有被朋友遗弃之感，因而，谨言慎行。刘绍棠恰恰相反，他见到浩然，倒起了小肠，质问浩然：“‘文化大革命’中，你在通县大会上点名骂我，我已经是贫苦农民了，你怎么还那样？”大家见状，纷纷打圆场，劝开了。

刘绍棠在迎来了文艺春天的时候，创作呈现井喷之势，只看中篇小说《花街》有多美！浩然经历了痛苦的煎熬之后，给自己定下了“甘于寂寞，安于贫困，深入农村，埋头苦写”的座右铭，发奋努力，凭借着在农村深厚的生活积累，在 1988 年 3 月，终于以反映改革开放初期农村巨变的长篇小说《苍生》，重新崛起。同年 6 月，三河县政府在政府招待所院内建起一排平房，浩然起名“泥土巢”，从此浩然和老伴迁居于此。浩然在京东开始了他的“文艺绿化工程”。而到了 1988 年 8 月，刘绍棠因嗜酒加上精力透支中风左瘫。

1995 年春，浩然在廊坊邮电宾馆写他的自传体小说《圆梦》的时候，我们闲聊间，提起刘绍棠。他说与刘绍棠做邻居时，每年春节他都上楼到刘绍棠那儿坐半个小时。这是浩然第一次亲口和我提起刘绍棠。另一次是提及他的长篇小说《苍生》没能获得茅盾文学奖，他说，刘绍棠就不投我票。

最近，我读到了刘绍棠在逝世的前十年，即 1987 年 7 月写的这样一段文字，他将自己与浩然作了比较。让我们来看看刘绍棠是怎么看待自己，又是怎么看待浩然的：

我和浩然，同时开始习作。他比我大四岁。起跑时，我跑在前面，后来他超过了我，现在是并肩前进。对于浩然和浩然的作品，我可以自夸是比较了解的。

浩然和我都是京东农家子弟，1947 年解放区土改，浩然家划为中农，我家划为富裕中农。中农是农民阶级的中间阶层，有向上爬的，有向下走的。我家爱攀地主富农的高枝儿，浩然家跟贫雇农靠得近。因此，我俩的家庭影响便不同。浩然比我谦抑，我比浩然狂放；不同的性格气质，反映了不同的家庭影响。

浩然幼年父母双亡，只念过三年半书；寄人篱下，饱尝辛酸，是共产党给了他温暖和扶助，走上革命道路，做地方工作。我却自幼被家庭和乡里娇惯宠纵，从小学到中学，从中学到大学，一直读书，事事如意，不懂人情世态。因此我虽然在文化水平上比浩然高一点儿，但是浩然在生活阅历上比我丰富深刻得多。我比浩然有灵气，喜欢逞强斗胜；浩然实干，以韧性求发展。表现在我们的小说创作中，我爱写多情重义的女子和粗犷豪放的汉子，浩然则擅长刻画安分守己、吃苦耐劳的农民。

在选材上，浩然主要写山区，我始终写水域。在写法上，浩然是拙中见巧，我是以巧掩拙；他比我扎实，我比他讨俏。我们各有所长，各有所短，却不能取长补短。生就的骨头长就的肉，我们都已经定型；只有自我完善，无法重塑金身了。

正如我和我的作品存在不少缺点和弱点一样，浩然和浩然的作品也有不少缺点和弱点。但是浩然的整体成就，是令人佩服的。我们可以指出《艳阳天》在政治上的某些失误，然而不能不看到他塑造了众多可信可爱的贫下中农形象和真正生动的落后农民形象，这是很不容易的，必须肯定的。我对浩然说过："你对自己的作品肯定的不足，否定的不够。"评论家在对浩然作品的肯定与否定上，应持实事求是的科学态度。

这几年，五十年代的老朋友中，我读浩然的作品最多。从 1979 年到 1987 年，八年来浩然发表了大量的短、中、长篇小说，表现出深厚的创作实力。《山水情》、《浮云》、《赵百万的人生片段》、《机灵鬼》、《乡俗三部曲》和《苍生》，是他新时期的代表作。他在逐步解除思想的束缚，摆脱因袭的重担，于是创作上推陈出新，呈现老当益壮的大好气象。

我一向不愿对别人的作品妄加评论。每个作家都应各有路数，各持一方，不可求同，必须存异。我最反对废黜百家，独尊一统，也反对以一己之偏见，强求于人。《苍生》以苦熬死受的田成业一家为主线，展现新时期农村的众生相，便是浩然独具匠心，为我所不及。

透过这段节选自《我是刘绍棠》的千八百字的短文，我们读出了刘绍棠在过了"知天命"年龄之后，将自己与浩然在家庭背景、性格、接受的教育、创作的选材、擅长等方面做的比较。一句"我家爱攀地主富农的高枝儿"，让我们洞彻了此时的刘绍棠的坦荡、豁达。这段朗朗上口的文字，是刘绍棠的心里话，真实、平实、真情。在我们今天看来愈加显得弥足珍贵。

有意思的是，浩然也有过一段有关刘绍棠的文字，这段文字，我们可以当作祭文来读：

绍棠走了！他怀着几多满足几多遗憾，以及那永不停歇的争强好胜的雄心走了！他留给朋辈们的是长远的思考和深切的怀念。

我和绍棠都是冀东农村长大的，差不多同时做起文学的美梦。绍棠天资聪敏，勤奋好学，而又得到京城浓厚的文化气氛熏陶，早就有了“神童”的美誉。所以他走在我们前边圆了文学梦。五十年代，他成了我们一班人心目中一颗明亮的星。

可惜，没多久“反右”斗争扩大化，他遭受错误打击，如同被乌云遮蔽了二十多个春秋。这以后，似我这样的“追星族”们，又成了人云亦云的批判他的“打手”。那时候，特别是“文化大革命”期间，我走红了，到处找我去报告。我得到这样的机会就以“革命者”自居，就拉出刘绍棠当成“不革命”的靶子抖落一通，以此表现自己的“革命性”。曾几何时，我这个表现最革命的人也遭受打击。当我遭受到过火打击、蒙受不白之冤的时候，我才尝受到当初刘绍棠蒙难时的滋味，心中懊悔至极！

得到平反改正的刘绍棠回北京文联，与我工作在一起了，我很不好意思再见他。有一天在家里独自闷坐，忽听敲门声。我打开门一看，进来的是老大哥林斤澜。他怀里抱着一只老母鸡，带领着十五六年没见面的刘绍棠前来看我。我惭愧，内疚，不知说什么好。林斤澜说：“以前是一场梦，全都过去了，你们还是好同志，一齐来干革命吧！”刘绍棠不记恨我，不疏远我，还主动登门看望我这过去打击过他、如今也“落难”之人，主动表示友好。他这种豁达大度的精神实实地感动了我。这以后，他和王蒙、邓友梅、从维熙等同志，凡集会就拉上我，从不对我另眼看待。这种友爱之情对我鼓起生活和写作的勇气起了决定性的作用。我永远忘不了这些好同志。

特别是刘绍棠的热情待我，永难忘记。那时他常常陪我到顺义、平谷下乡搞辅导青年文学作者会。他还陪我到他长大的儒林村跟乡亲们见面。在我写出反映改革开放时期的新作《苍生》之时，他由衷的高兴；开作品讨论会的时候，他主动赶到会场，做了一篇热情洋溢的发言。他把别人的成绩看成自己的成绩。

几年之后，他不幸得了脑血栓，拴住了左半边身子。紧跟其后，我也害了脑血栓，拴住的是右半边身子。在通县一次集会上，他笑嘻嘻地说："咱俩一左一右，失掉了两个半壁江山，合起来是整个江山，完好无损。我们宁可让别人打死，决不能让别人吓死。用半壁江山也要拼下去，再拼他三十年。"接着他又向我畅谈他那宏伟的写作计划，计划之一就是《农妇》。他那侃侃而谈的神态，那雄心勃勃的气势，让我高兴，同时也令人担心，我劝他要多注意身体，不要赶任务，不要拼命。说这话的时候，我就意识到他定会把我的话当成耳旁风，他依旧还是要拼命的。

如今，拼命的绍棠先走了，怎不让人悲痛万分！

在这里，我们同样可以读出浩然的自省，以及对"文化大革命"时批判刘绍棠的后悔，更感激刘绍棠在他倒霉后，对他的谅解和友善。

谈到这篇祭文，浩然的大儿子梁红野在电话里对我说："刘绍棠人不错。我爸写完后，让我骑自行车送到《北京日报》，他不放心，生怕收不到，又邮去一份。"在这里，我们还能感受到浩然对这篇悼念亡者的文章的看重。

一切的一切都已成为过眼烟云。神童作家刘绍棠于 1997 年 3 月 12 日因肝硬化、肝腹水病逝在北京宣武医院，年仅六十一岁。浩然于 2008 年 2 月 20 日病逝于北京东方医院，享年七十六岁。刘绍棠逝世后，先是安葬在通州城里，后因城市规划占地，而迁至儒林村南两里路的一条乡村柏油路的路边西侧。今年春日，我到了先生墓前三鞠躬。而浩然逝世后，被安葬在距他家乡二十多里路的三河灵山灵塔公墓，也是在春日，我和邢台公安局的刘国震在浩然老儿子梁秋川的陪同下，按当地习俗，在先生墓园前烧纸祭奠。两位文坛巨匠均已仙逝，但他们仍像两座丰碑，依然各自放射出灿烂的光芒。我们不知道，二位在天堂相见，还谈文学吗？

萝卜白菜各有所爱，但既爱萝卜又爱白菜的也大有人在。在

2011 年 2 月 20 日浩然先生逝世三周年的座谈会上，《中国文化报》文艺副刊部主编红孩先生这样说，刘绍棠死了，我好像一个父亲没有了；浩然死了，我好像另一个父亲又去世了。

作者简介：周东川，1958 年出生于河北省廊坊市永定河畔的一个村子里。在家乡读完小学、初中后，升入廊坊一中。1980 年考入天津公安学校。从警后当过狱警、交警、治安警，更多的是从事文秘工作。自幼喜欢文学，15 岁发表诗歌。2000 年出版个人专集《我是警察》，并获廊坊市第五届“五个一工程奖”和“文艺繁荣奖”。先后荣立个人二等功一次、三等功二次、嘉奖三次。鲁迅文学院第二期公安作家研修班学员。现任河北省廊坊市公安局特警支队二大队教导员。

燕赵忠魂（外一篇）

宫　桦

初冬时节，寒意浓浓，但英雄的故事和悲壮情怀却温暖着每一颗重寻英雄足迹者的心灵。

站在高耸的狼牙山顶，我心里全无群山险壑、气象万千、美不胜收、“一览众山小”的感叹，而是反复闪现着当年枪声大作、追逐厮杀、硝烟弥漫的情景；想到的是五位英雄殊死搏杀后，轻蔑地瞥一眼紧追不舍、气急败坏、嗷嗷猪吼般的东洋鬼子，深情回望着身后壮丽的河山，含泪念叨着山那边割舍不下的乡亲，然后坦然欣慰地彼此相视颔首微笑，把手中武器一阵敲损继而抛向空中，划出一道轻盈美丽的生命弧线，随着几声令身后仇敌胆寒退缩的冲天呐喊，义无反顾地纵身一跳，永恒地融进了彩虹和大地。

狼牙山五壮士是我童年记忆中生长的故事，

岁月迁徙，世俗流转，不仅没有褪色，却似一束岁月的光标，不断在我脑海的荧屏上翻飞跳跃，越来越清晰。

尽管时光年轮会碾过自然万象、历史遗存，但这样一曲美好的壮歌和佳话，将恒久走进中华民族历史的壮丽画卷，犹如浓烈的美酒，散发出香醇质朴的馨香，撞击和洗涤着每一个华夏儿女的心灵，激励着我们一代又一代人为民族的复兴和富强不息战斗。

未曾料到一次重走英雄路活动真的圆了我儿时的梦想。

这里的确有群峰突兀、云蒸霞蔚、奇松峻石的各色美景，让我心旷神怡，领略到了大自然的无穷魅力。但在我的记忆和想象里，我并非追求它的旖旎景色和美丽风光，我只盼亲眼目睹这块孕育壮士的地方。

“风萧萧兮易水寒，壮士一去兮不复还！”荆轲出征时的悲壮音符，依旧弥漫在历史的星空里。燕赵大地，自古人杰地灵，深厚的文化给养，是历史和时代烙印下来的闪光足迹，它铸冶了一个民族的坚韧、地域的原色，也塑造了一个民族和区域性格在特定时代所沉淀和集聚下来的精神特质，并生长出与众不同的浓酽的氛围，即使一名普通劳动者也会在灵魂深处澎湃着一种浓浓的自豪和归宿感。一方水土养一方人。在血雨腥风的年代，从我们了解的许多故事里，仅河北省境内，就难以胜数有多少骁勇名将、文化先贤、忠贞勇士和爱国百姓，曾为捍卫中华民族的每一寸土地和保卫美好的家园，御外侮、抗侵略、投笔剑、抛头颅、洒热血，进行过殊死的战斗。在这样一块火热、团结、奋进的神奇土壤里，任何人间佳话和奇迹发生都不足为怪，英雄情愫和爱国主义早已深深地镌刻在这一块土地和每一个人的灵魂里！

如此我们不难想象，当时担任掩护重任的五位勇士，奋勇拼杀，重创敌人，打完最后一颗子弹，最后遥望疆土山河、家乡故园，面对抗日大军、手足战友，惜别父老乡亲、血肉之情……义无反顾跳下万丈悬崖，自然在情理之中。悲哉！热土，痛失我热血儿女；壮哉！勇士，定让外夷倭寇胆寒。

没有英雄的民族是悲哀的民族，没有壮士的时代是失落的时代。世界上曾有许多国家和民族，在他们的家园和国土蒙受屈辱和危难时刻，都会淬炼和培育出应运而生的民族斗士和精英，引领着同胞奋起捍卫祖国和民族利益，也自然成为了国家和民族发展强大的中坚力量。

翻阅中国历史画卷，岂止燕赵大地悲壮雄浑，泱泱华夏一样灿烂辉煌。这片神奇的土地上，也曾谱写了众多豪情壮歌，孕育了无数仁人志士。从“匈奴未灭，何以家为?”“不破楼兰誓不还”的霍去病到“先天下之忧而忧”的范仲淹，从“精忠报国”的岳飞到“留取丹心照汗青”的文天祥，从“睁眼看世界第一人”的林则徐到“恨不抗日死”的吉鸿昌……他们都是在民族遭遇危难的不同时期，担纲重任和使命，成为了中华民族的脊梁。

伟大的人性总是表现在生命旅途中对美好品格的追求上。民族精英之所以能彪炳史册、流芳千古，无外乎其目标深远、忧国忧民、追求真理、大义凛然、为民请命、刚正不阿、两袖清风……但不管以怎样的形式存在，根本愿望都是归宿在一个方面，那就是捍卫国家尊严和领土完整，维护民族利益，艰辛造福百姓，并为实现理想抱负、苦苦求索、含辛茹苦、矢志不渝。在求索跋涉的风雨历程中，他们心中始终装满了国家和人民，对国家和人民利益忠贞不渝、守节如玉，一如既往地迈过人生险滩，抵达崇高辉煌的人生终点站台。于是后人才把他们永远地留在心里，有口皆碑。因此，爱国忠贞和民族气节是沙堆里的宝石，是海洋里的珍珠，是生命中的真金。

我们会永远铭记这一页历史，记住我们的同胞和英雄。这个时代更需要英雄辈出，正气浩然。不管是面对强敌外侮还是罪恶邪行，只要人民需要，身为人民卫士，我们更应挺身而出，义不容辞。今天，中华儿女以豪迈的英姿担当着深化改革的历史重任，面对风云变幻的国际环境和周边个别邻国频繁挑衅的局势，必须众志成城，高擎起十八届三中全会旗帜，踏着义勇军前进的旋律，共赴使命，为实现伟大中国梦复兴而奋斗！

永远怀念五位狼牙山壮士，感谢抗日英雄的忠贞魂魄，感谢燕赵热土，感恩伟大的中华民族！

鲁院放歌

伴随巨龙飞驰大地的掠影和银鹰跨越彩虹的美丽弧线，我们挥手家园故地，掸去身后凡尘琐事，抖落肩上的疲惫，一头扎进鲁迅文学院大门，犹如孩子投入母亲温暖的怀抱。

从遥远神秘的天山脚下，到波光粼粼的东海之滨；从浪花激荡的松花江畔，到烟雨霏霏的南国水乡；从郁郁葱葱的西南雨林，到蜿蜒叠翠的东南沿海；从沃野千里的江汉平原，到英雄悲壮的燕赵腹地……不同的地域、不同的土地、不同的民族，我们从不相识，但我们警营生涯中饱经风霜雨雪的手紧紧握在了一起，像失散的弟兄、久违的亲人。

这是人生中一次珍贵的圆梦之旅。

童年是梦想生长的地方。很早以前，在我们离生命源头很近的时候，都曾经有过一个梦想，用父母和灵魂赋予我们的天性和睿智讴歌善良、歌唱美好、赞美生活……即使梦想还很稚嫩，但那是灵魂深处成长起来的最本色的期冀和希望。

然而，为了生存，我们颠沛流离在街市和乡村，宛如大地上流浪的孤儿，迟迟看不到朝思暮盼的文学梦乡在哪儿，就像找不到真正的家园……今天我们再也不用看谁的脸色，再不为身边的人们因芝麻粒大小的好处鼓噪而烦心，任个性自由追逐……

这是一次难能可贵的情感放歌。

世俗眼下，当人们迷心逐物安身立命的时候，我们的双肩已不堪滚滚潮水和重负。整日生活在光阴停滞失去季节的城市，春天何尝有融雪和候鸟归来，秋天更不见落叶和收获的庄稼。我们的知觉终究被钝化，精神园地无法珍藏真切丰富的内涵，更难体悟到岁月变迁的景象和声音。我们多么希望依赖激情的文字和心灵去营造精神的宿营地。

然而，为了生活，我们忙碌奔波于社会和家庭，恰似黑夜迷失的弱者，苦苦见不到文学径途通向何方，仿佛寻不到明亮的灯火……现在我们无须看别人对我们"不务正业"的冷眼，再不用因房屋拆迁补偿的事而烦恼，任心灵纵情歌唱……

在鲁院相聚的时光里，授课大师和作家们引导我们驰骋在古今中外的文学疆域里，让我们深切同情《悲惨世界》里冉阿让终生不幸继而觉醒抗争的命运，同时对沙威偏激固执专横的个性极度愤懑；嘲笑《守财奴》中葛朗台惜财如命乃至变态至极的吝啬鬼本性，同时为欧也妮身处异境无法逃离深深惋惜；从此理解了雨果和巴尔扎克几乎生活在同一个时代的巴黎，但浪漫主义和现实主义却有如此强烈的反差。还让我们懂得莫言无限宝贵的乡村生活经历给他带来的魔幻现实主义创作经验，与门罗深锁集市深层思考人类为他提供的后现代主义写作给养在叙事手法和文学内容上的差异，以及二人分获诺贝尔文学奖后在各自国度和世界范围内产生的不同影响和巨大差异。

在这里，我们凝心定气，谛听着来自四面八方的声音。老子说：信言不美，美言不信。意即现实的东西不美，美的东西不在现实。一位辅导大师说：任何美的东西都是虚构的，因为现实大都很沉重。诸如此类，这都带给我们不安的疑惑和深深的思索，让我们学会在生活和创作中如何做出理性的甄别；还让我们知道文学的种子和源头在怎样的状态下才能生长于心，经过心灵土壤的滋润、孕育，继而生根发芽、开花结果，成长为一部真实完整的作品。

不管是"鲁、郭、茅"，还是"巴、老、曹"，以及沈从文、冰心等众多近现代的圣哲和文化先贤，我们有幸心怀敬仰追寻着大师们的思想和足迹。这里的文学馆珍藏着这些文化泰斗和大师们的生命画廊和心灵帧卷，使我们目睹了他们在不同时期放马文学和思想疆土上的缤纷身影和神奇风采。

我们可能还不是真正意义上的作家，但我们知道人生在世必须有一种精神，这种精神或许与生俱来，或许命运使然，但不管怎样，那是人的内心深处的一种强烈需求和呼唤。我们需为其找到出口，继而变成追求生活的勇气和力量。正是这种共性的志趣和钟爱，铸成了我们极为珍贵的于鲁院相识的缘分。

眺望星辰和宇宙，杳渺而漫无边际。可在茫茫的宇宙里，百年人生，我们曾经相聚。故此我们不可能不重情感、不惜缘分，不然我们每个人的精神世界岂不清冷？这就是我们在上帝之手编织的生命激流中相遇、相聚和相契，并纵情欢歌的理由。

我们并不期望将来有一天能成为文豪大家，著成惊世巨作，但我们知道人活于世，要驱走无聊的人生，就得有自己真正喜欢的事情。而这种事情又完全出于自己的性情，不为获取某种外在利益，只是因为其本身的美好，就像园丁热爱自己园地里的花木如爱自己的孩子一样。

从警是我们的愿望，但写作让我们真切悟出了人心之重、民心之大，会更好地促进我们去完成爱民为民的心愿。导师说，公安文学的底色就是珍惜生命和人伦情感。古今中外，抒写警察或类似的作品很多，但凡正义美好的形象无非是把自己的人生理想深深扎根于民众之中，热爱人民、保护人民、服务人民，最后在人民的记忆里有口皆碑。携枪投笔，我们会舞动有力的双翼，振臂飞翔，永为人民歌与呼。

相聚的日子里，无论在教舍、寝室和餐饮大厅，还是聚会、沙龙和散步花丛，我们虔诚聆听着大师们的声音，汲取着文学的营养和芬芳，畅谈着个人的理想，勾勒着新的文学梦想和未来，倾诉着从警和写作的甘苦，重新思考着人生的宗旨和意义。人间事物时空距离大都很远，而此刻我们的心很近。

我们不能超然物外，完全脱离现实求得个性发展，追寻虚假的真实和崇高。因为除了每个人自己唯一的生命过程外，我们还生活在平实具体的炊烟中。但我们有能力做到，在金钱崇拜的时代，把自己的个性寄存在缤纷多姿的商品海洋里，而对灵魂里牵挂的则始终珍爱、守望，任潮水冲洗却永远保持一分清醒。

在鲁院这一段时光，首都的天空格外瓦蓝，可与拉萨夜雨后的清晨媲美。也许有人会说空气中时有尘雾，那是都市人对生活高质量要求标准无形落下的说辞。天空湛蓝纯净，枫叶火红妖娆，映衬着深秋和初冬时节的首都。

美丽的京城啊，多么美好的时光！

清晨，当东方巨大的火球慢慢升起，逐渐用美丽的纤指抚摸大地和万物，一切沉入无垠辉煌的时候，我们便打开帷窗，轻掠粉帘玉纱，虔心迎接这世界的精神物主，永恒温暖的太阳；同时我们也启动着一天追逐梦想的枢纽，就此打开了宁静清新、轻松快乐的心扉。

每天中午或傍晚，我们三三两两散步在院内小路上和花圃间，任凭头顶的喜鹊扑棱着翅膀飞来飞去，尽情地交流和歌唱。有时我们谈话的声音会惊扰到它们，所以再发现它们的时候，我们便互相示意说话小点儿声，不要打断头顶的倾诉和歌声。

闲适的人们间或走过，看着他们远去的身影，我们猜想着他们的故事。有一对年迈的夫妇好像在和我们竞比恒心似的，每天傍晚都准时走在固定的路径上。他们步履虽些许蹒跚，依然轻松自在地谈着、笑着。他们可能是这儿的教授或学者，一生桃李满天下，现在退休了，便静享人生的幸福时光。年轻人相守是志同道合，老年人做伴才叫相依为命。他们毕竟都老了，望着他们夕阳中的剪影，我们会不由得滋生一丝伤感。我们多么期望他们永远不要走出黄昏，走离人们的视线。

要说有趣的还数那位推着手摇车的老妪，她可能先前大脑或下肢患过什么疾病，医生或家人为她配置了手摇车，可她为了战胜病魔，顽强地进行着恢复活动，这样一件辅助康复的用具被她变成了一件锻炼健身的器材。她对生命的执着让我们这些因为生活遇到点滴不顺就失去信心的多愁善感的作家感到惭愧。我们打心底敬重和祝福那位老人，她是天下千万母亲的影子……在结束每一天的学习和生活时，我们总会一遍遍思索和见证着自然和人生的法则。

时光悄然流逝，愉悦中略有愁绪，说再见的一天很快就会来临。离前难尽心中言，北南西东万里程。也许到时我们会伤心、会流泪，会为人生千载难逢的奇遇和梦境号啕。但鲁院已让我们的心灵成长，我们会想起肩负的责任、承担的使命，我们一定会坚毅地把情感和思念深埋心底，梳理打点成精神包裹，携至人生旅程的每一个站台。

我们爱鲁院，爱每一位教我们思想成长的文豪和大师，爱每一位同学，爱这一段自由放歌的快乐时光。终究我们会倚世独立，在大师们的引领下，怀着与罗曼·罗兰一样的信念，坚守使命，凝望着人类前方的地平线，关注着精神生活的图腾和走向，在天空和土地被拥挤的高楼遮蔽的红尘时代，虔诚地走向岁月深处……

作者简介：宫桦，笔名占仁，安徽作家协会会员、全国公安作家协会会员、鲁迅文学院第二期公安作家研修班学员。现供职于安徽怀远县公安局。

凡尘与天堂的来信

夏晓露

此刻，天些许的暗，一丝炫黄的微光沿天边划开一条口子，金色的光晕如柔软的天梯轻绕凡尘看不到尽头。

他身材魁梧，穿着黑色的长风衣，旋风一样急走在一条小巷深处。小巷两边是斑驳的红色砖墙，天下着小雨，一层层毛茸茸的绿苔顺着砖缝隙蔓延，开满白色梨花的树枝羞涩地伸出墙外抖落一身雨珠，这是这个城市春天才有的花。他目光游移的不是身边的花草，而是那嵌套进砖墙的一户户人家。他在找寻什么？是朋友？还是案发地？最终，他的脚步停在一扇已有些歪歪斜斜甚至干裂的土灰色木门前，左门楣边上写着蓝色的门牌号："灯笼巷 13 号"。

他推门进去，内有一小院，七八个身穿制服

的民警如风雨磐石，透着严肃的神情。屋内传出一阵嘶哑的哭声，又一起凶杀强奸案发生了。当他听完现场民警的情况汇报后，握紧的拳头砸向门柱："老子不抓到这畜生，名字倒过来写……"然后，他进屋伸出手紧紧握住受害者家属的手，鼻子一阵酸楚，眼里噙满了泪水。他走出屋，双手叉腰站在院内那棵梨花树下，仰望那些将开未开的花朵。谁也不敢惊扰他，他们知道队长的习惯，他的思维早已穿越那丛白色的花朵，如一只愤怒的苍鹰在寻找猎物。

回忆的天空永远下着毛毛细雨，那缕英魂在触动她思想的领空……

"你还记得那个成天跟在你屁股后面嚷嚷要你讲故事的我吗？我一直以为总有一天我会回来，在月色清朗的夜煮茶聚首，听你讲我离开后多如千千纸鹤的侦破故事。"她在心里与他对话。

那年，她刚刚踏入公安记者生涯。一个初冬的夜晚，她穿上那件红色的棉衣，挎个海鸥牌相机，在老站长的带领下，来到他所在的刑警大队。旧式的小楼，木地板已是红漆斑驳。她与站长上到二楼，随着"吱嘎、吱嘎"声来到尽头的一间办公室，门框上有一块白色的牌子：刑警一大队。已近晚上十点，这里却灯火通明，有一个人正斜躺在一张看上去很冰冷的陈旧沙发上，脸上盖了一张报纸，一双大脚耷拉在地。旁边还有两人在审一名抓来的嫌疑人。

办公室有些"乱"。

"麻猪（外号），起来啦！"随着站长的喊声，报纸被掀开，那双大脚一下站在地上，木地板发出一阵"吱嘎"的声音。她抬眼望去：哇，可真够壮的。厚厚墩墩，怎么也算是个"公斤"级人物。他一边打着哈欠一边说："怎么，来采访啦，参加今晚的行动？"说完，他瞟了她一眼，一副不屑一顾的模样。一听他说话的腔调和那表情，让她觉得他真有些"油条"。她没好气地白了他一眼。站长在一旁立马介绍："这是大队长杨宇明，这是……"她马上伸手想同他握手，他只淡淡地"哦"了一声："请坐。"她收回有些发烧的手，心里怪别扭的。之后，她对他的冷漠一直有着成见，同他相处久了，才知在他冷漠的外表下藏着一丝对异性的羞涩。

她跟他最多的故事就是共同谈论他所侦破的一个又一个精彩案件的回放，在她看来像是欣赏“福尔摩斯”古老的气味。

十年了，回忆像空中飘动的絮烟，又像一个罩着蓝色雾霭的梦；十年了，她离开了这方生她养她的土地，可她的心却一直像风筝系紧思乡的线；十年了，她与他再也未谋面，他似乎也随时间的流逝而封存在她的心底。

可给她心灵一记重伤的是那条新闻报道，她捂着心口的疼，叩问苍天，潸然泪下，尘封的记忆被无情地揭开……

此刻，沉香一炷绵绵而绕，她手捧一杯温热的绿茶，在班德瑞的《天堂之路》中颤动心怀……

她忍不住，在晕黄的台灯下用些微颤抖的十指铺开一张白纸，只等天上落下那潇潇心雨以救治她干涸的眼眸。她的心静寂得只有灵魂像白色的莲花在一片片打开，好想与他对话，把祈望浸润水墨丹青穿越凡尘……

麻猪：

你好！

我想了很久，不知如何弥补和表达对你的怀念，也不知你能否收到我这封信。但我还是情不自禁地提起艰涩的笔。麻猪，当我写你的名字时，我的血液奔涌出心脉，划过这沉沉的夜空。内心有一个声音在耳边轻轻低吟，像是悠扬的琴声，像是深谷回荡的声音，更像是你在给我讲那些折戟沉沙的故事。

我此时正在京城学习。秋天刚刚履行了秋风扫落叶的职责，看见院落那棵堆满皱褶的枣树落叶无几，才相信冬季来了。而树干与树枝像西部老翁的脸，雕刻着灰褐色的沧桑与深沉，浑厚地盘错于蓝天下，那种苍劲的力就算隆冬也无所畏惧。仰望天空，我搜寻你的样子，可我的脑海已经模糊，只依稀记得你身材魁梧，胸肌厚实，走路像一头笨重的大象，敲得地板嗷嗷叫。

今天的风很冷，屋外那片茂盛的草在傍晚的风中细碎地发出哀鸣。草有些黄了，但有些还顽强地生长着，点缀着大地。

我透过远山淡蓝淡紫已趋于夜色的雾霭，仿佛看到你坚实敦厚的身影在山间急走……是你让我掀开了透视刑警生命内核的第一页。

麻猪，你能听到我的声音吗？能看到我用思念写成的文字吗？

记得那是一个冬天的清晨，雪如一位圣女无声无息地在大地抒写洁白的情怀，阳光为清丽的山峦披上一层金辉。屋内，灰头土脸的你端起满是茶渍的茶缸咕嘟喝了一大口说："昨晚又搞了一个通宵，抓了个'金牌杀手'，过瘾！"你的双眼宛如霜冻后开春的蒲公英，璀璨如星。

那天夜很冷，你再度执行抓捕另外几名团伙成员的任务。山寨早早进入黑夜，重峦叠嶂处尽显纷乱树影与茅屋的蛊惑，四野无声。你携一队人马悄悄入寨，靠近树木掩映的一户农家。

风声鹤唳，杂草潦倒。你们像不眠的猫头鹰静静地把夜色守候，机警的双眼像要刺破这黑透的夜。春寒透骨，凉风浸心，可你们早已成了品味黑夜与寒冷的常客，如把酒相守寂寞。

记得，我曾在采访时问过你："你觉得干刑警最难忘的是什么？"

你"呵呵"地笑了，独自呢喃："这个嘛，这个如何说呢？"

之后，你沉默了一会儿说："要说难忘的就是搞完一宗棘手的案子回到家，能看见窗口那盏灯光，心里就会有无限的温暖和幸福感，那盏灯永远会亮在心里。"

是啊，你时常有一个动作，在出现场后，总会双手叉腰或站在窗口或站在空旷田野遥对碧空问苍天，似乎在那里能找到你要的线索和答案，也似乎能与云相携捎去对家人的问候。

那是不久前，一黑社会团伙成员因别人赖了他的账，他竟举起双管火药枪把赖账者给“崩”了，像杀一只鸡一样轻松，一条生命就此从世界消失。血溅落在院子白色的院墙上，像晚风中哭泣的红梅。死者家中长期卧病在床的老母亲哭瞎了双眼，两个月大的婴儿从此失去了父亲。

月藏浓云，青山含冤。

你们信守职责探明携枪潜逃凶手藏匿在一户山寨人家，于是你带领战友们展开了围捕行动。夜出奇兵，你们封锁了这户人家附近的所有通道。为避免误伤无辜，你决定主动引蛇出洞。随着“老幺，开门，是我”的喊门声，门“吱”的一声打开，一缕如魂的灯光穿夜而过倾泻在你手握的短枪上，划出一条美丽的光线，而你如一堵正义的城墙堵在门口……

如同每一个胜利的时刻，山寨响起一群山鸟飞越云端的欢悦声，还有你那连山野也熟悉的脚步声。

同你聊了这么多仍然无法慰藉我对你的愧疚。请允许我再絮语一会儿，让满心无数的言语攀越过炫黄的天梯与你对话。

我依稀记得：你用秀丽的硬笔书法把自己的内心追求融进苏东坡的《赤壁怀古》，在办公桌的玻璃板下时刻闪烁着“大江东去浪淘尽”的气魄和激越的风骨。你满腹诗书有似苏东坡忧国忧民之情怀，中外名人传记丰润着你的精神生活。你时常拖着勘验现场后疲累的身体，坚守寂寞，点一盏孤灯，为警察刑侦史抒写着独到的思想，将一个基层民警的实战体验镌刻成一枚永恒的钤印弥留沉香。

一年对于你来说不是365天，而是上千天，因为你透支了你的整个生命。

是啊，你的突然离去，使我茫然不解，这一季的秋为什么这样悲凉？十年后的今天，当我再次提笔写你时，竟发现笔端情不自禁地流动着那些曾经如烟的往事，它们正一件一件像尖硬的杜鹃花枝深深地刺疼我滴血的怀想，又像秋天晚风中的呢喃浸润我沉重的心头。

也不知谁给你起了个绰号叫“麻猪”，你的战友们都这样叫你，显得格外亲切。我同你混熟了也会情不自禁地叫两声“麻猪”，你会开心地发出洪钟般的回应。今天我真想再一次大声地喊你，喊你的名字、写你的名字：麻猪！麻猪！麻猪……

很想知道你那边是不是也有春天，也有开满鲜花的季节？

夜深了，就此搁笔。静候回音。

晓露

2013年12月11日星期三

写于京华

信写于此，她却不知寄往何地。一枚白色的信封静置在桌上，她只能看着它发呆，心被空白处刺疼。

缓缓走出室外，站在树下，她把它们扔进风里，如蝶在月光下飞舞……

窗外，稀疏细雨，如他心灵的回响开始千里迢迢滴落凡尘。

她一直在等，等那封无法收到的回信。

秋风萧萧意阑珊，她在院内散步，一阵微风拂来凉意，校园里的那棵银杏树竟无声地飘落下一片叶子。树叶不是早掉光了吗？她弯腰捡起叶子，透过月光她发现脉络间竟有一行行清秀的文字，她惊呆了。

“我们萧萧的树叶都有声响回答那风和雨。你是谁呢，那样地沉默着?”

晓露：

你好!

借着月光我想写几句话。那青山连着青山的家乡土地让我魂牵梦萦，我离开你们的时间只能用灵魂丈量。我记得苏格拉底说过：“离别的时刻到了，我们得各自上路。我走向死亡，你们继续活下去。”我们的生命是上天赋予的，我们唯有献出生命，才能得到生命。

我在这里可以超越悲伤、超越生死、超越世俗，可却无法超越人间的爱和温暖……

那个案件是你离开家乡后发生的。那是一个隆冬的夜，树枝上吊挂着晶莹剔透的冰柱，温热的山泉水在树林深处汩汩流淌。

我在抓捕一名贩毒犯时，为保护人质，不幸被毒枭暗藏的黑枪打中左胸骨。我无力地倒在那片熟悉的山上，青草与泥土的芬芳使我闻到了家的气息，我的眼前生出一阵炫目的太阳光，我知道我已走完自己的一生。我听到我身体里的血流得像清冽的泉水，我看到了战友们像一朵朵向日葵在太阳下奔跑着追踪毒犯。我的身体已匍匐大地，魂灵却像天空中的雾气飘升着，随战友们一起奔跑。我飘到最前方，毒犯近在咫尺，我用尽全身力气伸出双手去抓，可却无法触摸。眼见战友们与毒犯展开搏斗，我真恨不得化成一柄长剑挑落人间罪恶。

一阵耀眼的光波汹涌而来，我跑不动了，我太累了!我看见天边腾空扬起一道彩虹，一道沁凉的光如无形之手把我接走……我向战友们挥手告别，与我同生共死的战友，我再也看不到你们，再也不能与你们月夜把酒论剑，再也不能与你们走过那片熟悉温润的田野，细闻稻花的芳香；我再也听不到老朋友朗朗的笑声，再也看不到家里那盏温暖的灯光……

我每天都会听到妻子温柔的呼唤：麻猪，我和女儿想你……

这里，只有凛凛刺骨的冷风对我问候，可我的心正越过千山万水。尽管一路风雨飘摇，荆棘遍布，我会把天堂的正义带入人间。请代我问候我的妻儿、我的战友，告诉他们：

我在天堂会很好！

麻猪

2013 年 12 月 13 日

写于天堂

她痴痴地看着手中的叶子，仿佛那其间写满了字，仿佛那是一封来自天堂的回信。仰望月光，她深知，一切不过是幻影。

此刻，心像被冰冷的钢针深深地扎着，疼痛无声！

她拿着叶片神思恍惚。将秋意正浓时捡回的枫叶从书中翻出，她用笔在上面为他庄重地写下一行行柔软的小字：

麻猪：

你好！

夕阳渐晚，离亭叶稀，所嗟人间天堂两不同。散发着墨香的报纸承载着哀鸣。那天，我不经意间打开，一种追思在城市上空回响："坦荡忠诚心系百姓安危立功立德，鞠躬尽瘁献身公安事业无憾无悔"！我看见，那挽联似天空中飞翔的一对凤凰，乘风飞向天堂入口，你的生命由此涅槃！

泪眼纷飞不忍思，只恨清明雨落红。暗神觞，只待月寒霜送时，才感到一种难以追回的愧悔：为什么在离开家乡时没能好好与你相聚，劝劝你别太拼命？为什么我没能从琐事中忆起你，为你写上只言片语或打个电话问候你？为什么总要在迟了的时候才去补救早该珍惜的东西？

你没有离开我们，你生命的回响在风中飘过一季又一季。是的，秋色将一天天地走向深处，而时光将把一个刑警的灵魂带进冬季，带到下一个灿烂的春天！

祝你在天堂好梦！

在此，我和全国公安民警向您致以崇高的敬礼！

2013 年 12 月 19 日

写于京华天安门国旗下

这封信，她写到了黎明初现，手中的枫叶写了一片又一片。找不到天堂的地址，她把话语写满了整整一棵树。如今这棵树已种在长城脚下，如燃烧的生命之火，带着她和战友们的体温传递到他心底，每天随着东升的太阳温暖他在天国孤寂的心。

寒冬的夜，她在等待，等待一封从天堂寄来的信。

作者简介：夏晓露，全国公安文联会员、广东省作协会员、鲁迅文学院第二期公安作家研修班学员。现供职于广东省公安厅宣传处。

膜拜父亲

徐振江

在老家村东北的沙梁上，已被沙土覆盖了九年的父亲，我献上对您的膜拜。

2004 年 3 月 4 日，当我接到父亲病危的电话，并从数百里外乘车疾驰到老家的时候，走了七十九载岁月的父亲似乎太累了，已经静静地睡去了。

我不相信，我真的不能相信，父亲怎会在春天的日子里去了呢？我知道，父亲虽然患病多年，但每年都会随着春天来临，气候转暖，一天比一天好的。前几天，我给父亲打电话，父亲还说，他身体还好，叫我不要惦记。可为什么，父亲却突然地去了呢？走得是那样匆匆！

我哭着喊着，跪在了父亲的身边。我轻轻地掀开盖在父亲身上和脸上的布单，穿戴一新的父亲，很安详，很平静，如同睡熟般地躺在那里。我用脸挨着父亲的脸，父亲的脸还是温热的；我用手握住父亲的手，父亲的手还是柔软的。母亲对我说：“你父亲，刚咽气也就二十来分钟，他是在等你呀！”然而，我却回来迟了。父母在，不远行。

父亲！父亲！您能听见儿子愧疚的呼唤吗？

一

您曾对我说，您出生在山东威海，具体到哪乡哪村，您说您的父亲，到死都没对您讲过。在您还没满一岁的时候，您的名叫徐得胜的父亲，我嗜赌的爷爷，却没有像他的名字一样在赌场得胜，最后把您的母亲都输给了别人。于是，您成了不知道谁是自己亲生母亲的人，我成了不知道谁是自己亲生奶奶的人。于是，身无分文、我从未谋过面的爷爷，把您装进箩筐，用一条扁担一路挑着，闯关东，闯关东，闯关东！

科尔沁草原的水草丰美呀。撒落其上的，一个长着一棵巨大的柳树，还有好多小柳也正盎然着的，叫大树营子的村落，村后流着一条晶亮亮的老哈河，让爷爷驻足，心旌摇曳：不走了，就在这里活命。他轻轻放下还在箩筐中熟睡的您，您就这样在这里落地生根了，尽管苦难仍浸泡着您。后来我私下猜测，当初爷爷之所以毫不犹豫地在科尔沁草原留了下来，或许和我的亲生奶奶是蒙古族有关，虽说爷爷已经把奶奶输给了别人。

那一年冬天的那一场雪下得好大，您和您的父亲奔跑着，不是忙碌地去追逐雪花，而是日本鬼子端着刺刀撵得急。您跌倒了又爬起，爬起了又跌倒，不知跑了多少的路，不知沾了多少的寒，最后硬是生生地把每根手指都冻掉了一节，那一年您仅仅八岁。而那时，您的父亲已为您又娶了一位母亲，我的又一个奶奶。而在又生育了三男一女之后，还没等他们长成，您的父亲就义无反顾地扔下这一切，撒手人寰，或许是到地下忏悔去了。

可您仍在生长呀、拔节呀，并为我娶回了一位大海一样的母亲，而您也长成了让您的儿女攀爬的大山一样的父亲。您让您的儿女每每回到老家，那个既没有海也没有山的村庄，却觉分明看到了海，看到了山。

二

不知是苦难的土壤更疯长激情，还是贫穷的日子更利于生殖。父亲，您竟然和母亲，以清贫为火，点燃激情，焕发出了巨大的生育能力，孵化出了十个孩子。而最终活下来的，长成了我们三男五女，整整八个孩子。将八个孩子相继抚养、教育、长大，父亲付出了怎样的艰辛与劳作是可想而知的。要是现在，生育、抚养、教育八个孩子简直是不可想象的。

没分田单干的时候，父亲是村里的防疫员（村兽医），主要负责全村牲畜疾病的防治工作，是全村为数不多的脱产人员之一。父亲给猪羊做阉割手术的技法娴熟高超，传遍四里八乡。而那时的我们，根本就没心思欣赏父亲的技法。我们相同的渴望，就是父亲能带回鲜活的，还浸着碘酒味道的猪的或者羊的睾丸，之后，等待着父亲用菜叶包起，放进灶膛烧熟，让我们解馋。以至惹得我们每当听到猪羊凄惨的叫声都兴奋异常：又闻到肉香了。

父亲无疑是敬业的、热心的。您在尽职尽责的同时，既赢得了全村雄性猪羊的惧怕，也赢得了人们的尊敬。尽管如此，那时父亲全年的工分以及由此而换得的全家口粮也只能勉强糊口，况且还要供一个个孩子上学。面对这样的境况，父亲就不得不想着法儿搞些副业。父亲当过皮匠，科尔沁草原的风寒太烈，父亲把羊皮、狗皮熟好、裁剪、缝合，和母亲一起做成羊皮袄或者狗皮帽子，父亲用给别人抵御风寒的方式来养活自己的儿女；父亲当过编织工，老哈河畔茂盛的蒲苇草，被父亲和母亲割来，做成精巧的坐垫，父亲用让别人的屁股坐得更舒服的方式来养活自己的儿女；父亲当过服装贩子，六十多岁还坐着火车，到北京、上海、沈阳等地去上货，大包小包扛回生活的希望，父亲用让别人穿得更俏丽的方式来养活自己的儿女。

父亲，您完全可以活得更长一些。听母亲说，有一年春季，家里缺粮很是严重，再加上母亲正值哺乳期，望着嗷嗷待育的几个孩子和面黄肌瘦的母亲，父亲急了，跑到北山（一个地名）的一个亲戚家借粮。还好，总算借来了八十斤小米。没有交通工具，一百多里的路程，父亲硬是扛着八十斤小米徒步走了回来。香香的米粥抿进一张张小口，您的孩子一个个游入了梦乡。可您不知道呀，父亲，此时也给您的身体植入了致命的伤，您患上了由于伤力过度而起的咳嗽病。咳咳咳咳，一直咳到您过早地离去。

母亲每每和我讲起这件事，我的眼前都会化出这样的景象：广阔贫瘠的大地，漫长的乡道，一条汉子正肩负重物，急急地向前奔走。尽管已汗流浃背，尽管已筋疲力尽，但这条汉子仍向前奔走，因为他知道他就是妻子儿女的希望，他肩负的就是全家等待的春天！

泪水模糊了我的眼睛，这就是我的父亲呀！

三

待我以第一名的成绩考入一所县级高中的时候，父亲已是六十岁的人了。我的两位哥哥都已经娶妻生子，分家单过，三位姐姐也已出嫁。对于我是否继续上学，父亲的原则是：只要你愿意上学，我就供你。父亲的文化程度相当于现在的初中。那时，在村里也算是文化人了。或许正是因此，父亲总是极力让我们接受更多的教育，尽管家境不是太好，但不管多么艰难，父亲还是相继把我们送到学校，八个孩子最低的学历是初中，这在贫困偏远的农村，能做到这一点真是不易。在我升入高中，乃至之后的数年求学过程中，父亲付出了很多。他和母亲做贩卖服装的生意，六十多岁的人，仍如年轻人一样去外地上货，回来又和母亲一道起早贪黑赶集，走街串巷地去叫卖，几多辛苦换来的钱，大部分都化作了我的学费、伙食费。我最终能走出农村，在一座小城里有一份稳定的工作，使我这位农民的儿子最终没有成为农民，实在是得益于父亲的全力支持。当然，我并不觉得我没有成为农民是怎样庆幸的事，我只是觉得如果我学无所成，实在是有违父亲的初衷和父亲那几多的艰难付出。

四

父亲是慈爱的，是无私的，其人格的魅力让我终生仿效。八个儿女你很难说他更疼爱哪个，父亲把博大的爱，几乎是洒向了他的每一个孩子，哪一个他都疼爱，哪一个他都牵挂。可到了暮年，陪伴父亲的却只有母亲，八个孩子像一个个出巢的燕子般相继飞走了，只剩下了两只老燕在独守空巢。我参加工作娶妻安家后，几次要求父亲和母亲搬到我那里去住，但父亲却说：你们那里我住不习惯。始终没从老家搬出。但我知道，父亲是怕给我增添负担，他知道我的日子过得很紧巴。父亲和母亲在老家开了一个小商店，收入所得也能维持二人的日常生活。

父亲无私的品格，让我在他面前汗颜。

五

父亲最高兴的时候，当然是他生日的那一天了。父亲的生日是正月初八，那时春节的气氛尚浓，八个孩子拖儿带女，加在一起就有三十多口，都来给父亲祝寿，满满坐上几大桌，那场面真是热闹。父亲喜欢这份热闹，这份热闹让父亲的脸上挂着满足的笑意……

科尔沁草原生长草浪，也生长风沙。沙梁上，父亲的坟冢被草浪一次次漫过，被风沙一回回打磨，已变成了矮矮的坟尖。可是父亲呀，您知道吗？您的八个孩子，还有您八个孩子的孩子，跪下，就是满满的一圈，围绕着您，向您献上最虔诚的膜拜。父亲，您是神圣的，有福的。

而您的躺倒、伸展，就是我的大北方，我的大山脉，我的大草原！

作者简介：徐振江，蒙古族，中国少数民族作家学会会员、中国散文学会会员、全国公安文联会员、内蒙古作家协会会员、内蒙古公安文联会员、内蒙古通辽市作家协会和通辽市公安文联理事、鲁迅文学院第二期公安作家研修班学员。现供职于内蒙古通辽市奈曼旗公安局。

那么近　那么远

韩伟林

剪　影

世界如此之大，一个人终其一生所看到的，也只是比喻中的沧海一粟的万万分之一而已吧？所以，相遇难，每次都是缘。

2012 年的秋季，在长长的公路上疾驰，我们一行几人要去内蒙古最西部的一个边防派出所。此前我曾有过一次穿越中国航天基地的母港——酒泉卫星发射中心的经历，而这次“兜”的圈子更为庞大，要先到阿拉善右旗，再向北行进包抄过去。从阿拉善左旗也就是从阿拉善盟府巴彦浩特镇出发，阿拉坦敖包、塔木素，是两个地名，也是两个边防派出所的名称，一群忠诚的卫士很平静地讲述着他们看似毫不惊人的业绩。因为他们常年在做，也就讲得平淡无奇了无新意。有谁，自己的老人、爱人、孩子时常落得无人照顾，却把驻地有儿有女的孤寡老人们当成自己的长辈关注关爱？有谁，在航天器升空的光鲜背后，一五一十分毫不差找到一个个落地的残片，默默做着惊人的大事？他们，就是一个个话语不多的边防民警们。而，我们只是匆匆的过客，哪怕假装认真地倾听也很难。因为，我们又要前行了。我们其实并没有负责什么不能说透的使命。

车之北沿着公路的视线，早已驶离了距此一两千公里远的阴山山脉、贺兰山山脉，可分明又冒出了长长的山。这山，如此之怪，除了灰色石质，目光所及再无一物生长。地火刚刚熄灭，山峦刚刚升腾，除了目光，好像人类的所有表演，比如筑屋耕种、比如有钱人与无产者、比如算计设防打招呼，千万年里还没有准备。这山唤作雅布赖。

这样想着，这样快速行进着，就看到了远远的山脚下目光所及的比黄豆粒大不了多少的屋宇所在，主意已定，一车人顺着路边修得很高的标识就直奔山脚。小庙名库日木图，汉名阿规庙，看得出修缮也就二十来年的光景。年轻的喇嘛从旁边的厢房出来，跟我们攀谈起庙宇的过去和现在，并且带着我们从庙后奔向山谷的深处，愈深愈险，愈深愈奇。二十五岁的鲁布普仁列喇嘛在此修行已好几年，俗家就在阿拉善右旗，他带着我们攀向后面山崖上天然形成的石窟，就是西藏来的韦藏活佛的修行之所。年轻喇嘛说，石窟至今保留着二三百年前的模样，活佛修行的器物还有一两件。在动荡的年代里因石窟藏在山间半空，加之喇嘛和信众将洞口封住才得以保全，不像庙早成了“专政”的靶子，荡然无存。当到了允许的时候，只是在原址上重建而已。

拾级而下，山崖间慢下步子，才将急匆匆行进时错过的景物细细收入眼底。榆树虽不粗大，可从山石中迸出不知用了多少年月的气力，有哈达悬挂，有刻有密密麻麻经文的“达拉（肩胛骨）”护佑；万山间的一捧清水，埋入地下半许藏有白色纹路的绿色圆石。

这样看着走着，偶一回首，见不远处的崖，惊出一身无比的欣喜来。那是什么？我分明看到了岩石凹进去的轮廓一如打坐的僧之剪影。那僧人面对的前方一二百米处就是韦藏活佛的修行石窟。端起相机，摄下了我的发现、我的奇遇。我将相机里佛像模样的图案指给年轻的鲁布普仁列喇嘛看，他说，确实像，以前还真没人发现过。一行人百思不得其解，为何庙后空旷干燥的山谷会有久久升腾的紫雾或是雾气？而我欲解未解的是遇到岩壁佛像剪影的机缘。

我们又一次踏上征程。前方，我们到了要去的地方，感受了想要感受的气氛、真挚，以及精神。然后，离去千万里。可其实，我们早已知道如此那般，可又为了什么还要艰苦地前行呢？僧的影，好像已是暗喻。

额吉般绵绵奉献

现代“快生活”的好处在于很快就能到达目的地。就比如在锡林郭勒盟东乌珠穆沁旗，从蓝天碧野间漫长的柏油路驶入一弯西行小路，不一会儿，眼前便映现出一面闪着粼光静静安卧的湖泊。湖泊名额吉淖尔，汉语意思是“母亲湖”。这是上苍赐予的神奇宝地，盛产大青盐。

草原让人安静，湖岸远望依旧让人安心。那湖不是一种令人感到深不可测的蔚蓝或者碧绿，而是好似从下面有一种气力在向上不停地托举，那看不见的涌动结出层层晶体，四季如常，色青味醇而又厚实，取之千百年而不竭。额吉淖尔盐湖，最早见史于辽代。《中国盐政实录》载：“大青盐诺，在内蒙古乌珠穆沁旗及浩齐特旗之间，距张垣一千五百华里。所出盐斤为天然结晶，其主权属于蒙王……”现在新工艺加工出来的大青盐由国家统销。

草原上的盐比金子还贵重。一则对人类生活至关重要的盐大多生之于偏远，内蒙古地域辽阔，但产盐之地并不多。“盐产东为乌珠穆沁为最，苏尼特次之；西为吉兰泰为最，鄂尔多斯次之。”再则从边陲运出至为艰苦，到了二十世纪四十年代依旧沿用勒勒车、铁轱辘车，每车只载三百至五百斤，野行露宿，日夜行走，远者来回一两个月。现在的人们已经很少有这样的记忆或切身感受，但我们通过史料，通过老人们的讲述，仍旧可以想象到当时的情景。1946 年，额吉淖尔盐湖由共产党领导的民主政府接管，每天运盐的勒勒车达三百辆、铁轱辘车约五十辆。1947 年以后增设卖盐点，每天收入白洋五千至七千元，成为内蒙古自治运动联合会及锡察地区革命政权和部队的主要财政支出来源。额吉淖尔盐湖抚养了内蒙古、华北及东北地区的蒙汉人民和新生政权，为新中国的成立贡献了力量。

就在几年前，额和宝力格苏木变身额吉淖尔镇，只因为“额吉淖尔”的名气太响，这是盐的记忆，历史的记忆。如今，额吉淖尔的地下已经探出了储量巨大的矿产，在牧民的草场上分门别类作了记号，等待不知何时突然涌入的老板、矿工和无数辆拖着尘土的大货车。这个时代，情感已经不是不可逾越的屏障，人没有盐吃，不能延续生命，现代社会的运行，则交给了矿产资源。好像，一块土地再没有什么可以令人敬畏和无可撼动的了。

站在略显粗简的敖包前，一问，名唤“额吉敖包”，冠之以“额吉”，全世界也许仅此一座。突然就想到了母语“豁日黑”，汉语中是可怜、可爱之意，还不够，更有深沉怜爱的内涵。也许唯一谓之“母亲”的敖包不应该是这样的，可蒙古族人心中的额吉又何尝不是如此？质朴弱小，绵绵奉献。养育的记忆，母亲的记忆，额吉淖尔，平静地奉献给予。土地之上，又好像没有什么不是重要的了。盐、草原、小溪、牧人，以及关于生命和记忆。

诺门罕战争寻踪

有时候就想，一场在中国领土上发生的以别国为主角的战争理应就要沉默吧？在读物少之又少的年代，少小时的我，偶尔读起一篇《诺门罕战争亲历记》，让我颇觉好奇新鲜，因为那么多死伤者都是“敌国”兵士啊！

胡克巴特尔，当年参战的伪满洲国兴安师少校参谋，是他刻骨铭心的回忆把我引入诺门罕战争的故事里。读史比对，说诺门罕战争是自蒙元以来的几百年间在蒙古高原发生的一次伤亡最为惨烈的战事，并不为过。日本人称之为诺门坎战役，苏蒙同盟以那条虽不宽却涉及主权归属的界河命名叫做哈拉哈河战役。就是这样一场声势浩大的战事，在众多的教科书中却长期缺席。是何种原因，在一个名不见经传的草原上发生如此大规模的战争？现在史家提供的答案是，1939 年 5 月 4 日，“满”蒙边界贝尔湖东岸，因暴风雪，一群马匹越境，挑起双方边防军冲突。日本先前得到苏联将进行大规模清洗的情报，认为这是进攻苏联的最好机会，便利用这个摩擦，寻找借口，发动了战争。交战双方，一方是日本关东军和伪满洲国军队，一方是依据《苏蒙互助协定》联合作战的苏联和蒙古军队。战争持续了五个月，双方投入兵力二十余万、火炮五百余门、飞机九百余架，坦克装甲车上千辆，死伤六万余人。日本失败，双方以承认现存边界、正式缔结协议结束战争。史家又称，在一定程度上，诺门罕战争导致日本将“北进”改为“南进”战略，两年后偷袭珍珠港、向美国宣战和最后的战败。

诺门罕战争遗迹部分在内蒙古的边防辖区，我便有了近距离实地了解的机会。2009 年 4 月，在呼伦贝尔市新巴尔虎旗诺门罕布日德苏木，我见到了被战争遗留炸弹炸伤的蒙古族男孩阿拉坦查干。2008 年 3 月的一天，他放牧时在树下发现一枚炸弹，出于好奇拆下引信，那瞬间发生的爆炸，将他的左胸部炸伤，右手食指齐根炸断。在边防派出所民警的帮助下，昏迷不醒的阿拉坦查干很快被送到医院抢救。如今的阿拉坦查干辍学在家给叔叔放羊，苍白瘦弱，沉默寡言。可以看出那次意外给他的心灵造成了难以愈合的伤害，即便是面对他非常熟悉的边防派出所的叔叔，听的是蒙古语问话，也仅仅是简单地点头、摇头，始终不发一语，游离茫然的眼神让人揪心。

我们听说不远处雪水刚刚冲刷出来一枚锈迹斑斑的航空炸弹，便又驱车前去。空旷的草原，偶尔骑马飞奔的牧人，那般寂静消散不了战争留下的阴霾。而不远处，便是日本战败后焚烧死亡官兵遗骸、被当地牧民称为“万人坑”的地方。当年的日本关东军军医松本草平在《茫茫的旷野：诺门罕》一书中称：“在四个临时火葬场，几十辆军用卡车昼夜不停地从后方拉来木柴，倒上汽油，将4445具战死官兵尸体整整烧了一个星期才烧完，由于一具尸体上的手雷被引爆，当场炸死一名军官和一名士兵，这样成了4447具。”战火的硝烟早已散尽，浓密的红柳间点点白骨，烧焦的木头和水壶，锈迹斑斑的罐头筒、腰带环、鞋掌等物，依然随处可见。早春，嫩嫩的小草稀疏地点缀在歇息一冬的巴尔虎草原，而一种叫不出名字的黄白相间的小花却匍匐在地过早开放。“鲜花为谁而开”——脑海飞进的句子，像手中的相机如此迫近地记述下那刻有关战争、生命的某种心境。

由于雪水的阻隔，不能近距离地走进远处那座若隐若现据说已经改造过半的诺门罕战争陈列馆，便沿着边境铁丝网向东又向北一路驶去。漂亮的迷彩哨所，风力发电机不紧不慢地在旋转，举起望远镜的边防战士，远处闪着光亮的哈拉哈河，向外眺望，一个个组合的画面一一闪过，一边便陷入一种无名的忧愁和沉思中。大约走过一百公里，路边便是内蒙古东部比较有名的甘珠尔庙，走进去给我印象最深的不是修缮一新的庙宇，而是其周围散落的那十几个至今非常坚固的水泥堡垒工事遗存。有关书籍称，甘珠尔庙曾是诺门罕战争期间日军的后勤补给基地。可以看出，水泥堡垒是用于保护人员物资的碉堡，还有一眼废弃的水井不知是“现在版”，还是当年日军汲水之用的。当时日军救治伤员的陆军医院在海拉尔，当年的北山要塞成了海拉尔的旅游一景。而往南翻过兴安岭的茂密丛林，阿尔山、五岔沟一带人工开凿的山洞便是日军的飞机场、武器弹药库，边防武警时常在辖区发现遗留炮弹，媒体作着零星的报道，偶尔唤起人们对过去历史的记忆。往大了说，当年大半个中国版图又何尝不是日本人的战场？

值得庆幸的是，当年参战的伪满洲国兴安军的许多士兵并没有都成为日本人的炮灰。战争演变为苏蒙军的空战、坦克战和日军频频的步兵突袭，兴安军1.2万余骑兵中的蒙古族士兵由于不愿“蒙古人打蒙古人”、不愿给日本人当炮灰，加之对日本军官暴戾指挥的愤怒，一部分倒戈投向蒙军，一部分纷纷逃离战场。作家特木尔巴干提起其家乡一位叫拉布哈的老人，当时兴安军战士拉布哈正在柳树丛间方便，突然看到从旁边驶过的一名骑兵被流弹击中倒地，吓得飞奔上马逃之夭夭，回到一千多公里开外的老家才得以幸免一难。2009年，内蒙古情报史专家经过多年研究认为，一支由共产国际领导的二十余人组成的达斡尔族情报组志士，在秘密战线为诺门罕战争的胜利做出了不可磨灭的贡献。当年情报战历史在国内一经公开，权威专家指出其填补了内蒙古东部地区抗战的空白，及我国情报工作少数民族部分的空白。

诺门罕战争过去了七十余年，参战国以不同的方式在纪念，包括中国在内的各国学者也一直在研究。而对于生活在这片草原的人们来说，记忆总是伴随着苦痛，伴随着与我们有着某一关联的人和事。毕竟战争发生在蒙古高原，故事留在了这片茫茫的原野。

作者简介：韩伟林（布鲁），蒙古族，中国少数民族作家学会会员、中国散文学会会员、内蒙古作家协会会员、内蒙古摄影家协会会员、鲁迅文学院第二期公安作家研修班学员。现供职于内蒙古公安边防总队。

饺子情思（外二篇）

韩金凯

一场大雪，将大地装扮得银装素裹。午后，在单位接到父亲打来的电话，说与母亲包了些饺子，问我下班后是否有时间去取，若没空他给我送到我家去。

我说："爸，你就还送到加油站路口道南，下班后我到那儿去取吧。"

我们父子间每次捎送东西，大多是赶在我上班前或下班后，在距离我家不远处的加油站路口附近。父母亲知道我们三口之家近些年由于工作忙，没时间包饺子、做面食，便时常在节假日或双休日里，招呼我们过去吃饭或包饺子。

下班后，我匆匆赶到约定的地点。昏黄的路灯下，远远地看到戴着棉帽、鬓角灰白的父亲站在一棵老树下，左右手里各拎一个布兜，正往我这方向张望。看到我过来，父亲抿了一下嘴唇，显出有些发瘪的两腮，眼中闪现出一丝兴奋神情，缓缓地将其中一个布兜递到我的手中说："用小袋装的是羊肉芹菜馅儿的，大袋的是酸菜猪肉馅儿的，还有一袋是虾仁三鲜馅儿的，是用你们春节前拿过去的那袋虾仁肉包的。"

我嗔怪地对父亲说："虾仁是给你们拿的，你们留着吃吧。"父亲说："我和你妈都吃过了。考虑你们工作忙，孩子爱吃饺子，你们又没有时间包，我们闲着抽空就包了一些，够你们吃几天的啦！"

父亲一边说着，一边又递给我另一个装着方便袋的布兜说："这里是刚捞的酸菜和咸菜疙瘩。"

我知道这是父母亲用缸自己渍的，从住平房那阵便每年都渍，近些年搬到楼上住了，每年还是照渍不误。我接过来用手一掂量，沉甸甸的。年已古稀的父亲拿着这么重的东西，在寒风中走了半个小时，实际上就是想看一眼儿子啊。看到父亲蹒跚过马路离去的身影，我感到一阵心酸。

小的时候，我家在远离市区的偏远小镇居住。那时，每月按定量供应的细粮（大米、白面）很少，平均每口人也就两三斤，在父母亲的内心，一直把饺子当作一种上好的食物，这样的食物不是他们自己想吃时就去做的，只有女儿、儿子们回家，父母亲才欢天喜地去包饺子。每逢家中包饺子，我们姐弟都要放开肚量大吃一顿。那时，邻里关系处得非常好，大事小情都是互相帮忙，正所谓远亲不如近邻。谁家吃饺子了，便用二大碗给邻居家送去一碗。记得在七八岁的时候，有两次家中包饺子，吃饱后，趁收拾碗筷的工夫，我还将剩下的饺子偷偷藏到门房内自己的箱子里一小碗，上面用纸盖上。第二天趁家中无人时，独自一人狼吞虎咽吃下去。有一次，当我向儿子说起自己童年的这段趣事时，儿子在感到好笑的同时，不以为然地说，不就是饺子吗，至于吗！

近几年来，由于工作繁忙，加上读高中的儿子功课日渐繁重，我们一家三口一日三餐几乎都是用电饭锅焖米饭，然后再做两三样菜，无暇做馒头、饼之类的面食，包饺子就更谈不上了。想吃面食就到市场面食店去买花卷、馒头、斤饼等；想吃饺子时，抽空赶在双休日，买几斤牛羊肉或猪肉馅儿，再买些青菜，一家三口到父母亲那儿一起去包饺子吃。记得一个大年夜包饺子时，大病初愈的母亲不愿在一旁闲着，也一同包饺子，她哆嗦的手包出的饺子怎么也捏不严实，都要露出一个个缝隙。我在将饺子一个个重新捏严实的过程中，思绪回到母亲没得病之前。那时家里每次包饺子，都是她一个人和面、做馅儿。等到包时，全家人围拢到一起，母亲一个人擀饺子皮就能供得上我们姐仨。擀完皮，她又再麻利地包，包好后等着从煤矿下班的父亲回来，全家一起收听收音机播放的评书《岳飞传》及《夜幕下的哈尔滨》等，随后在欢快的气氛中吃饺子。若干年后，体态臃肿的母亲患上高血压以后，父亲便承担下家里所有的家务及大事小情，每天早晚搀扶母亲去散步。不会做饭的父亲硬是学会了做饭、炒菜以及烙饼、包饺子等。此时，电视上正在直播春节联欢晚会，外面已开始听到渐起的鞭炮声。父亲到阳台厨房煮饺子，锅里的水上下翻开着，透过灯光下氤氲的水蒸气，我看到父亲端着盖帘往锅里下饺子，尽管神情很专注，但动作明显有些迟缓，不似前几年那样利落。那一刻，我的心里有些缩紧。父亲看到我，赶忙说，你们先吃着，一会儿饺子该坨啦！

儿子上高中后，功课吃紧，平时无暇到爷爷奶奶家去。父母亲便时常与住在附近的姐姐或邻居一同包些饺子，有时打电话让我们去取，有时他们送过来。这是父亲今年第二次给我们送饺子，每一次都会把冰箱的冷冻室占满。我们三口人隔三岔五，或蒸或煮吃一些，常常能吃上十大半月。

随着思绪的流动，我眼前的视线有些模糊了。父母亲对于子女的爱，是任何物质性的东西所无法换来的。作为子女，只有在他们的有生之年里，多尽人子之心。好在，如今我们还来得及去弥补我们的过失。多抽出些时间和父母一起吃吃饭，一起到超市转转，给他们买一件毛衣或者一斤瓜子、几斤水果；双休日一起到公园散散步、聊聊天，听他们说说最近有没有趣事，家里的亲戚们都还好不好；再顺便问一声他们的身体状况。如果真的实在很忙，我们就多打几个电话回家吧。要让普天下的父母们知道儿女们一生中最在乎的就是他们！

“常回家看看，回家看看……”春节晚会上，一首《常回家看看》唱红了神州大地，也唱出了天底下众多家庭中两代人的心声。

常回家看看，回家看看……

父亲节的礼物

在我的书柜里，珍藏着一件礼物，是前两年父亲节的时候儿子送我的。尽管儿子如今已上了北京的一所211大学，且良好祝愿已成为事实，可每当看到这件礼物时，我的心中还是会浮想联翩。

那年的父亲节是个晴好的天气。一大早，我开着好友的车，载着年迈的父亲和母亲，来到距离市区二十余华里，号称东藏的瑞应寺旅游风景区。父亲的身体还算硬朗，我搀着母亲一个台阶一个台阶上上下下，走进一座座寺院。一天的游览观光虽然很累，但一路上父母却很高兴，他们明白，这是儿子在繁忙的工作之余尽的一份孝心。傍晚归来时，姐姐和弟弟们也都相约来到父母家，给父亲过节。我们一进门，一桌子丰盛的酒菜已摆好。原来是姐姐一大早上班前就买好了各类菜品，休息在家的姐夫和小弟造的厨。此时，妻子和弟妹正在摆放碗筷。见爷爷奶奶进了屋，儿子和侄女两人调皮地嚷嚷着："父亲们节日快乐！"一家老老小小团团围坐，首先举杯为父亲庆贺。平日里不善言辞的姐夫，几口酒进肚后打开了话匣子，说起在北京理工大学的儿子上午给自己打来的问候电话，脸上洋溢着幸福、满足的神情，这真比吃什么山珍海味都高兴啊！

看到姐夫眼中流露出的得意神情，我瞟了一眼正在上高中的儿子，见儿子默不作声，似有所思。想到儿子入学以来像波浪线一样的成绩，时高时低。有两次我因不满意儿子的考试成绩而狠狠批评过他，造成一段时间以来父子间关系的紧张。

看到大孙子不开心，爷爷、奶奶和大家都有意避开询问孩子学习成绩这个话题。吃完晚饭后，看到一周来好不容易休息半天的儿子，却要顶着夜色乘车去一家课外辅导班补习外语，大家不免为孩子学习负担过重而感慨几句。

当晚回到家后，略感酒后疲乏，我倒头小憩了一会儿。一觉醒来，窗外已是满天星斗。走出卧室来到客厅，见已补课回来的儿子从自己房间出来，把一个精美的小礼品盒递到我手中，小声地说：

“爸，送你的小礼物，父亲节快乐!”

我几乎不敢相信自己的耳朵，连忙接过礼物说：“谢谢儿子!”心头随即涌上一丝感动、一丝惊喜。我忙走进书房，打开礼品盒，见里面是一个时尚、精巧的小摆件儿。长方形的底座，上有一圈金灿灿的拉链围栏，围栏内的车架上摆放着一个瓶子。瓶子是黑色的，有半个手掌大小，瓶颈上系着蓝色丝带，瓶盖是金黄色，瓶腹上贴着商标，写的都是看不懂的英文。礼物很精美，我有些爱不释手。回想到酒桌上姐夫得意的神情，我当时的失落心情早已抛到了九霄云外，眼角眉梢流露出掩饰不住的喜悦。我猜想着儿子送此礼物的寓意——这是暗示老爸两年后一定能喝到他的金榜题名酒啊!

妻子悄悄走过来，看到喜笑颜开的我，问是什么礼物。当听完我的解释，又仔细看过后，不禁笑出声来，“你呀！就知道喝酒。这不是酒瓶，而是香水，是车上用的，在九零后的儿子面前你 out 啦!”我细一看说明，“可不是嘛，儿子知道我爱车，这是希望将来老爸能圆上拥有一台爱车的梦想啊!”

这天夜里，辗转睡去的我做了一个梦，梦见儿子高中毕业后，考上了理想的大学。工作后，用自己的薪水为他老爸买回来一辆漂亮的轿车……梦里，我欣慰地笑了!

我心中的快乐与幸福

闲暇时，再次翻开《周国平作品精选》一书，怀着虔诚的心态读起来。周先生的散文是最优美的哲学与最睿智的美文，长于用文学的形式谈哲学，诸如生命的意义、死亡、性与爱、自我、灵魂与超越等；虔诚探索现代人精神生活中的普遍困惑，重视观照心灵的历程与磨难，寓哲理于常情中，深入浅出，平易之中多见理趣；并以情理并茂、哲理和诗情交融著称，二十余年来长销不衰，滋养了几代年轻人的心灵。对于书中的诸如《人生贵在行胸臆》、《生命本来没有名字》、《安静的位置》、《平淡的境界》、《愉快是基本标准》等经典篇章本人尤为喜欢。

周先生在《人生贵在行胸臆》中说出了他的人生态度，要依照自己的真性情生活，活出自己的本真来。文章对名利、生死进行了剖析，得出的结论是：一个人如果真正想明白了生之必死的道理，他就不会如此看重和孜孜追求那到头来一场空的虚名浮利了。人生有许多出于自然的享受，例如友谊、艺术创造等，其快乐远非虚名浮利可比。周先生的文章犹如灵丹妙药，不知驱散了多少研究学问之人心头的阴霾。他的作品犹如一阵清风，让人顿觉神清气爽，常常能让淤积于心中的不畅情绪渐渐散去。

从一定意义上说，读一本好书就是在和高尚的人交流，一篇好的文章就是一副良药。我们活着不是给别人看的，要活出自己的本真，不人云亦云；诚然，通过不懈努力和追求，工作上台阶，最大限度地实现自身价值，这几乎是职场所有要求上进的人梦寐以求的。如果自己不具备担当某种职责的能力，却非要“玩儿命”地去追求，把有限的生命耗费在一些虚名光环上，牺牲了对生命本真的享受，搞得身心俱损，实在是很不划算的；如果我们能有某种兴趣爱好，就可作为调剂工作和生活的缓冲剂。假如我们对健身感兴趣，工作之余不妨每日抽段时间进行健身，让身体百病不侵；假如我们对文学感兴趣，工作之余可以广泛阅读，有了心得、感悟便可创作成文学作品；假如我们对摄影、收藏感兴趣，工作之余不妨遍访名山大川，搞些艺术摄影，收藏一些奇石、邮品，闲暇时调剂放松一下紧张的神经；假如我们对书法、绘画感兴趣，工作之余可以挥毫泼墨，与三五同人一起切磋技艺。

我喜欢周国平先生的散文，他的散文平淡、自然、不造作。他的散文没有苦口婆心的啰唆，也没有循循善诱的不痛快，有的是像夏日的凉风般让人感到既舒服又痛快的快感。就像他的散文《生命本来没有名字》，让我明白了什么是可以让一个人感到幸福的事。人的一切，包括名字、头衔、身份等，都是生不带来死不带去的东西。正如曹雪芹在《好了歌》中所描绘：世人都晓神仙好，唯有功名忘不了！古今将相在何方？荒冢一堆草没了。虽然现实生活里已经很少有人能记起这样最单纯的事实了，更多的是以名字取人，以财产、身份衡量人。对己一样，对人更不用说了。这在周先生看来是“怎样地本末倒置，因小失大，辜负了造化的宠爱”的事，又是一种怎样的讽刺呢？由此我意识到，人作为一个生命活在世上，什么才是最幸福、最重要的事情：就是有一个生命，距离不限，但通过某种东西，“亲近地发现了你的生命，透过世俗功利和文化外观，向你的生命发出了不求回报的呼应，一个生命静静倾听另一个生命”。没有功利心，没有虚荣，有的只是一种对你的暖入人性根底的感动、欣赏。这不是人生最大的幸福吗？这是多少钱财可以买到的东西？多少铅字可以交换到的东西？这份最真、最难得的感情是什么可以交换的等价物？“保持住一份生命的本色，一份能够安静聆听别的生命也使别的生命愿意安静聆听的纯真，此中的快乐远非浮华功名可比。”

要做到不追名逐利，在当今社会谈何容易！名利双收是多少人的梦想。作为一介凡夫俗子，坦白说，我也未能免俗，但我不想被名利的枷锁绊住，成为其奴隶。我虽不能像周先生那样豁达，但通过鲁迅文学院公安作家研修班这座文学圣殿熔炉的淬炼，经过自己的不懈奋斗，我会努力寻找到适合自己发展的文学家园，力争实现人生的最后一次华丽转身的梦想。希望有一天也能像周先生一样，体会到“此中的快乐远非浮华功名可比”，以一个良好的心态漫步在人生路上，相信快乐和幸福就会时常伴随着你。

作者简介：韩金凯，全国公安作家协会会员、辽宁省作家协会会员、鲁迅文学院第二期公安作家研修班学员。现供职于辽宁阜新市公安局警察协会、公安文联。

诗词

许正敏作品

许正敏

与落日书（组诗）

妈妈的晚霞

妈妈，真想回到童年
再次骑在牛背上，眺望一次血色的晚霞
你对子女的爱，那么热烈
在丘陵、洼地，缓缓滚动，安静，暗红……
在蓑草般的草屋门前，在泥凳上
孩子们肮脏稚气的脸，就快燃成炭渣
我看见，秋水上涨，晚霞，腮红一样波动
一些气血淤积成堆满沙石的河岸
喘息，河水似的，打着旋

胸口难受，一些庄稼低语，它们谋划
将你的血、你的肉、你的骨髓，归还给你
尘土里的蝼蚁心疼你，一只蚂蚁突然转身，悲伤莫名
妈妈，不想再打扰你最安静的死亡
许楼村埋你的那片林地——
风凉、霜寒、露重，有着不为人知的寂寞
远山空了，收割后的田野广阔而孤单
晚霞的灰烬在加重，仿佛你还在爱，还在呼吸
有时，我枯坐心底，像尺蠖，在光阴里爬行
飞鸟落入掌心，它们习惯于傍晚来到你的坟地
让风吹孤单的灵魂，而玉米地，大片絮叨着你的方言
身板结实，在风中，谦卑地弯曲
一头伏在草丛中的小兽
怀抱自己的虚妄，为就快消失的晚霞难过
四处飘散你的气息，无处躲藏
妈妈，我爱你，再给我一个起点吧
就从这个深秋的晚霞开始

散　步

草木屏息。人间的大美
都被你一一收藏
只有天空，在平静的湖面
赶路，还镌着古老的文身

湖畔，林深草密
没有一丝血污

你走得那么慢，有时在喧哗的日光下
有时在林木的阴影里

有时停顿，有时转身
在碎了的时光里，风里
湖水清凉

松脂的清香，日浓
腐叶，潮润你的眼睛

那些野山栗，白蕨
都有草木的从容与孤独，也都留恋
俗世之美，一湖春水
被撞得七零八落，无法收拾

你来了，又走了，像无名
也像不会绝望的那枚松针

与落日书

秋阳的悲正在于此，风吹动这些
落叶的乔木、灌木，没有哀悼的气息
万物都在挣扎，你也在说服自己
拒绝走进冰凉的石头与文字
在粗大的篱笆中间，落日以另一种方式存在
以一种近似神灵的方式；
生活，因此安静下来
你内心的卑微、隐忍、疼痛——荒凉着、孤独着
你已走过金黄的盛年，细碎的光闪烁
风越来越紧，仿佛要将这尘世收走
你一个人在秋阳下谛听天籁，飘动满头白发
群山比想象中还瘦，拖着最后的烟尘来见你
舌头下的睡眠在加深，河流舒缓宁静

透着优雅，而冰山是一座教堂
在远方矗立，它是世界的一只巨眼
也是你的前世，知晓所有已知事物的命运
一刹那，落日烧红了天际
通红的圆盘，沉沉地坠下去
一直沉到你的心底，钟声撞击
雀鸟四散，你用整个一生都没有找回它们

成长书

欲穷千里目，更上一层楼。
——摘记

那年冬天，校园的晨光里
有一碰即碎的薄冰
你六岁半，小学二年级，扎一对翘翘的羊角辫
从没见过黄河，也不知道唐朝究竟在什么地方
王之涣的涣字还躺在生字表里
鹳雀常常跑到田字格外散步
夕阳从郊区大蜀山的豁口西沉，你用铅笔
一笔一画地抄生字，朗读，背诵课文
体会诗的节奏和重音，有时也把自己想象成古人
楼字读边音，“木”字做偏旁时，捺要写成点
这些对于你都不是难事，难的是放眼黄河，目送它流入瀚海
汹涌，弥漫，不是渺小卑微的生命所能承受起的
深冬，朔风正疾，教学楼已经裹满了冰雪
而课程还在继续，这是漫游者向内心行走
当如水般的宁静统领着大地，我终于感受到了光阴的流速
在一张白生生的纸上，你的星辰等待你去认领
而老爸就活在柴米油盐、良言警句中

偶尔，也像鹳雀楼对面中条山上的一轮明月，腋下长出翅膀
最后，女儿，你得独自更上一层楼，览尽千里风光
那时，我就呆立在六安路小学门口的人群里，看着你
在高空中，一点一点地向着光明飞升

登鹳雀楼抒怀

登斯楼，可眺千里之遥，知万古兴衰。
——摘记

一

白云写心，写天地间的
大我，小我，真我
与登楼者多么的接近
河山览尽，又瞬间退为背景
铁牛、浮桥、古驿道，已随历史的风烟飘逝
黄河奔腾，也是一级一级浩荡的台阶
夕阳，大病初愈，在画卷的题款处
吐一枚血红的印章

二

我把鹳雀唤作你永远的爱人
它们飘逸而来，又隐在芦苇间
纯洁、美丽，与汉白玉、花岗岩、唐彩绘
高台重檐、斗拱勾栏，相依相偎
捧起月光，有无限的沉寂与辽远
一座楼，为一群鸟
找到了归航
和入口

三

如果时光可以倒流，让我陪你
一起登楼，回到盛唐
胸怀欲穷千里的豪气
中条山在白云的腋下耸立
列车正经过黄河，一个人的家国、灵魂和命运
你站立的地方如此高远
一首诗，让大地匍匐
而让一座楼，有了壮阔的大美

四

落日灌顶。一颗血淋淋的头颅
庙堂之高，江湖之远。一场大风
接着一场大风，一些事物上升，而另一些
迅速垮塌下去，光阴在楼上一寸寸地跋涉
一级一级地长成
向上的意志，烽火、狼烟、铁蹄、刀戈
一座搁浅在黄河岸边残骸般的命运
有着羊羔的纯洁与无辜

五

溺水者被大浪裹挟，朝代更迭
一艘艘巨轮随血水相继沉没
只有你，依然远眺失事的桅杆，梦里的长安
楼毁，心是檐角的风铃
还在吟着那首高于星辰的诗篇
终年磨墨，也磨心中的剑气

唯有这座鹳雀栖过的楼
与天地一同自由地呼吸

六

时间的废墟上，世事不过一捧尘土
而你，就站在寂寞的高处
打量那些终将成为尘土的事物
近处是雾，远处还是雾，普救寺消解爱和怨怼
中州茫茫沙地，大河
拐了一个弯，你的心
搅动深不可测的旋涡，一座楼
代替你，向高处一跃

七

“迥临飞鸟上，高出尘世间。”
黄河从白云间下来，有人隔着河岸读你
作为大地上的尊者
现在，你早已不再谈论世事和流云
而只饮纯正的汾酒，冬夜的诗稿上
有太多刺目又凄美的星群
更上层楼，亦如站在永生的岸边
看飘雪，这撒向人间的账单——

作者简介：许正敏，笔名许敏，中国作家协会会员、全国公安诗歌诗词学会副会长、安徽省诗歌学会副会长、安徽省公安作协副主席、安徽文学院第三届签约作家、鲁迅文学院第二期公安作家研修班学员。现工作于安徽省合肥市公安局新闻中心。

艾璞作品

艾　璞

恶之花（组诗）

——献给“6·26”国际禁毒日

罂粟花

躲在乡野的阿芙蓉
是个彻头彻尾的卧底
花儿　你为谁而开
眼泪　你为谁而飞
果子　你为谁而结

神花的美丽　藏在果实里的罪恶
被包装成蛊惑人心的诱惑
或在死亡挣扎中　或在精神紊乱中
完成对人类身心的全方位摧毁
只有华丽的转身　变成御米壳
才能洗赎前世的原罪
化蛹成蝶

风中摇曳的花朵
你最后的命运
要被连根拔起　才能得到涅槃
沉默的低头　是未爆发的活火山
我用悟空的眼睛　看到真实的白骨精
你造作的妖娆　幻为妖魔鬼怪　无孔不入
盛开不败的花啊　那是一世的毒药
你的乳汁　玷污了母亲的爱
成了鸦片　被钉在历史的耻辱柱上
受害者家人的眼泪纷飞
每每要扑灭那些欲望之火

灵魂可以改变品质
愿你是我的风景　我是你的背景
只有神的舞蹈　才是我千年的祈祷
美丽不是你的错误
错在体内深藏着的幽灵
被贪婪罪恶的双手
打开潘多拉魔盒的盖子
你无奈的绚丽
难道是缉毒勇士的热血染红的

海洛因

白色的幽灵
有着黑色的沉重话题
阴沉着的脸
慢慢把人性吞没
长方体状的包装
就是一具微型的棺材
等候收割无聊的人生

末路狂奔　末路狂欢
冰　毒　毒上加毒
冰　本为清醒　镇静剂的礼物
却成为罪恶疯狂的助推器

我感到内心一阵寒冷
冷冷的冰　冷冷的表情
外表冷酷　内心残酷
一朵开放在冰山上的雪莲花
也被毒蛇吞噬了良知的灵魂
亲朋好友在无助中流泪
父母的心啊　在滴血中破碎
你枯黄而麻木的面容
我痛苦的目光不忍目睹
面对你们无助而冰冷的眼神
我知道自己要做些什么

瘾君子啊　你蓬松的头发
仿佛就是一团欲火

或者是一盆耷拉的花
需要理智的刀剪　修理
白色的面纱掩护下
多少黑暗　丑恶　罪行在导演
走出白色恐怖的阴影
才能体会到阳光般的灿烂

当你向过去转身断绝的回头刹那
迷离的眼里有了一种新的图腾
我不禁从心底叫喊起来
“珍爱生命，远离毒品”
不仅仅是“6・26”才是你记住的一句话
而是心里铭刻的一句警言　花开不败

摇头丸

不要对我摇头　不是我不明白
这个世界在你的眼里　已倾斜了
夏日的激情　胜过酒吧的疯狂

摇头　我也只能对你的无知骄横摇头
对我摇头　你把自己关在春天的门外
理想被酷夏的阳光烤得枯萎
人生只剩下空虚　如秋风扫落叶
噩梦在寒冬里毒蛇般如影相随

我想紧握住你无助的手
我想传递人世间的温度　希冀
我希望遮住阳光的乌云早点散去
被挥霍的人生　如时光般流失在无聊的嬉戏

知识掉落在斑驳的人生路

诗歌和阳光的正能量
如服用的美沙酮液体
散发着橙色的梦想
一滴一滴地　注入你失忆的皮肤
珍藏在从神仙的天空落入凡间的途中

你不要对我产生爱意　只要轻吻我几次
将跌入万劫不复的深渊
需用一生的时间
才能摆脱爱神的纠缠
修复人生倾斜的坐标

作者简介：艾璞，原名陈谊，中国诗歌学会会员、中国散文学会会员、浙江省作家协会会员，鲁迅文学院第二期公安作家研修班学员。现工作于浙江省公安厅。

鲍海鲲作品

鲍海鲲

五绝　题白云古洞宝华寺

师祖云游去，山门嘱半开。
或逢明月夜，鹿鹤问禅来。

五绝　饮酒歌

囊空赊再饮，万盏砺歌喉。
一醉凌云去，江河笔底流。

七绝　赴鲁院学习有作

诗人携酒上山来，泼醉枫林未可猜。
最是癫狂真气满，一声长啸乱云开。

七绝　种菜谣

春开老柳惺忪眼，窥我夫妻种菜忙。
不信贫寒滋味少，情歌直令好风香。

七绝　送女儿就学途中

春风猎猎过幽燕，万木激情迸笔尖。
无语昭儿心事远，翔鹰如字写蓝天。

七绝　游涌泉寺遗址

龙潭神水韵叮咚，风过轻吟九丈松。
不忍残碑询故事，无言遥望映山红。

七绝　春日

谁家黄口小顽童，窥影惊奔快似风。
撕我春联拴彩线，放飞欢乐上晴空。

五律　惊蛰犹雪，寄护林友人

塞北乖时雪，惊蛰未见春。
风犹无味道，木且蕴精神。

狭谷光阴短，寒屋寂寞深。
昏鸦群噪去，谁顾护林人？

五律　登山遇雪

叹我机缘巧，来逢雪漫天。
山峰藏本色，林海献奇观。
回首千寻影，驰神万里烟。
平心随境遇，喜愠不相关。

五律　晤友

友在山中住，曲折窄路长。
捶肩呼小弟，烧水放红糖。
现宰柴鸡嫩，陈藏老酒香。
醉观枫绚烂，篱外野菊黄。

五律　垄上行（组诗）

一

雨后天澄澈，时来一缕风。
老翁无饵钓，黠犬倚膝从。
手段真相异，收成自不同。
扬竿惊落日，溅个满江红。

二

溪水门前过，清风进我家。
新邻乖喜鹊，旧韵老青蛙。
邀饮玲珑月，分食翡翠瓜。
山荆真解趣，小调唱菊花。

三

昨日还乡里，金风也觉亲。
清溪清韵旧，老柳老根深。
林炫缤纷色，山疑烂漫春。
秋光浑似酒，醉了忘忧人。

四

今日开怀饮，村东喜获麟。
祥云来缓缓，秋色闹纷纷。
峰峻无俗鸟，林深有大椿。
座中谁最乐？鹤发忘年人。

五

寄语城中友，闲来赏雾凇。
瑶台仙曼妙，梦境玉玲珑。
叙旧红炉火，抒情小酒盅。
醉祈三尺雪，猎兔不须弓。

六

腊月宰肥豚，乡亲例共飧。
小烧呼大碗，块肉上瓷盆。
俚曲风情老，乡音味道醇。
归时天雨雪，片片醉醺醺。

七律　父母迁居记

初冬头甲钟祥瑞，暖似阳春丽日高。
桂树开心添喜事，鸦儿着意缮新巢。
掉漆老柜惭仁里，无价藏书傲富豪。
安灶吉时长面煮，顽童粉壁画夭桃。

七律　洛阳牡丹

当年园里走三遭，醉不言归兴致高。
魏紫姚黄夸妩媚，葛巾玉版秀风骚。
堪得意事瞻群美，最动情时遇二乔。
笑谓聊斋应有续，癫狂是我梦花妖。

七律　崖上松

当年抑或鸟衔来？误落危崖缝里栽。
石上盘根惜水土，云中放眼傲风霾。
艰难岁月寻常耐，寂寞情怀别样猜。
几个知他心慰事，儿孙岭下尽成才。

七律　村晚

那日荷锄归去晚，酒壶烫满老妻嗔。
山葱腊肉真提味，小米稀粥最养人。
搔背夸她皴手好，说书笑我旧题新。
山中一对关关鸟，巧嘴吟来月色匀。

七律　闪电河

缠绵百转似离人，未测明眸几许深。
驿路三千经朔漠，情歌一曲赴津门。
投身大海酬心志，入梦高天作彩云。
愿借东风回故里，金莲岭下好寻根。

金缕曲·吐力根河

试问来何处、又因何千回百转、竟何方去？深浅无人能测度，莫怪身旁老树，枉伴了、几千寒暑。但见断肠花簇簇，借微风、拟作离魂曲。谁译作，缠绵语？

沧桑不过风扬土。笑英雄、金戈铁马、射雕擒虎。更有胡笳凄凄诉，缥缈驼铃驿路。醋柳果、颗颗酸楚。逆旅由他怀今古。自无言，北海曾相许，羊角起，扶鹏翥。

水调歌头·夫妻游春

周末寻春趣，由性逛春郊。满山开罢春杏，蓓蕾又春桃。路遇农家翁媪，闲话春风春雨，乡韵老春谣。四季春为首，年景看春苗。

归来晚，摊春饼，卷春蒿。俗物平凡日子，眼色是春醪。回想当年贫苦，慨叹人生滋味，倍爱此春宵。谁谓春心老，春梦也春潮。

蝶恋花·山居

山下流云山上瀑，山左奇花、山右奇松树。傍水听琴茅舍住，柴门半掩桃开处。

自在耕樵晨与暮，梦弈灵猿、日伴梅花鹿。晴赏蓝天阴赏雾，心闲曾惹神仙妒。

作者简介：鲍海鲲，全国公安诗歌诗词学会会员、鲁迅文学院第二期公安作家研修班学员。现工作于河北省丰宁满族自治县公安局。

郭文芳作品

郭文芳

季节深处（组诗）

感春书

春风初度的夜晚
月色也变得温润
立春、惊蛰、雨水
渐次传递温暖的消息

你临水而坐
将芬芳的心事
书卷一样打开
忽略天空掠过的

晨曦、鸽影、鸟鸣

你笑靥如花
如灿烂的诗句
燃亮我暗夜的灯盏

桃花盛开的日子
我蛰居乡村的一隅
怀着感恩、虔诚、热爱
轻轻地抱紧春天

五月的低语

夕阳合拢花开的白天
灯光打开氤氲的夜晚
尚无蛙鼓　虫鸣　流水潺潺
只有暮春的朗月
孤傲地高悬

季节深处
我澹披半身月色
相伴孤灯一盏
在久违的诗卷中
把自己轻声诵读
情感真挚　泪涌如泉
吟咏的词句间
有你低眉浅笑的昨天

此时真的渴望　真的
你一声悄然的问候

便足以喂养我
清瘦无比的思念

五月的清晨花红叶翠
万物醒来　诗卷睡去
我满怀尘世的忧伤
和那无法诉说的怀恋
只身打马走过
这繁花似锦的春天

立　冬

立冬来临
季节的鞭梢抽打落叶
如蝴蝶翻飞
流经四季的河床
开始裸露土地的沉实
寒风千里奔袭
无情吹动紧掩的衣衫

行将结冻的时光
隐藏起落花、虫鸣、流水呜咽
霜痕遍地的影像
犹如巨大的逗号
将饱满的季节从容分行

苍茫大地的一隅
一簇簇菊花迎风怒放
岁月渐凉的词语里
依然贮满花朵的芬芳

雪霁之后

凛冽的风吹皱村庄的夜晚
纷纷扬扬的雪和暮色一起降临
这场雪来得太晚
只覆盖了我来时的路
静寂的飘零
悄然隐去了四十年的时光

寒彻的冬夜
我偎着炉火的温暖
无数次翻阅时光过往中
那一场场华美的雪事

这雪融入夜色　落满山河　覆盖岁月
风停雪驻
乡村的道路将布满泥泞
我虔诚地返回尘封的记忆
诵读那雪落的往昔

雪霁之后　我独坐晨光
在一阕宋词里兀自忧伤

情感的流向（散文诗组章）

一、春天，我以爱与你对视

当我孤傲的情感被初逢时你绰约的风姿掠夺的时候，当我满溢的才情被你的那首诗覆盖的时候，忧郁的爱情树便在我的心地蓬蓬勃勃地生长，无法抑制。

可是你的装满野花的小竹篮呢？你的涂满童谣的方格本呢？你的洁白如雪的太阳帽呢？我不知道。我不是你那个青梅竹马的男孩儿，要用什么去面对你呢？

只能遥遥感知你的存在，让你的馨香弥漫我的空间。

你有秀发飘逸，你有美目如星；你的樱唇绽放如花，你的心地清纯似山泉，你的美无处不在。而我呢，我的伤痛太多，冰冷成铁的心，已被你强大的磁场掳去；我明亮的眸子已在你的目光中沉醉；我唇边淡淡的微笑已化作思念的泪滴……

在美丽如梦的你面前我如此憔悴！

可是，请允许我不——自卑地离去，我以深爱着的灵魂与你对视。亲爱的，请用真诚之刀剖析我的爱吧，只是不要拒绝，不要！

因为，爱——是我灵魂的家园。

二、送你，在黄昏

这是一个晴朗的日子，无风也无雨；这是一刻忆念的时光，在心的底片上留下永不褪色的记忆。送你，就这样轻轻送你，默默无语。送你，是在送走一段美好的人生；读你很真诚的微笑，听你很温馨的话语，泪水已悄悄爬满心隙。

送你，在黄昏。你引我踏入从未涉足的异域，伴我将情怀撒播在辽远的河畔，全部的诗句都聚拢来镶嵌这溢翠的世界，芬芳的心事如堤畔的绿草长满所有的荒地。送你，在黄昏。大地已被涂成空濛的画卷，情愫如黄昏落日般绝美而忧伤。

暮色将至，高而远的天海明月尚未升起。就送你到这里吧，这里是那条古老的河。

不必回首，该分手时就分手，多情自古伤别离，人生哪得常相聚。不再回望你背向黄昏的身影，只在心底默道一声“珍重”！

此刻，正是月上柳梢头。

三、情感的雨滴

1. 你这个纵火的家伙，都是你惹的祸。明明知道诗是燃料，情感是火，你用煽情的文字将它点燃，然后你却悄悄走了，让我一个人承担失火的过错，让我的灵魂倍受折磨，让我的冤屈无处诉说。不，这太不公平，我一定要在爱的法庭追究你的罪责！

2. 你是个牧情的高手啊，用悠扬的牧歌把我引入山谷，引入迷途，然后用情感的漫天飞雪，封了归路，用漆黑的夜晚吞噬我。我惶恐，我怕！我的爱，求你，千万不要让我万劫不复，给我出路抑或归途！

3. 在这深沉的夜里，我的爱是一支香烟，被你温柔地点燃，又被你残忍地掐灭。爱人，这些痛和伤害无法避免。给我一丝柔情，别让爱你的人搁浅在今夜。

4. 你的寂寞，是诱人的怜惜；你的忧伤，如此摄人心魄。多想用热情融化你的冷漠，用怜爱把你的脆弱层层包裹。

可这把真情的钥匙为何打不开你禁锢的心锁？

咫尺天涯，让一颗心守着另一颗心枯萎。

也许，这才是沧桑的岁月。

四、心弦独奏

A. 想你的时候，伫立在旷野，所有的眼睛都将我围困，没有一条路为我铺开。那么，我走吧，走向哪里，哪里就会有一条路为我铺开。

只是，路的尽头，有你持久的等待吗？

B. 假如，你所拥有的都是目光能撞击目光的白天，我所拥有的也许就都是暗夜了；对你殷殷的思念，就是被我划燃的一根根火柴，虽然一次次灼痛我，你却丝毫感觉不到温暖与热烈。

C. 难道你的心真是一把无弦琴吗？

纵是高明的琴师，也弹不成一曲爱的旋律。

D. 想你的时候，我蔚蓝的心海上便有无数洁白的帆驶向你，驶向你。

那帆上写满殷殷的思念。

E. 你在回避。回避这刻骨铭心的爱。

你在拒绝。拒绝一颗心诚挚的给予。

我能说什么呢？唯一能做的是让这颗心被痛苦煎熬，让难言的相思慢慢瘦成一弯蓝月，于远远的天际抛一轮深情而无言的瞩望。

那瞩望里也满是无奈和忧伤。

F. 你不知道我是个多么痴情的男人。

你就是一座沉默千年万年的火山，我也要静静地坐在火山口，等待你再一次的喷发。

那时，我情愿被你爱的岩浆毁灭。

作者简介：郭文芳，中国诗歌学会会员、全国公安文联会员、全国公安诗歌诗词学会理事、河北省作家协会会员、保定市朗诵艺术协会副会长、保定市作家协会副秘书长、《博野》文学季刊主编、鲁迅文学院第二期公安作家研修班学员。现工作于河北省博野县公安局。

李树范作品

李树范

公安作家班赋

文坛赫赫，警察著述无多；名师济济，公安作家几何？高端高瞻，热望灼灼；前沿前行，企盼切切。癸巳之秋，京华之所，鲁院二期公安班，重彩启幕，业已传道授业解惑也。感动于兹，人按其册，序依其列[①]，由次嵌名赋曰：

文芳清新，明珠华硕。徐步鲁院，沁心雨景将酥；举目公大，游海鲲鹏欲搏。俊伟互勉，友文相谐。或陈谊其情，或富强其学。此际源甘露春林殷殷厚爱，当永温施政张策拳拳重托[②]。

曾树范于寂寂故地，今晓平以比比俊杰。月皓琳琅兮，广采而博识；湛卢婺娸兮，强攻并柔克。长安社稷笔为剑，程峰华夏文当戈。比及庭松宫桦，坚守岁月；文潮诗涛，朗润山河。隽永未来，花期不远；植根民生，繁茂有约。

两潘吉庆，海霞笑靥。玫瑰秋实经春华，伟林雨润兼风泽。志素宏略远，万军凌空越。王健者，剑为肝胆；杰帅者，心化琴瑟。只待春生大地时，著述丰全礼恩泽。

莫问冠亚，玲珑即本真；无谓广延，丽质见绰约。博纳富举，精研范科。德正敏谨，阅世凯播。由是北国振铧丰嘉禾，南疆鸣金凯传捷，西漠新军辟正道，东川故知传薪火。

和平嘱意，笔纵飞鸽；沈雪托笺，文落扑蝶。晓露能润万物，振江可操千舵。金波遂涛，玉山隆崛。笔畅楸立，天枝高格。原本一民，胸狭江海；今为国龙，气雄泰岳。吁嗟呼，兼修文武和平事，并绽桃李阳春色。③载兴拈毫，颂曰：

山山巍峨，欲王冰洁④。兴红砺警，逸舟载德。耳聂梦远，语开谭杰。红妍丁盛，燕赵飞歌⑤。冀望春早，欣荣蓬勃。

注释

①鲁迅文学院第二期公安研修班分组表

第一组：郭文芳　李明珠　苏雨景　鲍海鲲　杨俊伟　张友文　陈谊　纪富强　王际源　毛永温

第二组：李树范　李晓平　王皓琳　卢燮　关长安　程峰　宫桦　张文潮　于隽永　邢根民

第三组：潘吉　马海霞　袁瑰秋　韩伟林　杨素宏　李万军　王健　张杰帅　逯春生　吴全礼

第四组：杨亚玲　韦延丽　王富举　肖范科　许正敏　张世凯　郝振铧　韩金凯　张新军　周东川

第五组：张和平　沈雪　夏晓露　徐振江　张遂涛　王玉山　崔楸立　郑天枝　刘一民　侯国龙

②有感于2013年12月5日，全国公安文联主席祝春林、秘书长张策召开研修班“两委”会议，专题听取全班同学的学习生活情况。

③自开班以来，全国公安文联副主席武和平坚持在后排听课。

④研修班班主任：张山山　王冰

⑤鲁迅文学院指导教师：赵兴红　欧逸舟　聂梦　谭杰　王妍丁　赵飞

作者简介：李树范，中华诗词学会会员、全国公安文联会员、辽宁省作协会员、辽宁省写作学会常务理事、鲁迅文学院第二期公安作家研修班学员。1993 年出版写作学术专著《语段技法》，1997 年出版散文诗集《黑蝙蝠》，2001 年出版报告文学集《阳光依然灿烂》。现为辽宁省铁岭市公安局新闻中心主任。

刘一民作品

刘一民

无法抵达的浪漫（朗诵组诗）

——写给刑警的赞歌

（一）一路追寻

你是天上行走的云彩
你是地上流淌的河水
在蓝天与碧水相接的远方
你风尘仆仆一路追寻
破案的念想是唯一的行李
陪你把天涯踩在脚下

一往无前
不问岁月是否有情
敏锐的眼睛总是悬在天际
将自己不断地复制于
不断重来的黎明和黑夜之间
风雨兼程

你翻山越岭去调查取证
你风雨兼程去跟踪追击
场景与场景跳跃的山山水水
你千里迢迢，不知景色早已换装
执着的排查是最拥挤的心事
伴你把海角揣在手心
一路追赶
不问柳枝几时还青
玫瑰的沉默总是波澜起伏
脚步回荡的光芒
照亮了行云和流水对大地的
深情祝福

（二）线索蜿蜒的黑洞

你在白天寻找月亮的影子
你在夜晚试探太阳的迟疑
白天与夜晚交接的梦醒时分
你匍匐在
线索蜿蜒的黑洞里
耐心守候悬崖下的
风生水起
问视线停落的地方
能否燃起维系心中的火种

你把无数的假设摊在桌上
你把不可能的可能紧锁眉头
剪接与串并的纵横交错中
你紧抓住
命悬一线即将滑落的希望
紧紧的，直到弦外之音
破空而出
串成了环环相扣的
韵律，响彻神圣的法庭

（三）辗转指尖的纹路

在贪念与正念抗争的现场
你目光如注
想从车水马龙的大千世界里
采下一枚指纹的命定结局
也想从一枚指纹的沟沟坎坎里
识破大千世界的色相沉浮

在指尖和纹理对话的桌面上
你小心翼翼
轻轻触摸变幻莫测的表情
侧耳倾听流淌缝隙的气息
你魂牵梦绕，辗转反侧
这一切，都无关风花雪月

为的只是，在神圣的法庭上
能够真真切切地指控犯罪
为破案，开启
结局的航程

（四）剖开你的泪滴

你说，你不是诗人
不敢用第一人称，将生与死
写在虚无缥缈的天空里
你说，你不是小说家
不忍用第二人称，将生与死
写在扼腕叹息的剧本里
你说，你是一位法医
只能用第三人称，将生与死
写在铁证如山的法庭上

你说，你不忍
向满是伤痕、腐烂不堪的
肌体，再划下一刀
你说，你真的不忍
向风驰电掣、没有因果的
幽灵，再划下一刀
……
撕心裂肺的现场
你经常自言自语说
活儿一旦干完
就立即把它忘掉

刀下不可留情
但刀刀都是情义
你剖出骨血的秘密但求见光
你剖开泪滴的控诉解救冤魂
你说，你的使命就是

给受害人一个毕恭毕敬的尊重
给事实一个铿锵有力的证据
给正义一个无懈可击的收尾

（五）突破谎言的围攻

诡计和阴谋
以串供的方式，繁殖
企图偷偷挤进案卷的底片里

谎言，多姿多彩
撑饱了一个气球燃烧的欲望
情节，一浪高过一浪
景深，也似乎越来越黑

你点上一根烟
目光冷峻，静静地燃烧
面对谎言掩盖的谎言
你说，编故事吧
编吧再编吧，还有吗

谎言在膨胀
气球被越撑越大，越撑越薄
而你始终保持一个姿势
岿然不动
依旧是一根粗烟，一杯浓茶
俯视很深很深的夜

谎言在读你
你也在读着它们

目光如水，冲洗着
薄如蝉翼的阴谋
横梁上的传说渐渐浮出水面

一根针迅速划过
击中瓦砾间隙的尘埃
气球爆炸了，爆炸在黎明的前一刻
这是你意料之中的事

（六）一身警服的错爱

一层薄冰
披在法律的轨道上
心，不敢开衩
裸足与冰花砰然相撞
你赶紧弯腰
卷起风尘扑面的裤脚

也许，你并不是
所表现出来的那么的临危不惧
是因为一身警服
而觉得有了护身的庇佑
你被警服一再误读

责任紧紧追逼，你无处可逃
缩进皱褶的警服里
腋窝的臭汗，不死心
依旧燃烧着莫名的冲动
此刻，你与警服之间
相互接纳，彼此守护

层层叠加的敬畏
显得很温存很安静
在生与死的对话现场
风铃不想倾诉
誓言沉默
在那片浮动的霞光中
伫立成岁月的牌坊

（七）险些被自己的眼泪撞倒

一副手铐，原本应该
是正义、是火热、是高洁
是铁血的神圣
此刻，却刺骨的冰冷
裹着惨烈，抱着酸楚
拒绝咬合锯齿上的悲剧

我看到你抑制不住的泪水
在眼眶里打滚，灼痛得似乎
要将你整个儿淹没
揪紧的心弦，差点扯断了
一副手铐正在发出的警告

我知道，你真的不忍看到
被你亲手戴上手铐的家
在汹涌的大海中飘摇哭喊
撞击着你坚硬的心岸
安静的梦被撕开了裂口

那又能怎样呢
黎明的号角再次响起
我看见你在微启的霞光中
拔剑冲出，可转身
险些又被自己的
眼泪撞倒

（八）无法抵达的浪漫

涛声伴你走向天涯
浪漫，在余霞散绮的期待中
再次起航，无法设定的转弯
让没有终结的路途
频起波澜

在昼与夜的缝隙里
你与变幻的风云
共同追逐着暴风骤雨的行踪
桅杆涌动激情
追逐永远也无法抵达的浪漫

酒杯，斟不满也喝不完
起起伏伏的神秘，晕开了
醇香，袅袅升起
点燃了探秘者最原始的冲动
比爱情更难以抑制

以神秘和浪漫呼唤沉默
以洒落的鲜血收获峥嵘岁月

是华丽的热爱，擦亮了
童年绯红的向往，也点亮了
青春辽阔的壮美

这无际的壮阔呀，蓄满了
平安的祈福，美丽着
一弯月色低眉吟唱的歌谣
就像刑警的眼睛，静静地
守望着
母亲和摇篮的心

作者简介：刘一民，全国公安作家协会会员、福建省作家协会会员、鲁迅文学院第二期公安作家研修班学员。现工作于福建省莆田市公安局。

逯春生作品

逯春生

双贝子坟路

我就住在这路边的某座高楼
暗夜里等待什么
云朵的衣袂卷来
风的哭声
素不相识的叩门
都没有惊扰目光的旅程

这卷诗书
走了很长的邮路
混杂在快递车里

圣诞的红苹果和巧克力
女人精致的时装和内衣
还有能夺走男人性命的剧毒
翻开或者合拢被污渍的封面
想要发现书里的文字
我必须放下老迈的眼镜

在没有时钟的房间
守候启程的熹微
城市失去了鸡鸣
守夜的人在雾霾中打盹儿
打开沉默的手机
祝福的潮水
漂去了真实的姓名
酷似这条街上
久远的时光中
那些夭折的爱情

路旁　银杏的叶子
不知已被什么扫荡一空
真相斑驳于冬天的围栏
朝圣的脚印已陈迹巷陌

假　如
——鲁院小记

假如我摘掉眼镜上课
是模糊或者更年轻呢
小说是美的

现实是沉重的
在现实和沉重之间
我还是选择阳光

假如没有了诗歌
滑翔的银杏树叶你告诉我
飘落的诗行会通过
哪一座桥抵达心灵

假如秋天的芦笛
能坚守到冬天
雪花还能错认那是它
上一个轮回吗
假如燕山不在
大雾还能继续挽住这个
城市的天空吗
风随我而来
湛蓝成序幕或者结尾

一杯水

一路踉跄之后
气泡纷纷破裂
过往归于安静
波纹隐藏了涛声
注视或者遐想
杯子已无足轻重

孤独之花

一朵花儿径自开放
一定有它孤独的理由

墓碑失忆之后
只有戈壁
为云朵指引流浪的方向

行走
燕子回归南方
还在眷恋白雪
每一次的涉江越岭
未必能增加它的羽翼

飘零的风
就是那开放的土壤

多彩的姿态或者我的兄弟姐妹（组诗三首）

烈火中的飞翔

多少年的仰望跟随
总也无法抵达雁阵
凤凰涅槃不分昼夜
乌鸦在困倦中躲藏
喧嚣的笛声
吹醒了牺牲的激越

翅膀的宿命就是
在烈火中又一次飞翔
不是在胜利中寂寞
就是在永生中定格
年轻的面庞
我可以叫你一声兄弟吗
为什么流淌总是
伴着你不可重复的闪光

微笑地行走

圣徒，肃穆地行走
你微笑着朝拜
朝拜祥和或者困顿
朝拜抱怨或者满足
朝拜低矮或者崇高
圣徒的方向是心中的笔直
你的心中是别人的圆

暖或者冷和你有关
风或者雨形影不离
注视哭泣
搀扶衰老
用人心去叩问人心
手掌在每一扇门上
印下暖暖的日子

瞬间的腾跃

鹰的亢奋
和衰老没有关联
年轻的蛇也很贪婪
捕捉不需要高度
命运的精彩惯常就在
被黎明或黄昏
疏忽的某个瞬间

遭遇中的对决
往往是生与死的更替
翅膀撕裂了胸脯
俯冲
忘却了鲜血的喷溅
喷溅又怎样
山谷轰鸣
那分明是母亲向苍穹
疼痛地呼唤我的乳名
——英雄

作者简介：逯春生，中华诗词学会会员、中国散文协会会员、全国公安作家协会会员、全国公安诗歌诗词学会秘书长、黑龙江省作家协会会员、黑龙江省诗词学会理事、绥化市文联副秘书长、绥化公安文联副主席兼秘书长、鲁迅文学院第二期公安作家研修班学员。1997 年开始发表诗歌和散文作品，出版个人诗文集三部，获得公安部和省级诗歌奖，作品入选《中国当代公安诗选》《公安记忆》等，策划并参与编辑出版《中国当代公安诗人大展（2013 年卷）》。

马海霞作品

马海霞

寂寞成灰

寂寞被撕开个口子
撒了一地
是谁引燃
屋子里思念滚滚
瞬间窒息
倒下
云烟处
嫦娥飞起
桂树下
一坛清酿
流向大地

一　遇

清冷深秋
恋舞双蝶渐少
北方的鸿雁
不再为爱情守候
落红凋零一场心事
流水忘却了回头
那是一个寂寞的清秋

那是一个寂寞的清秋
邂逅不是昨天的故事
相遇不是明天的追求
没多看一眼你的背影
不曾注意谁在停留
来与去
只不过是一程行走

只不过是一程行走
相逢不是昨天的约定
相识不是明天的歉疚
凝重的心在哪一刻舒展？
像飞蝶一样起舞
缤纷是眼前看不见的风景
心是无关风与月的小舟

心是无关风与月的小舟
没有故事的往事
简单得看不出一丝风尘

思念像不曾思念一样
找不到任何出口
一遇
竟成小舟载不动的情愁

问

空荡荡的树干垂下眼睑
鸦声盘旋
一声一声叩向三百年前
为什么不是一响马鞭
打开朱明朝的黑夜
脚步欲言

拉开窗户
放飞不属于我的心愿
脚步无法抵达
一纸书画流年
远足的计划
就此搁浅

一纸书
又翻开扉页
共和革命
赫然跃出

别

无法举起挥别的手
对不可能的再见说再见

你从我的眼角滑落
拭泪的右手终于抬起
你寂寞回首的刹那
一只蝶站在我的指尖

作者简介：马海霞，笔名洛红，全国公安文联会员、内蒙古作家协会会员、鲁迅文学院第二期公安作家研修班学员。现供职于鄂尔多斯市公安局。

苏雨景作品

苏雨景

牧马人

安于寝食　安于眼里的山水
与命运在哪里相遇　就在哪里生死相依
他把自己的一生　捆在马背上
一生难得动弹的汉子　在神性的草木间穿行
马蹄声声　起点是一片白桦林
终点　是另一片白桦林

他是个单调的男子　沉默寡言
日复一日　守着一处草场与一面湖水
所有的爱情　都充满青草的味道

清晨也好　黄昏也好
牧马　饮酒　看云　想念心中的卓玛
平静舒缓　却有着深刻的快乐

另一个亲人

时光回流的时候　我总会遇见那只山羊
它有着好看的胡须　慈悲的眼神与鼻息
在夕阳西下的堤上反刍　经年里有过的微笑
整整一个夏天　我们如影随形
它是我的伙伴　我的另一个亲人
多年之后　巨大的人世间
我为一只卑微的羊儿写诗
头顶　一朵纯白的云
是它　又不是它

再一次写到蒹葭

所有的植物里　我与一株芦苇
情深义重　它像我的父亲　也像我的母亲
还像我的叔伯　和所有寡淡又朴素的亲人
借助于滩涂上结实的元气　裸着脚
也裸着灵魂　在平原上说亮就亮的大雨
以及说来就来的风里　发芽　拔节　枯萎
把生命的过程设计得苦乐参半
可以孤单　可以贫穷　也可以美

月亮的另一种光

不断地亲历盈虚　你破解了很多秘密
一些鬼魅羞愧难当　从高处纷纷坠崖
口衔清露的白菊　高贵得一览无余

在黎明到来之前　有些梦魇需要隐藏
隐于草木　隐于虫鸣　隐于某一条清涧
以备濯足　濯心　濯长霜　濯浮尘

西风　把你打磨得很痛
你却拒绝说出　西风的冷
心的澄明　就是尘世的澄明

何其相似　外表坚硬　内心柔情
我们是彼此宫中的宿主
给你翅膀　给你速度　来　让我们一起飞

种花得花

相传　百里之外
有南山一座　瓦舍两间
巢燕三只　清风无数
一个女子深居简出　在纸外
设计渔樵耕读的幸福

她在肥美的月下写诗
为自己的田园孕育花朵
她依赖这些花朵自娱

依赖它们的香气吸引一个
画梅的男子　并和他相约到老

那些花朵　开在紫竹之上
有着不一样的气节　和骨架
清新的女孩从花前经过
背包里的绝句情窦初开
千万不要芳思难禁好光阴啊

孤山不孤　花朵隐秘的瓣
一会儿变成星星　一会儿变成露珠
梦里梦外　它们都安于一隅
秋将至　这些弱下去的火焰
依然可以温暖　渐凉的人间

这一段光阴
——鲁院手记

以金子般的心　蓄满慈悲
再一缕一缕分饲给经霜的子民
那些泛黄的银杏　微醺的黄栌
她们陶醉的表情正对着蓝天
偶尔还会莫名流泪　连呼吸也充满感恩

草地依然青葱
以风为引　我们行走其间
怀揣着一些话题和句子　尝试着
向彼此内心输送自己　晨露清澈
将比肩的幸福一一收入眼中

多久了？我们以梦为马
从此岸到彼岸　这是信徒的必经
而此刻　并非一个虚设的场景
隔着安静的操场　隔着疏朗的初冬
我看到一只鸟儿张开翅膀要飞

我开始揣测阳光的意义
以及隐于阳光背后的暗语　比如白发
比如白发点燃的隐匿火焰
比如一些晨起暮眠的梦
比如这个时节　按捺不住的花期
一片叶子落下来　虔诚的旅程　才刚刚开始

公大一隅　一些地锦
手牵着手连成一片　我专注地禅悟
这倔强的生长　这本色的欢愉
此时　我的一切都嫁给了我的心
这必定　是我最爱的一段光阴

火中盛开的花朵
——谨以此诗献给烈火中永生的战友刘洪坤、刘洪魁

2013 年 10 月 11 日
请记住这个日子　记住北京
记住一场突如其来的大火
大火过后的灰烬　伤痕　和整个城市的疼痛

——题记

在我们肩并着肩走进火场之前
你我的缘分就已注定　同籍　同宗

我喜欢别人把我们误读为兄弟
我们的成长相互盘桓　多像故乡檐下的两只紫燕

我们常常思考　火是什么
希望之火　理想之火　爱情之火
当与这些美好字眼连在一起的时候
人们总会忽略火的凶猛与暴戾

而我们　必须保持足够的清醒
这种清醒　源于对信仰的解读和守望
当我们一次次化解火的阴谋　治愈大地的疼
迎来清风明月　这一切　多么幸福多么美

此时　石景山的一处闹市　我们再次
与冲天的烈焰　以及强光手电都不能刺穿的浓烟
短兵相接　在一个城市的惊魂中
我们坚守着　成为火焰的一部分　疼痛的一部分

隔离服一次次被打湿　又一次次被烘干
巨大的辐射热噬咬着肌肤和内心
这是一场劫难，也是我们生命的赴约
火焰上行走的人生　必须要咬紧牙关

与火对峙　生命的温度和亮度都不寻常
我充血的双眸　竟然看到了火中盛开的花朵
它有着美丽的花瓣　慈悲的光芒
每一瓣都散发着齐鲁大地的乳香

花瓣上　住着我熟悉的小房子
推开门窗　便是田园和一个个温暖的日子
那些乡音　和食粮一起构成我生命中的钙
让我从骨骼到内心　都强健无比

花瓣上　双亲的身影矮下去　矮于一轮夕阳
他们身体里的血液和养分都给了我
此时　仅需一片晚霞来安慰辽阔的牵挂
亲人　仰起你沟壑交错的脸　我就是这漫天霞光啊

花瓣上　爱人的心艳若桃花
她懂得我的疲倦　就如同我懂得她的孤单
每一次归来　望着我满脸的烟尘　她会哭泣
也会微笑　我是她用心擦拭的唯一风景

花瓣上　开着我的北京　不　我们的北京
在这里　我们相遇　这是命运预约的惊喜
兄弟　一直以来　我们共同爱着　共同疼着
北京　多少人眼里的异乡　却是你我守护的故乡

安全门近在咫尺　让我们互相搀扶着
跨越　或者坠落吧　慷慨同行　融为一体
这火的诗篇　这热血的诵读　必将被历史定格
一半会震撼人类　一半会感动上苍

之后　我们肩并着肩　化身为两株十月的红枫
有着明媚如帜的青春　来来往往的风

借助于时令的轮回　一次次在我们体内生发新的源泉
源泉之上　有歌正袅袅其声　有梦正灼灼其华

作者简介：苏雨景，全国公安作家协会会员、山东省作家协会会员、鲁迅文学院第二期公安作家研修班学员。现工作于山东省济南市公安局市中区分局。

王富举作品

王富举

北漂纪（组诗）

木樨地的冬天

雪还在归途。初冬
万物的喉咙生出了沉默
一如身旁的昆玉河没有喧响
那些银杏、榆树和樱树，面色颓然
它们亲眼目睹一把空空的座椅陷入漫长怀念
而我的莫名忧伤续自后海的日影和水色
否定一次比一次深入
像风穿过地铁，像夜晚
带着失眠穿过身体

而落叶的旋舞多么激烈、凄美
一只麻雀有着相仿的
灰色命运，它跳跃，或停顿
短翅掠过流水的大街
光阴的确不多
诸生皆为过客

黄　昏

一辆马车从天边，缓缓载来夜晚
想要的黑
菊花茶端坐，杯中湖泊清澈
微苦、性寒，像一个人
无法饮尽的孤单
究竟要从多少流逝的光阴之中
才能分拣出诸如贝类的
小小的愉悦和幸福
北方，有人正疾步奔走于暮途
风凛然，撩起夜色的衣角
我已经在这一瞬望见你
一片落叶徐徐背过身去
如果没有星辰，今夜
我能不能从月亮的后面
凭借一双手，摸回故乡

访白石先生故居

和日光一道拜谒
晚秋，风正一点一点
滑向骨头和灵魂

叶子迟暮，让天空的额头愈显明亮
而树枝的突兀多么忧郁
更简洁的笔画斜向大地
虚无、缥缈，直抵事物的内心
一颗石榴保存着花朵的晚年
微微低垂，比朱红的壁柱更沉默
一丛幽竹，它们收藏着主人的
喘息、咳嗽，越来越轻的足音
而月季在墙角侍立
身形比先生的拐棍更为消瘦
更多的时光堆积，一支画笔
不再呼唤清风、流泉和鲜活的生灵
比那些不寐的画页更凝重
一把座椅保持着缄默，也许
除了记忆永远不会再续温热
石阶或冷或寂，年年
看了叶落，看了霜凝
又听风吟和雪融

月亮的脸

她在一块巨大的窗玻璃里
望见了孤独
夜色并不温柔
风渐渐露出坏脾气
让一件风衣忘了姓氏
一张真实的脸，从清水里浮现
人行道空寂，一棵树
把苍白的手指慢慢举向天空
它肯定怀着忧郁、失眠，记忆里

还藏着一个远方
它肯定想起了一段往事
如同那个一言不发的人
从头顶银白色的镜子里
捞起了一截湿漉漉的
旧时黄昏

再次被一只秋天的鸟巢撞伤

西景区　八大处
朝圣者那被佛光照彻的身体
一次又一次，匍匐向大地
没有人留意一棵树的孤独
秃兀、阴郁，最后一片叶子也
被秋风收走。而我的胸口
就再一次，被一只郁结的鸟巢撞伤
那么高，那么孤绝的单瞳
天空的背景邃远深蓝
狂野之风把一切细微之物逼到暗处
它持续吹动我的忧伤
持续吹动
像一只旧衣衫被迫背离寒冷的方向

南锣鼓巷的下午

所有温暖的事物辗转抵近它
也有寒凉的鸦啼，偶尔
从古城上空垂落
一条河流深邃、宏阔，隐去波涛
缓缓流经古旧的胡同、宅门

在历史的烟云里，轻轻地翻动身子
手捂最疼的一根肋骨
而檐垛上秋草渐黄
那些默记着庸常生活细节的槐树
举着树叶像举着泛黄的旧照片
让日影更绚烂，在安详之中迷醉
光阴多么缓慢啊
陶笛清凉，恰若月光的一次次濯洗
亦如你温存的内心、嫣然的回眸
在娟纱之上拂掠，停滞于
与一尊青花瓷的契然长晤
而脚步一直在徘徊为一个明亮温情的借口挽留自己
小巷里三轮车吱吱呀呀
和京味浓郁的一声吆喝，辗过
一个人的乡愁和寂寞
在南锣鼓巷，请允许我交出全部城池
让日光永沐
请允许我决然地说出爱
或者，必然的
离别

作者简介：王富举，笔名王槐澜、陌云。全国公安文联会员、贵州省作协会员、贵州省诗人协会理事、遵义公安文联秘书长、鲁迅文学院第二期少数民族文学创作培训班学员、鲁迅文学院第二期公安作家研修班学员。作品散见《诗刊》、《山花》、《花溪》、《黄河文学》等刊，并入选多种年度选本。现工作于贵州省遵义市公安局。

王皓琳作品

王皓琳

五律　关于写作

欲问辛酸事，且生欢喜心。如如来至境，落落去光阴。
水动知无有，花开证果因。千山起独鹤，飞向白云吟。

五律　荷

都道君高洁，凌波水上仙。因诗频入传，解语总无言。
心苦非关恨，香残未乞怜，纤纤开一盏，敢指向青天。

五律　山行见野花

天地有灵气，浮游在太清。聚而成碧魄，结以化红英。
有约归心早，相逢诗意轻。芳华何足道，风雨也如晴。

五律　谢幕

缓缓开深幕，一时灯火明。聚焦非是我，含笑也无情。
山水擦肩过，风光入眼轻。曲终人散后，归陌月犹清。

五律　睡莲

瑶池栖碧水，寂寞不须妆。凭梦开轻羽，攒心捧白霜。
三生怜顿悟，永夜化沧桑。一点慈悲泪，茕茕映月光。

五律　访一竹先生

寻常深巷里，种竹有人家。风动千枝影，客来一盏茶。
岂无怀古意，正好向天涯。吹彻宫商调，苍茫云水槎。

五律　步韵答故人

故人如约至，亦喜亦平常。经雨兰花落，披荷碧水凉。
尘梦无从醒，诗心岂敢伤。或有些些瘦，劳君记未忘。

五律　祭牺牲烈士

曾诺轻生死，依然痛别离。怜君儿尚小，念此意犹痴；
天地同行者，江山永记之。既当呼应日，我辈敢为辞？

七律　清晨访宝林寺

欲解是非长不得，白云引路到明空。
十分晴色开山寺，半柱灵烟隔晓风。
佛在深堂应寂寞，舟行逆水自从容。
归来还向尘间去，回见青阶满落红。

七律　夜读

因缘障眼有浮沉，山海烟霞幻作真。
月以阴晴全世事，我将平仄记微尘。
布衣持卷闲听道，红袖观心偶忘身。
但见莲华生彼岸，三千弱水洗悲嗔。

踏莎行·思贯清都

思贯清都，神游碧落，往来无碍空无色。纵横载我有鲲鹏，抟云九万长明阔。

略略情怀，些些笔墨，归时相许唯松鹤。三生石上照前生，菩提树下烟霞客。

踏莎行·花与蝶

淡淡花魂，盈盈蝶魄，前缘或一今成各。相逢应是谢春风，又因风故散秋陌。

已惯浮沉，犹惊寂寞。寻常负了三生诺。还将轻翼渡关山，苍冥之上星辰落。

踏莎行·月夜

断续箫吹、依稀花落，青山织影柳垂络。想它白日尽蝉声，此时相看都沉默。

天上琉璃、云间琥珀，光华流转轻如魄。红尘梦外约清风，千年一瞬处江山阔。

浣溪沙·九溪烟树

野径苍苔人迹殊，流云浅淡看还无。一山风动万山呼。
翡翠烟迷心以外，玲珑水起梦之初。红尘处处有清都。

浣溪沙·幻荷

为甚今生开作荷？真焉幻也梦婆娑。清芬自在任蹉跎。
光影之间谁问道，风云以外我吟歌。红尘忘却可能么？

卜算子·梅

人尽爱梅花，古意今犹著。谁在年年冰雪时，风骨从头数。
为甚报春来，为甚同春去？笑答多情雅客们：不过寻常树。

卜算子·诗心

地也岂无涯，天也应无止。仄仄平平或有因，澹澹烟云字。
落笔去年诗，提笔今年事。心上眉间一点红，忘却玫瑰刺。

朝中措·玉兰

清明烟水锁微寒，春色雾中看。素影含香独立，凌空一笑嫣然。朝朝暮暮，来来往往，风雨皆欢。不欲着人怜取，花魂也共青山。

浪淘沙·五月

荷叶渐浮塘。燕子栖梁。杏花落了杏儿黄。人在春风春雨后，走走何妨。

换件薄衣裳。江阔堤长。三两小童提线忙。云外风筝留不住，飞入斜阳。

蝶恋花·姜花

上善无痕清若水，引渡忘川、犹记含香蕊。玉骨何妨颜色褪，算来总是天然味。

不作新词应久矣，曾几何时、蝶与花同寐。斟酌光阴杯底醉，许它一滴来生泪。

蝶恋花·美食之煎焗鱼嘴

浪里生平何足道？记得当时，最喜烟波渺。来去无拘灵且巧，晴空遥望梦多少。

缄口如今都草草，笑子非鱼，替我愁思绕。莫说柔唇砧上老，精华赋予诸君了。

惜芳菲·美食之粥水火锅

淡极方能容百味，至简亦成至美。君子应如水，无痕之处识经纬。深浅生平知也未？都是浮沉兴废。真意留人会，闲来聚聚消年岁。

采桑子·美食之粉葛赤小豆鲮鱼汤

红尘紫陌喧嚣罢，底事匆匆？我自从容。熬炖时光慢火中。繁华归就天然味，漫道穷通。欲觅还空，尽饮清风在一盅。

御街行·访临淄齐国故都博物馆

我来访也君知否？却已是、千年后。玻璃隔处断烟云，相对惘然依旧。英雄如是，功名种种，欲说无还有。

斯时齐地春归久。望馆外、东风瘦。可怜一架绿萝垂，似水盈盈沾袖。更怜芍药，温柔香里，有只蜂儿嗅。

满庭芳·有赠

花事千年，幽怀百种，怜取一盏灵葩。红尘颜色，都向此间赊。或借春风词笔，将馥郁、漫写芳华。歌千阕，清风来也、乘彼梦之槎。

无暇。霜雪过，沉香亭畔，共我分茶。饮罢人间事，事事归沙。深浅浮沉不问，只换得、平仄生涯。同行者，忘机天地，看烟水明霞。

满庭芳·登三清山

险壑孤崖，空阶悬栈，萦纡九曲深廊。初晴天气，正一片春光。云影流离若水，松风绿、吹染衣裳。红尘外，盈盈过客，谈笑踏危冈。

苍茫。前路远、思量应是、纵马由缰。望江山碧阔，远雾汤汤。岂独子昂涕下，登临处、吟啸歌长。行人也，休来笑我，年少恁清狂。

作者简介：王皓琳，中华诗词学会会员、广东省作协会员、全国公安文联会员、鲁迅文学院第二期公安作家研修班学员。现工作于广东省佛山市顺德区公安局。

王际源作品

王际源

再见，太阳（外六首）

日升　日落
已存在亿年
不知这光明将行至何处
但请你把黑夜归还我们
或许这样的夜晚不是你要的夜晚
你拉拢了月　威逼星群也站在你那一边
不　不是你的责任
是你的强迫症
畏惧落幕　畏惧黑暗们的潜声吟唱
于是　你要在日暮前用力掷出

最耀眼的标枪　恢复刺瞎曾为你歌唱的鸟
扎死曾为你悠然起舞的游风
这就是你要的辉煌吗
或许你就是要释放给别人看
光把阴冷放大了
你的焦虑
你的恍惚
冷酷而无助
你低头瞟了树荫　却未发现那根草
时间到了
你又将划去一个以你命名的刻度
但　那根不起眼的草
将带着你最炙热的部分迎接夜晚

和你看剧

聚光灯把你白天的疲惫留给影子
你的影子盖住我的阴晴
你的发香让我一直出戏
何止是出戏
此刻，我想逃出所有认识你的人生
哪怕仅有一部剧的时光

你在看戏，我在想你
和我
我喜欢你的纪元，已是数不清的世纪
在你那里，我只是你不愿说出的追逐者
之一
之一，之一

你靠着的椅子也让我出戏

我媚俗地喜欢你俏丽的容颜
哪怕有六年只对着回忆唉声叹气
额外的，我会说我喜欢你
给男生讲数学题紧握着笔尖的躁动
我甚至喜欢，你撩拨时间之河时那些妩媚的涟漪
哈气没有退去的日子里
我慌乱地站在你身旁
身后的影子却在嘲笑我的自卑
夜晚
我悄悄沉浸你的梦中
哪怕一部剧的时光

我爱着你，是炫耀，是冲动，也是长久的心神不宁
我渴求你的每一个夜晚
指引我逃出黑暗的森林
我爱着与你偶然中莫名的一致
在地铁拥挤的人群中
在网络飞逝的光波里
那是五个世纪的注定，是亿万光年的起始
于是我拼命捂着那个黏稠、绵密的冬日
跑过一段长长的路
直到衰萎成一棵胚芽
退化到一个起点

舞者回转
我是在爱着爱你的感觉吗

恐惧你的发香离去时，留下你的影子
那里有一颗烈日也敲不烂的冰核
渴求你施与的一丝丝晨光
击碎这致密的结晶
他，贪婪
贪婪你允诺的每一个拥抱
也许吧，那时
我会转身离去
你的容颜将永远驻足在宇宙的边缘

选　择

如果可以
我会选择撕去藏着污垢的陈皮
让血肉畅快地呼吸
如果可以
我会选择驻足海洋与天空
哪怕是单细胞生物
哪怕是游荡的孤鬼
如果可以
我会站在遥远的星系中遥望看不见的星球
或许，在这个地壳之上
我才能剖出那些还在搏动的心脏
如果可以
我会拔掉藏在大海深处的木塞
让土地的沟壑卸去人类勾抹的浓妆
但，那是地球的选择吗
我与那些替别人选择的人们又有何殊异
我又重新倒进海水

把海洋生命一并放进海盆里
我叹口气，累了
瘫倒进河里，望着我曾选择的风景
消失在选择我的时间里

一　年

与她，一年
天天相见
是十一月的暖冬
对的时间
却留下上一季叶的衣裳

与她，一年
两次相见
一次还有交错的地铁捣乱
是转世前的愿
千百次偶然与必然
量不出，坍缩在这一世空间里
余下几滴水的时间

化学反应的催促、背诵过的誓言
海中间升起隔断天的白墙
木篓已架起，连桨都砍去做了柴
渔夫上了岸
鱼群安宁了，码头安宁了
袅袅炊烟安宁了
无数可能也安宁了

渔夫啊
多怕压抑不住
渔网下的沸水，翻滚出
回不去的过去
你梦里，居然藏着个
拼凑好的未来

沿　途

车轮，重复着一个动作
摩挲着黑亮的路
路过后，沾着不知哪辆车轮胎的碎屑
碎屑又被带去更远的地方
跟着我，行在沿途
80、90、120
车窗的影子串成了线
风流行了一阵
云流行了一阵
打弯的光线流行了一阵
高速路边冒出的灌木也流行了一阵
我半躺在车里
不知道，下一阵
要流行什么

思　绪

我在屋子里写你
狭小的空间是你
缝隙里的光缕是你

看不见的景色是你
走走停停，是你的手指
牵着我放下又拾起
只有刻刀，才能削出你模糊的样子
可，走近
走远
走近
走远
终于在你走神的刹那
抓住你的腕
才看清，原本你什么也没有

心　经

诵了百遍，千遍，万遍
读不懂心头，雨花
摔在地上碎成的六瓣
一瓣
初生的光遇见化不开的云
凝作瑶池边的脂玉
二瓣
祠堂前滴滴答答的绵雨
揉碎春蚕的丝线
三瓣
风滑过梅子林
吸进青花釉的肺子里
四瓣、五瓣
浓墨泼在绢布间
浸染出嶙峋间孤舟荡起涟漪一片

六瓣
敦煌洞窟里曼妙的佛音
化作心头的念
轻轻捧起莲
簌
泯灭成尘埃四散

作者简介：王际源，全国公安作家协会会员、鲁迅文学院第二期公安作家研修班学员。现工作于辽宁省大连市公安边防支队小长山边防派出所。

袁瑰秋作品

袁瑰秋

北欧纪行（组诗）

湖　畔

清晨
从莉莉哈马出发
穿越北欧大平原

印象派的乡村
油画一般迟缓
那结结实实的干草甸
像滚动的铁环
滚过我童年的麦田

诗人一般的小鸟
栖居在湖边
烟雨一般的渔网
怎捞得起　这慵懒的时光

无须听懂身边的语言
微笑波浪一样　弥散
平静的波心
盛开无心的云彩
……

2013 年 9 月 16 日晨　写于挪威松恩峡湾湖畔

斯德哥尔摩的月亮

走进　斯德哥尔摩
已经是瑞典时间九月十九日的晚上九点
酒吧里　老牛仔唱着　怀旧的情歌
寒风的街头　暧昧的灯火　点燃
绅士与风尘女子相同的乡愁
无休无止的过客
饮着各色各味的酒
没有人会在乎
又多余了一个我
看着曲棍球现场直播的一桌小伙
喝着啤酒
嗷嗷地叫着进球
……
此刻　正好是中国的八月十五
……

不远处的市政厅
前不久
有一个叫莫言的中国人
把诺贝尔文学奖　领走
我　莫言
可今晚　我想领走
斯德哥尔摩的月亮

2013 年 9 月 19 日夜　写于斯德哥尔摩

岩石教堂

地球
原来是一孔
独一无二的岩洞
洞穴里爬满
人类　发过芽的梦

太阳
揭开了岩石的苍穹
潮汐一般的金黄
落下来　层层　白茫茫的浪
管风琴　纺织着白浪
吟唱着　蓝色的忧伤

忧伤
让我如此安详
感恩
这每一分秒的时光
我是　如此悠然如此健康
家人平安　众生吉祥

世界如此风平浪静
……
静得　听得见光的声响
那是上帝居住的地方
有着岩洞一样的胸膛
那是我相依为命的故乡
微微地　迷漫着
红色的光

2013 年 9 月 21 日中午　写于芬兰岩石教堂

作者简介：袁瑰秋，中国作协会员、全国公安作协会员、鲁迅文学院第二期公安作家研修班学员。现工作于广东省广州市公安局。

报告文学

为了让他痛苦地活着（节选）

王玉山

常言道：跑得了和尚跑不了庙。郝书敏慌不择路地逃到山东，认为自己老能耐了，逃出了包围圈，大连警方知道他下落，少则几个月，多则几年，甚至更长远，结果忽视了公安联网这码事，公安一联网就把他给“联”上了。

饭店进来几个人，操着潍坊口音叫他“郝书敏”时，郝书敏一愣神，以为哪个战友叫他呢，刚站起来想亲热一下，一看来人年龄不对，都是小伙子。其中有个小伙子不慌不忙地从腰带上摘下手铐，“咔咔”两下戴到了他的手腕上，郝书敏这才醒悟过来，“全国警察是一家”。不仅大连警方追他，而且山东警方追得也很紧，躲得过初一，躲不过十五，就这命。

落网后，郝书敏最怕回大连，他怕大连人瞅他来气，不顾头不顾腚地削他一顿。有可能哪，杀陈亮这件事做得太缺德了，比骂陈胜强八辈祖宗还缺德。大连人多虎实、多正义，亲家儿子都敢杀，这种人留着有啥用？一个巴掌打你个鼻口蹿血。

还有陈胜强能饶你？你把人家儿子杀了还不得说道说道？老百姓不动手，他也得动手。动手还能轻描淡写，像挠痒痒似的？剥你皮的心都有。

还有儿媳妇陈宏月，现在也不能再叫她儿媳妇了，天下哪有这样的公爹，杀她弟弟不要紧，还把人家丈夫拐到里面去了。一家出了两个杀人犯，搞得家里家外一塌糊涂，等着陈宏月叫你公爹吧，她吃你的心都有。

还有陈亮妈妈刘晓云，对儿子多在意，两步远的道，中午还要到校送饭；请家教，安排陈亮到科任老师家去住。为了啥？还不是为了让陈亮考上一所好大学。十指连心，儿子没了，刘晓云得像一头母狮子似的疯狂咬你。

还有老婆郭景芬，你说她有多么败家，人活一世，哪个男人不沾点儿腥，遇事说事你闹啥？今天闹闹这个，明天闹闹那个，最后两败俱伤，我和建磊进监狱，你心里能好受？自己寻思去吧。

想想家里这些人，最可怜的是小孙女。别看小孙女现在什么都不懂，等长大明白事了，知道爸爸杀人，爷爷杀人，杀的人还是她的小舅，一生背个杀人犯家属的罪名，参军考公务员别想了，恐怕找对象都得受影响。谁愿意娶个杀人犯后代做媳妇？不是人不好，主要是名声担当不起。

自己最对不住的人就是陈亮。小小年纪，人家没招你没惹你，你凭什么拿小孩子撒气？对陈胜强有意见有怨恨不要紧，有能耐你拿陈胜强开刀，找块平坦地方，跟陈胜强单挑。挑不过也不丢人，在外人眼里，还能证明郝书敏是条汉子，不是孬种，实力不行没人笑话你。杀人就不对了，小猫小狗还要善待呢，何况大活人。陈亮每次来饭店吃饭，一口一个大爷叫着，谁能想到这个大爷人面兽心，是个魔鬼。现在想想，杀人杀得没一点儿道理。陈亮，大爷对不住你了，给你下跪赔个不是，争取来生给你做牛做马，你拿鞭子咋抽大爷都行，就说大爷不是好人，是个大坏蛋。

回过头来想一想，最让人瞧不起的就是儿子郝建磊。

杀人这件事上，兔崽子具有不可推卸的责任。我说杀陈亮，你就杀陈亮？人在气头上，什么话都能说，什么想法都会有，什么蠢事都会做，老爸做得不对的地方，你拦一拦，劝一劝，劝一回不行，劝两回，架不住天天劝，天长日久，没有解不开的疙瘩。留回学，就留到这个色样，太愚忠了，愚忠到黑白不分，没有一点儿原则性。我搞女人，你也搞女人，我的长处你怎么不学学？什么岁数小，一点儿主见没有，我说上天摘星星，你都能给我搬梯子，缺心眼儿的货。

别想了，越想越上火，越想越觉着活得没意思。过去老郝给人印象多仗义、多讲究，迎来送往的，如今成了杀人犯，这话说给别人谁信？杀人杀得把儿子还拉上了，有能耐自己杀去，还是没能耐。这回脸丢大了，恨我的人少不了，不光陈家人恨我，中山刑警队那帮小子也得恨我，我是不是在人家眼皮底下溜走的？说自己糖尿病犯了，不吃药有危险。这药吃得，吃得无影无踪。这回可好，又落到了人家手里。你看宋琦，从山东把我押回来，拳头握得紧紧的，有揍我的意思，看我可怜巴巴的，人家高姿态，饶了我一马。

其实谁打我都得认，你把人杀了，事情本身就是大错特错，打你几下有什么不可？卸胳膊卸腿都应该。过去老子当知青时，遇见地主女儿，照人家屁股不也踹过两脚吗？人都有正义感，何况对我这种人。郝建磊在看守所里不能轻挨揍，狱警不揍他，犯人也得揍他，别看是“同行”，犯人也恨作恶多端的人。揍就揍吧，人要犯法，哪有说话的地方，打死更省心，不然活着也没啥价值。

作者简介：王玉山，辽宁省作家协会会员、鲁迅文学院第二期公安作家研修班学员。现工作于大连市公安局开发区分局。

空中“放油”50吨，跨国紧急营救

毛永温

8月28日，一架由北京飞往加拿大温哥华的飞机正飞行在俄罗斯上空，机上一位中国女留学生突然下身大出血，并发生短暂昏迷。机组人员立即作出返回中国备降哈尔滨的决定。

面对这突如其来的情况，很快，无论是国内还是国外的航空公司、空管中心，还有中国边防、海关等口岸联检部门以及急救中心，齐心协力在最短的时间内，在天上地下架起了一条绿色生命之桥……

危急：女留学生万米高空突然大出血

2007年8月28日17时，在首都国际机场，中国国际航空公司从北京飞往加拿大温哥华的CCA991国际航班正点起飞。

机上有一位叫赵慧仪的留学生，今年二十一岁，是吉林省长春市人，两年前她去了加拿大的温哥华大学读书留学，今年暑假回国度假。暑假快结束了，8月28日，她和也到加拿大留学的同学王凯，相约从北京飞往温哥华。

三十分钟后，坐在中舱位置的赵慧仪感到尿急难受，就去了趟厕所。谁知，小便之后的她仍然感到憋得难受，以后每隔十多分钟就要去一趟厕所。到了后来，她惊讶地发现自己的尿里竟然有鲜红的血，而且一次比一次多，一次比一次蹲得时间长，最后竟发展到大出血。天啊，她感到下腹部像被什么东西撕割一样疼痛难忍！由于不断流血，她的脸色蜡黄，头上冒着虚汗，大小便开始失禁……

赵慧仪的异常举动早已引起了机组人员的警觉，他们悄悄地观察着她的一举一动。这次，赵慧仪又进了厕所，二十多分钟还没有出来。空姐觉得情况有些不对劲，两名空姐来到厕所门口，先是轻轻地敲门：“里面有人吗？我是本次航班的乘务员，您是否需要帮忙？”

没有人回应。再敲，还是没有应声。两人耐心地继续询问。大约两分钟之后，里面终于有了微弱的响动，又过了五分钟，厕所的门才开启了一条缝。空姐眼疾手快，忙把门抠开并警惕地朝里面望去。看到赵慧仪憔悴的面孔，两人大惊，立刻上前搀扶着她，并关切地询问道：“您怎么了？”

谁知，这一搀扶，赵慧仪因体力不支竟晕了过去。见状，机上乘务人员立刻拿来水、药品进行应急抢救。十多分钟后，赵慧仪渐渐清醒过来，但仍呕吐和出血。情况非常危急！

协作：中俄联手飞机紧急备降

从北京到温哥华需要在空中飞行十二个多小时，现在飞机只飞行了两个多小时，到达目的地还有九个多小时。如果这样继续飞下去，赵慧仪的生命将会受到严重的威胁。

见到她奄奄一息的样子，机组人员都为这位素不相识的同胞的安全担忧，当即决定在就近的机场降落，尽快将她送到医院救治。

这时是北京时间19时30分许，飞机正飞行在俄罗斯远东第一大城市哈巴罗夫斯克上空。机组人员征求赵慧仪的意见，问她是在最近的俄罗斯的哈巴罗夫斯克机场下机，还是到美国安戈雷其机场下。考虑到在异国他乡停留入境边检就医等诸多不便，赵慧仪表示想回自己的祖国就医。说完她就昏迷了过去。

这里离祖国最近的机场是黑龙江省的哈尔滨太平国际机场，空中飞行时间只需要三十分钟。

一切为了乘客！机长马上与地面的俄罗斯哈巴罗夫斯克空管中心联系，并且发出了紧急呼救信号："我是中国国际航空公司北京至温哥华CCA991国际航班的机长，紧急呼叫，我的飞机上出现了紧急情况，一位女乘客突发疾病，有生命危险，需要备降到中国的哈尔滨太平国际机场，请予以帮助！"俄方空管中心简单了解了一下情况后，立刻跟中方有关部门沟通。

这天，黑龙江民航空中管理中心区域管制室代班的主任名叫张炼军，这个时段也是哈尔滨空管最忙碌的时候。

19时50分许，哈尔滨机场空管中心区域管制室的值班电话骤然响起，张炼军迅速拿起电话："我是哈尔滨机场空管中心值班主任，有事请讲。"

电话是哈巴罗夫斯克空管中心打来的紧急呼救电话："一架中国国际航班CCA991，飞机上一位女乘客大出血，已陷入昏迷，飞机需要备降哈尔滨机场，请支援！"

张炼军主任立即向北京的民航总局和空军等有关部门汇报这一突发情况。事情很快得到了有关部门的答复并积极提供各种帮助。得到答复后，张炼军第一时间通报给了哈巴罗夫斯克空管中心："同意中国国际航班CCA991飞机在哈尔滨机场备降。"

张炼军的双眼紧紧盯着面前的雷达屏幕，不一会儿，雷达屏幕上就显示出飞机已顺利越过边境线朝哈尔滨方向飞来。

20时15分许，张炼军终于与CCA991航班的贾机长联系上了，贾机长告诉空管中心：“患者需要急救车和医院，请提前联系好。”

张炼军询问了患者的病情，以及患者的血型，以便为其落地后输血做好准备。接着，张炼军和空管中心的机场塔台管制室取得了联系。

然而，情况虽万分紧急，飞机却不能马上降落。飞机从北京起飞的时候，按照北京到温哥华的路程，机上装了满满的五十吨油料，到目前刚消耗了三吨多。如此时紧急备降哈尔滨机场，降落时机身和起落架都无法承受这么大的重量压力，很可能出现险情。

飞机掉头飞回国内后，机组人员立刻通过广播及时把营救旅客紧急备降哈尔滨机场这一事实真相告诉了全体乘客，并解释说，为了保证大家的人身安全和飞机的安全，飞机到了哈尔滨也不能马上降落，还需要在空中继续飞行以便耗掉多余的油料，希望乘客能够谅解。

听完机组人员耐心的解释，机上二百零八名乘客不约而同地鼓起掌来，支持机组的决定。之后，所有乘客默默为赵慧仪祈祷着。这使机组人员深受感动。

于是，飞机飞到哈尔滨上空后，在机场塔台的指挥下，继续在哈尔滨松花江北上空盘旋。盘旋飞行近两个小时，终于耗掉了携带的近四十七吨油料，飞机得以安全降落。

爱心：众部门协力大营救

8月28日这天傍晚，哈尔滨天空格外晴朗。罕见的天象奇观“天狗食月”正在进行中，能清楚地观察到红色的月亮。但接到紧急备降任务的有关人员根本无暇观赏这一天下奇观，全力投入营救准备工作。

预计飞机到场时间为21时40分，机场立即启动应急救援程序，机场边防、海关、安检、卫检等部门已做好迎接病人的一切准备。

国航公司哈尔滨管理站站长迟秉武于19时接到北京总公司的紧急电话，获知由北京飞往温哥华的CCA991国际航班上有乘客突发急病要紧急备降哈尔滨机场后，马上打电话把这一重要情况告诉现场的值班人员，让其立即通报给机场服务报告室、机场现场营救指挥中心等有关部门。之后，迟站长开着面包车直奔机场，进行现场指挥协调。

哈尔滨边防检查站副站长刘丹中校在接到机场营救中心的通知后，又接到了北京边检总站打来的电话，要求协助把出境患者护照上的出境章注销。刘丹领着检查员立刻投入工作，对患者的有关材料进行了进一步的核实对比，做到万无一失。

与此同时，哈尔滨“120”急救中心也启动了应急预案，在很短的时间内，口岸各联检部门和“120”急救中心的医护人员全部到位，提前半个小时集结在了国际航班的廊桥边等待飞机的降落。

在地面人员的翘首企盼中，21时55分，CCA991航班划破夜空，稳稳地降落在了哈尔滨太平国际机场的停机坪上。舱门一打开，早已等候在外的有关人员和医护人员迅速进入客舱。

刘丹带着检查员和验讫章来到现场办公，见赵慧仪手中提着一个简单的塑料袋，就询问她：“你还有其他行李吗?”她艰难地回答说：“有个行李箱托运了。”刘丹要过她的行李票告诉她：“你放心吧，我们会妥善为你保管好的。”

狭窄的机舱里用不了担架，医护人员就搀扶着赵慧仪一步步往前挪，等出了舱门，就让她躺到担架上，将她抬上了急救车。在展开简单的救治之后，“120”救护车呼啸着朝市区方向疾驰而去……

与赵慧仪同行的男同学王凯见她病得厉害，坚持要随她一起在哈尔滨机场下飞机。但刘丹拿过王凯的护照一看，上面的签证有效时间为2007年8月30日。这样一来问题就复杂起来。

因为无论是赵慧仪和王凯同时下飞机，还是其中的一个单独下飞机，按照航空管理的有关规定，飞机上面装载的所有行李都必须卸下来，从中挑出他们的行李后再重新装上，这一切都需要足够的时间。还有，地面还要给飞机供氧、加油等，这也需要时间。但经过协商，加拿大空管方面给的飞行限定时间为，此航班必须赶在当天的23时在哈尔滨机场起飞，否则，加方将不允许其再降落，航班将被取消。这是其一。其二，由于王凯的护照签证最后期限是8月30日，如果航班当天不能按时起飞，那么他的签证就会作废。

刘丹感到问题严重，马上与在现场的国航管理站的迟秉武站长研究对策。两人经过紧急磋商，当即想出了一个两全其美的办法，只让赵慧仪一人下飞机，做王凯的工作，让其继续飞行到目的地后帮赵慧仪取出行李，这样就大大缩短了飞机的停留时间，可谓一举两得。王凯同意了他们的建议，刘丹和迟秉武这才长长地舒了一口气。

迟秉武安排妥当现场的乘客后，急匆匆地驾车往市区赶，他边走边与“120”救护车的司机联系：“师傅，我是国航的迟站长，请问你送患者去了哪家医院？患者身上可能没有带钱，请你到了医院后先把钱垫上，千万不要耽误了抢救，我随后就赶到。”

22时30分许，迟秉武赶到了哈尔滨医大二院的急救中心，马上拿出五千元钱交了医疗费。

此时，医护人员正在急救室全力抢救赵慧仪。经诊断，赵慧仪得的是急性膀胱炎，经过四十分钟的抢救，终于脱离了生命危险，病情得到了有效控制。

为了让赵慧仪尽快恢复健康，医生给她同时挂了两个吊瓶来补充血液和其他营养液，这可苦坏了在一旁陪护的迟秉武。因为赵慧仪三五分钟就要去一次厕所，每次都是迟秉武负责帮她举着两个吊瓶，就这样反反复复地折腾了两个多小时，输液才结束。

然后，迟秉武又领着赵慧仪去做彩超和泌尿系统检查。见他对患者照顾得如此周到、细心，在场的医护人员还以为他是赵慧仪的亲属呢。

当晚23时20分，CCA991航班在补充完氧气和油料后，从哈尔滨太平国际机场起飞，继续飞往目的地温哥华。机舱内，全体乘务人员排列整齐，向乘客们通报了“乘客赵慧仪，经全力营救，现在已安全脱险”的消息，然后向飞机上的全体乘客鞠躬致歉，感谢大家的积极协助和配合，并对由此延误了大家的旅程深表歉意。

霎时间，机舱里爆发出一阵热烈的掌声，大家会心地笑了。万米高空之上，爱心涌动在机舱内，涌动在乘务员和乘客们的心间。

8 月 29 日凌晨两点半，获悉女儿患病的赵福才连夜开车从长春赶到哈尔滨医大二院。当他得知营救女儿的全过程后，感动得热泪盈眶。

赵福才紧紧握住迟秉武的双手，眼含着泪花真诚地说："请您代我向所有参与营救我女儿的好心人表示感谢！也许我们今生今世都无法回报大家，但我们全家心里充满了感动和感激！"

据迟秉武介绍，中国国际航空公司为了营救赵慧仪，仅油料和机场停留经费等就造成直接经济损失五十余万元。他说，尽管损失很大，但无论哪家航空公司遇到类似的事情都会这样，因为人的生命是宝贵的！

作者简介：毛永温，黑龙江省作家协会会员、鲁迅文学院第二期公安作家研修班学员。现工作于黑龙江省边防总队。

恢宏如歌：那痛并快乐的青春年华

李明珠

在山东省业务量最大的黄岛边检站，有这样一群人，他们的任务平凡得不能再平凡了，他们虽然没有惊天动地的壮举，没有鲜花和掌声，每天的任务只是勤务调度、电视监控、上情下达，但正是由于他们的付出，才使得领导的指示能准确及时地传递到边检站的每个角落，化作全站官兵整齐如一的行动。他们是黄岛边检站名副其实的坐标点，是黄海前哨坚实的礁石。当黄岛站每个角落的灯光次第熄灭的时候，只有他们如同永不更移的北极星还亮着，用自己的默默无闻大写着军人的骄傲。他们就是黄岛边检站指挥中心的四位值班员。

当你走进金盾闪烁的黄岛边检站，轻轻阅读

他们刚毅的目光，触摸他们那痛并快乐着的青春年华，你会感到那是怎样的一种奉献……

从嵌入灵魂的电话铃到自学成材的维修工

走进黄岛边检站指挥中心，你就会真真切切感受到“如果你的人生注定要有一段军旅生涯，那么从你穿上军装的那一刻起，应该吃的苦就不能叫做苦”这句座右铭真正的力量。

指挥中心的每个值班员心里都铭记着一条规矩，指挥中心是边检站的神经中枢，每次电话铃响不能超过三声，每次只要电话铃一响，他们就犹如离弦之箭速奔到电话机旁：“你好，这里是黄岛边检站指挥中心。”在他们心中，铃声就是命令。因为每晚都有靠泊的船舶，晚上的睡梦中总会响起急促的电话铃声，而他们还都是二十四五岁的年纪，正是爱睡懒觉的时候，那闯入梦中的电话铃总是恼人地夺走属于他们的睡眠。刚开始的时候，电话铃响几遍他们才惊醒，现在只要电话铃一响，哪怕正在做骑鹤下扬州的美梦，大家也会一个骨碌爬起来。让人恼怒的铃声现在已成为他们睡眠的一个组成部分。

对他们而言，没有铃声的睡眠是不完整的睡眠。在平常不值班的日子里，精神一旦放松下来，大家早上总是会睡过头，耽误了跑早操，甚至早饭的香味都不能把他们从睡梦中拉起来，直到再不起床就耽误打指纹了，才睁着蒙眬的睡眼从床上爬起来。为这个，领导不知提醒了他们多少次，大家也都很苦恼，后来还是机灵的小黄想了一个办法，居然“药到病除”。

以前指挥室的闹钟不论放什么铃声，响了就跟没响一样，大家照睡不误。一次，小黄在值班的时候把指挥中心那部电话的铃声给录了下来，放在手机上当铃声，结果第二天早上一响，六点五分大家全爬起来了。大家都笑着说：“从这以后，我们就再没耽误过跑操，更没有耽误过吃早饭！”

如果说电话闹铃声的新发明是一种偶然的话，那么业余修理工的出现则凝结着这些年轻人不屈的追求。

全国边防提高服务水平达标期间的一天晚上，八点多钟，黄岛边检站所在的这片区域突然停电了，顿时电视监控全部罢工，指挥中心与七个码头警务区失去了联系。而备用电源因为线路老化已不能启用，只有电话还可以使用，急得满头大汗的傅翔一边协调技术科和后勤处的值班人员，等待他们赶来排除故障；一边不停地呼叫各个码头警务区，以便保持联系。

半个小时后，终于排除了故障，监控重新运行，总算是有惊无险。从这以后，为防止监控系统出现技术上的问题而导致工作中断，他们就自己主动学维修。慢慢地，遇到电视监控切换镜头时没有信号这种问题维修就不在话下了，连新配备的车载台的调试编程他们也没麻烦技术科，自己摸索着就搞定了。

“这里的电视监控以前经常会没有信号，每次请外面的维修工，一点儿小毛病也要二百元，为了给站里省钱，我们自己就当起维修工啦！”你能联想到在散发着高温的设备旁边，冒着高压包可能未断电的危险，仔细检查着元器件，为排除故障忙得满脸流汗的人就是小栾吗？这不禁使人想起了易中天的一句话：人，都是逼出来的。是工作，让在大学和军校里跟无线电这种专业不搭边的军人们成为当仁不让的维修工人，还是自学成材的呢！

寂寞让我如此美丽

指挥中心值班实行二十四小时工作制，而值班员都是刚刚从军校和地方大学走出来的新人，他们渴望丰富多彩的生活，总是喜欢在平静的生活中寻找那么一点儿变幻。可想而知二十四小时待在值班室对他们而言是一种怎样的折磨。

因为指挥中心工作本身的保密性，即使是白天，草绿的窗帘也是密不透风地低垂着。平常还好说，一到值大周末，四十八小时下来，每次走出值班室都像是重见天日一般，得调节好一阵才能适应过来。

每逢佳节倍思亲，谁都渴望与家人共享天伦之乐。从年三十开始，新兵黄海鹏一口气在岗上值了三天班。这三天对于黄海鹏来讲，不知是怎么度过的。平常的时候，每天有电话相伴，还不显得寂寞，但大过年的，所有的同事都回家过年了，偌大的指挥中心只留下他们几个人，电话也寥寥无几，黄海鹏感到了一种孤独。他多么盼望此刻能响起可爱的电话铃声，来驱散对亲人深切的思念，打破这种仿佛僵住的寂静。但黄海鹏很快找到了排解的方法。他的思绪飘回了千里之外的家乡，想起母亲亲手包的饺子，想起了自己刚参军时戴着大红花的火热场面，想起了刚参加工作时立下的豪言壮语和大比武的日日夜夜。渐渐地，那种虚无缥缈的苦涩般的寂寞感便烟消云散了，取而代之的是一种自豪感。他感到了自己岗位的平凡而伟大，感受到了在祖国九千里边海防线上，有千千万万个战友与自己留守在同样的岗位上，谁说自己是寂寞的?

“丁零零……”清脆的电话陡然响起，黄海鹏本能地拿起了话筒:“您好，这里是黄岛边检站……”

“同志们新年好，大家辛苦啦!”话筒里传来总队领导新年的祝福声。

黄海鹏的热泪一下子流下来。他没想到，在这举家团圆的时刻，总队首长在一直牵挂着他们，此时他的心情就如同新年的爆竹，从低谷飞向广阔的夜空，绽放出属于自己的美丽。

责任心铸就奉献路

随着青岛港“港口西移”战略的推进，黄岛口岸边防检查任务越来越繁重，年平均检查十九个码头七十二个泊位的出入境船舶一点五万艘次，出入境人员三十万人次。每天指挥中心都要录入三十多条来自世界各地的船舶的相关信息，多的时候一天要录六十多条，而每一条信息、每一次安检都凝聚着指挥中心值班员的心血。

对于值班员来说，最担心的是夜间的报关，特别是后半夜两三点钟，电话铃一响，要赶快拿笔记录下这些数据，并马不停蹄地通知执勤人员。

为了科学安排警力，方便客户报关，他们经过认真的调研，对所有码头的停泊情况进行观察，然后主动与船舶代理公司联系，询问船舶的靠泊时间，从而准确掌握预靠时间；一方面减少一线边检人员的时间压力，另一方面也大大方便了客户。

看过中央电视台“第一线”中《捕蛇在子夜》的人可能不会忘记，里面有一张线路图为执法人员追捕偷渡分子立了大功，而那幅图就是栾宁他们绘制的。当时中央电视台的记者说需要这样一幅线路图，时间很急，栾宁他们就根据自己的经验和思路，两个多小时便拿出了一幅标示清晰、美观实用的线路图来。

在全国边防提高服务水平达标现场会期间，栾宁凭着高度的责任心，多次深入基层一线，调研码头监控镜头所在方位，没日没夜地在互联网上搜索借鉴了一千多个模板后，自己摸索着制作出了包括《黄岛边检站执勤区域示意图》、《电子监控系统示意图》等三十多套幻灯片，从而使黄岛边检站在提高服务水平达标验收中取得全国第二名的好成绩。

他们的工作十分单调、寂寞，每天面对电话、电台、显示器；

他们的生活十分充实，当一个个客人带着微笑出入国门，当一个个偷渡分子落入法网，他们感觉自己的生活充满了乐趣。

他们也有似水柔情，也有儿女情长，铮铮铁骨下包藏的是一颗比常人更炽热、更深情的心。除夕佳节，万家团圆之时，白发苍苍的父母守着丰盛的饭菜，而千里之外的边检站上，他们却只能压下心中的愧疚和惦念，通过电话，向老人道声平安。一边是老人的反复叮嘱，一边是子女哽咽的拜年，这一幕又不知多少次在边检站的指挥中心反复上演。谁没有父老妻小，谁不想尽享天伦，但对他们来说，这人之常情却近乎是一个奢求。为了肩负的使命，为了头顶的警徽，他们总把寂寞与愧疚深深地埋在心底。读他们就如同读这首诗：“你说你无悔/这岁月铸成丰碑/你说你无悔/这青春融进边陲/你说从军有得有失/更多的是一份欣慰/你说军旅如诗如画/在你心中是最美。”

是的，这痛并快乐的青春年华，在他们的人生中是最美。

作者简介：李明珠，全国公安文联会员、鲁迅文学院第二期公安作家研修班学员。现工作于山东省边防总队黄岛边防检查站。

钢铁是这样炼成的（节选）

张和平

那是一抹诱人的橘红色，力量的化身，当火灾、地震、洪水降临的时候，总会看到他们诱人的影子，他们在以强健的臂膀支撑起倾斜的天空和大地；那是一种生命的原色，以无声的语言透射出响当当的人生哲理，以汗水和鲜血书写着首都公安厚重的历史。

——本文谨献给北京市公安消防总队刘洪坤、刘洪魁烈士

公元2013年10月11日，对于首都公安史来说，无疑是极其沉重的一页。

这一天，两名消防战士用年轻的生命，大写

出对共和国无限的忠诚；也正是这一天，两个共和国卫士用无悔的追求，解析出首都公安梦深刻的内涵，同时也将他们的身影定格于首都记忆的天空。

这是一个黑色的星期五。

这一天，见证了首都公安史上一次性牺牲公安消防官兵最多的战斗；

这一天，刘洪坤成为共和国成立以来首都公安消防战斗中牺牲的警衔最高的警官。

也正是从这一天起，刘洪坤、刘洪魁两个默默无闻的名字开始传颂在首都的每一个角落。中央电视台、中央人民广播电台、人民日报、光明日报及首都各大新闻媒体，都对两位英雄的事迹和不平凡的人生轨迹进行了持续深入的报道，其迅速成为首都乃至全国街头热议的话题。

第一章　他们相拥走向火海深处

一

2013 年 10 月 11 日 2 时 59 分，报警电话铃声在北京市公安消防总队 119 指挥大厅骤然响起，报警地点指向了石景山区的喜隆多购物中心。

火情就是命令！一分钟之内，北京市公安消防总队紧急调动八大处消防中队、古城消防中队的九辆消防车赶赴现场，总队及石景山支队两级火场指挥员紧急赶往现场进行指挥。

喜隆多购物中心位于石景山区的苹果园南路，这里是个三岔路口，向西是苹果园南路，向北通往八大处。喜隆多购物中心是一座综合性的商业楼，共有四层：一层总面积为两千平方米，主要经营珠宝店和小商品，西侧是麦当劳餐厅。二、三、四层面积各一千九百平方米，其中二楼和三楼经营的是日用品、箱包和服装，四楼西侧是小餐厅，经营的是麻辣烫、米粉等，并且隔断采用的是易燃材料；东侧是商场的库房和电动玩具区。

商场的建筑结构为三种，主体是钢筋水泥，三楼是钢结构和预制板，北面则是彩钢房。

大火的罪魁祸首是麦当劳餐厅的巨幅广告牌，据报警人员介绍，当晚，麦当劳餐厅的职工在给电动自行车充电时，因电路发生短路，从而引起大火。

3 时 21 分，八大处中队副中队长刘洪魁率领所属的五辆消防车赶到喜隆多商场，当他对周边环境进行简单的侦查后，不禁倒吸一口凉气。此时，最先起火的麦当劳快餐店已经被翻卷的大火吞噬殆尽，在高温炙烤下，面向火场一侧的部分底商玻璃被烤化、灯箱广告变形，大楼整个西侧已成立体燃烧之势。而商场附近的西、北两侧毗邻不远处便是居民住宅楼，东侧紧挨着同样繁华的天宇写字楼和天兰尾货市场。最要命的是在购物中心西侧和北侧各有个变电箱，一旦烧着了，极有可能引起爆炸。

在出警的第一时间，八大处消防中队中队长朱建国对参战官兵进行了明确分工，由朱建国担任前方指挥，带领战斗班进行灭火作战，副中队长刘洪魁担负后方指挥重任，负责水源的保障。

刘洪魁对喜隆多商场周围的环境再熟悉不过了，心细如发的他平时对辖区所有的消防栓都了如指掌，他知道周围二百米范围内根本就没有公用消防栓，只在毗邻的天宇市场有一处自备的消防栓。心急如焚的他带领战士马上敲开天宇市场的大门，指挥官兵迅速铺设一条通向火场的水带干线，全力以赴地做好供水保障工作。

这场大火烧得太猛！猛得还没等各区县的救援力量赶到，就已经浓烟滚滚。

大火，惊动了石景山，惊动了北京城！

北京市委副书记、市长王安顺，公安部副部长、北京市委常委、市公安局局长傅政华，市政府秘书长李伟等领导及公安部消防局相关领导相继赶赴现场，组成一线指挥部，组织指挥灭火救援工作。

在接到报警的第一时间，刚刚上任二十天的石景山公安消防支队参谋长刘洪坤正在单位加班，他被急促的警报声和一楼古城中队消防车巨大的引擎声惊醒。高度的责任心促使他本能地向楼下望去，正看到一辆辆消防车闪烁着警灯驶出大院。他推开房门，看到穿戴整齐的支队长高永路正要下楼，便急匆匆地问道："高支（队长），哪里着火了?"

高永路支队长看了一眼刘洪坤说："喜隆多购物中心。"

"让我去吧，喜隆多原来是我的辖区，我对那里的情况熟悉。"

高永路看了一眼这个颇具实战经验的参谋长，说："你忙你的，我先去看看。"

"让我去吧，那里的一切我都熟悉，真的。"

此时高永路什么话都没说，独自下楼了。

刘洪坤追了出来……

二

大火在深夜中弥漫开来，像毒蛇一样舔舐着宁静的夜空。

与此同时，源源不断赶到的消防官兵与这场突如其来的大火展开了殊死搏斗。

一条条水带铺设开，一支支水枪端起来，北京市公安消防总队紧急调动 15 个消防中队、63 辆消防车、25 辆市政洒水车铺设了 12 条供水干线，24 支水枪怒吼着喷出水龙，从而构筑起对抗这场火灾的阵地。

面对这场突如其来的火灾，作为一名支队参谋长，刘洪坤始终明白自己的职责，就是侦查火情，然后组织最有力的进攻，尽快控制住火势，进而扑灭大火，使群众的损失降到最低。到达现场后，他按照现场指挥部的命令，立刻投入灭火战斗之中。凭着多年积累的实战经验和对地理环境的掌握，刘洪坤针对火势的发展不断下达着扑救命令。

时间在一分一秒地过去，每一秒钟，都在揪着消防官兵的心。

此时，在购物中心内部，嚣张的火魔仍在肆虐着，大量易燃的服装箱包等物品助长了大火的燃烧，而外面的大广告牌却挡住了消防队员的进攻。

现场指挥部果断提出“内攻为主、控制外围、内外结合、防止蔓延”的作战方针。必须寻找新的突破口，实施内攻，而这个职责自然落到了刘洪坤的身上。

刘洪坤通过电台接到指挥部的命令后，立刻带着官兵冲到大楼一层正门，在水枪手的掩护下，对内部火势进行侦查。此时，购物中心内部西侧和中间楼梯已经全部燃烧。他立即下令成立两个攻坚组，准备进行内攻，并背上空气呼吸器亲自带领一组，与八大处中队中队长朱建国带领的另外一个攻坚组同时攻入了大楼内部。

官兵们冒着高温，背着几十公斤重的器材，设立水枪阵地，全力堵截大火，以防止火势继续蔓延。强烈的辐射热烤得人睁不开眼睛，水滴溅在皮肤上针刺一般疼。官兵们用水枪将身上浇湿，可眨眼间就被大火烤干，接着再浇湿、再烤干……没有一个人退后。一楼内部的火势终于被控制住了。

在刘洪坤的带领下，攻坚组兵分东西两路，凭着顽强的意志和娴熟的技能开展强攻，一路势如破竹地推进到了二楼。一道防火门出现在攻坚组的面前。不同于常见的那种钢制的卷帘式防火门，这是一种不多见的软质石棉防火门。

防火卷帘门早已关闭了，深谙防火器材性能的刘洪坤知道这种防火门的性能。这种防火门防火性能不错，但是破拆起来有一定的难度。

此时，刘洪坤早已两眼血红，他拍着八大处中队班长刘鹏的肩膀，大声喊道：“水枪掩护，马上破拆！”

战士们一拥而上，使用无齿锯很快打开了防火门。卷帘门被锯开后，浓烟紧裹着火舌霎时蹿了出来。氧气面罩上都是灰，浓烟让人顿时没了方向感，即使有强光手电，但仍是两个人面对面都看不清，耳朵里全是大火燃烧的声音，巨大的热辐射把穿着战斗服的战士吓了一跳。战士们迅速用排烟机进行排烟。刘洪坤看了看火势，命令道："马上组织力量，进行强攻。"

"是。"朱建国答应一声，组织四名战士举着水枪钻进了二楼，另外出两支水枪，一边掩护，一边向里推进。

肆虐的火舌被消防战士牢牢控制在楼梯口的东侧。

刘洪坤带领战士很快推进到三楼的楼梯口。

就在刘洪坤组织攻坚组准备继续破拆时，队员们的空气呼吸器却发出了刺耳的警报——氧气不足了。

浓烟和残火都集中在三四楼。此刻，经验丰富的刘洪坤知道这将是一场恶战，尽管自己入警十六年来，参加过两千多次灭火和抢险救援，抢救遇险群众二十多名，六次荣立战功，但今天的情景大不同于往常。他立即命令官兵先后撤出大楼轮流更换呼吸器。

空气呼吸器是消防队员在扑救火灾中重要的保护性装备，一般有三十个大气压，只能保障消防队员在四十分钟内自主呼吸。如果在作战的情况下，呼吸器一旦下降到五至六个大气压就会自动报警，作战的时候顶多使用二十分钟。

队员们按照刘洪坤的安排，迅速撤出大楼，轮番更换呼吸器。而他自己却在下楼的过程中再次深入到二楼的西北侧侦查地形，并与从外侧悬挂楼梯攻入内部的银河中队指导员杨占国会合。

在问清外围的基本情况后，刘洪坤命令杨占国迅速带领官兵支援三楼的攻坚组，组织灭火。等一切安排完毕后，刘洪坤这才由原路撤到楼外更换呼吸器，此时已是凌晨五点钟。

换好呼吸器，刘洪坤再次返回楼上继续督战，组织内攻。

从二楼往三楼走，烟雾像是忽然从四面八方压过来，温度骤然上升。战斗员们的强光手电不能射穿浓烟，护目镜前漆黑一片，呼吸加重，氧气瓶消耗明显加快，炽热穿透隔热服像无数细针扎在身上一般……

刘洪坤仍在前行，直到一扇落下的卷帘门挡住去路。他指挥攻坚队员迅速破拆卷帘门后，带头冲了进去。

向东内攻了十米左右，转过一个弯，队员们来到三楼的防火卷帘门前。面前同时出现两道防火门，一道通向三楼的购物商场，另一道通向四楼，都是那种石棉制的防火门。刘洪坤带领战士吴小叔、李祥全在水枪的掩护下，用无齿锯锯开卷帘门，冲了进去。但攻坚组刚冲进去五米便退了下来，因为火势太猛，无法开展有效的内攻。刘洪坤见三楼已经无法扑救，便安排两名战士坚守住楼梯口，自己带领另外两名战士迎着热浪炙烤强行破拆，一直攻到四楼的卷帘门前。此时，呼吸器的氧气消耗殆尽，他再次组织官兵轮流到大楼外更换气瓶。

在进行火情侦查，组织进攻的同时，刘洪坤始终没有忘记一个参谋长的职责。他考虑到队员们已经连续奋战了几个小时，官兵的体力消耗很大，担心战士们在火场发生虚脱等意外，在下达继续紧盯火势的命令后，给副参谋长张岚打了个电话："看样子大火一时半会儿灭不了，必须确保参与救援战士的饮水。火灾救援现场温度很高，而且作战时间持续过长，消防战士们已经两个小时没有进水了，至少要二十箱才够，一定要把水放到通道口，战士们一出来就能拿到水。"

"保证完成任务！"张岚在电话中斩钉截铁地回答道。

安排好一切后，刘洪坤才返回楼下更换自己的呼吸器，重新进入火场。

此时，总队的增援力量已先后到达火场，大吨位消防车在正面南侧展开了立体扑救。但正在内部进攻的官兵发现，四楼部分区域已经出现了明火并呈蔓延趋势。

附近居民楼的居民早已经被这突如其来的大火吓呆了，胆大的从窗子伸出脑袋，惊恐万状地看着眼前的一切，有些不知所措；有的在收拾着财物，准备撤离，生怕大火飞到自己的屋内；更有一些居民来到火灾现场，看着熊熊大火和奋不顾身的消防队员，想参与到这场救火战斗中。

5 时 38 分，刘洪坤得到一个令人震惊的消息：在购物中心四楼的餐厅存有大量煤气罐，据说有的煤气罐足有一人多高。虽然餐厅内究竟有多少煤气罐他不清楚，但他却知道，一旦这些煤气罐发生爆炸，就会造成巨大的连锁反应，甚至会把附近的居民楼夷为平地。

三

刘洪坤首先找到一位熟悉商场情况的民警，了解商场东侧布局，准备从东侧突破。但他随即发现商场东侧四层的上沿开始冒烟，于是便背起呼吸器再次冲进了火场。当他冲到二楼的楼梯口，透过浓烟，看到了八大处中队副中队长刘洪魁、银河中队战士张广鑫、陈欢三人正冒着巨大危险，准备从环境未知的东侧疏散口上到二楼内部展开侦查时，便叫住了他们："看来二层已经没什么大事了，现在主要的是三层和四层，如果那里火势蔓延到东侧，就要成立攻坚组堵截。"

"这里危险，让我先上。"每到危险的时刻，刘洪坤总会说出这样的话。

就在他们刚刚登上三楼的时候，张广鑫、陈欢两人的呼吸器相继报警。"这里太危险，呼吸器也快用完了，你俩先撤下去，我们随后就来。"

刘洪坤向两位战士下达了命令之后，转身命令他曾经带过的兵、灭火经验丰富的刘洪魁："洪魁，跟我走！"

"是！"刘洪魁没有任何犹豫，紧紧跟在刘洪坤后面。两个人一起冲向火场，继续在视野全盲的浓烟中向火场深处艰难挺进。

5 分钟、10 分钟、20 分钟……

6 时 10 分，电台里突然断断续续传来了刘洪坤模糊而急促的声音："烟太大了……迷路……派人联系……"可还没等大家问清楚具体情况，联系却突然中断了，手机、电台一下子没有了消息，刘洪魁副中队长也同样杳无音讯。所有人的心一下子被揪了起来，一算时间，正是呼吸器临近使用极限的节骨眼儿上！

6 时 14 分许，突然传来"轰隆"一声巨响，商场西侧内部发生了坍塌，一股浓烟腾上天空，所有在场的人无不感到震惊。

"刘参谋长还在里面呢！"

"参谋长！刘副队长！"

战士们顿时大喊起来，争先恐后地向里面冲。

不能让战士再做无谓的牺牲了，现场指挥作战的最高指挥——北京市公安消防总队队长张高潮流着泪水下达了撤退的命令。待坍塌声停止了，他又拿起电台，命令道："搜救！尽全力搜救！务必联系上他们。"放下电台，他哭出了声。

攻坚队员们开始从东侧拼命强攻，恨不得直接闯出一条通道冲进去，可不断喷涌出来的烈焰和浓烟却死死地封住了楼梯口。

指挥室内，支队长高永路的嗓子都喊哑了，但两个爱将熟悉的声音仍然没有出现。

几批搜救队员红着眼睛咬着牙，顶住不断攀升的高温冲进火场内开始轮番猛攻，心里喊着的是战友的名字、望眼欲穿的是战友的身影、心中祈祷的是战友的平安！

内攻和外攻同时进行。

364 名首都消防官兵与火魔展开了殊死的搏斗，他们用几支水枪分别从天兰尾货市场、天宇市场等处架设水枪阵地进行堵截。徐志刚副支队长带领两个攻坚组从四楼东侧攻入了大楼内部，一边灭火，一边开展搜救工作。

现场指挥员下达了死命令："要清到见地面，过筛子，清过的地方要保证没有！"

一批批增援力量到达现场后，采取了地毯式的搜救方式寻找失踪的战友。

"刘洪坤！刘洪魁！"

"刘参谋长！刘中队长！"

队员们一边喊着刘洪坤和刘洪魁的名字，一边艰难地在废墟中反复搜寻刘洪坤和刘洪魁的影子，盼着他们能够安然无恙地脱离险境。

1 个小时、2 个小时、3 个小时……官兵们一遍遍地在火场仔细搜寻，盼着奇迹能够在下一刻突然出现。

9 个小时过去了。15 时 21 分，穿透了电台，刺破了浓烟，点亮了一双双苦苦守望的眼睛，废墟深处传来一声："找到了！"

所有听到的战友立即蹚着脚踝深的积水，踩着烧得变形的铁架，冲向三楼的西北角。但当大家来到这里时，却被眼前的一切惊呆了。

两人仰面躺着，刘洪魁被一块掉落的楼板压住大半个身子。两人手套中的铜丝已被烧得焦化，特制的防火胶鞋被烧断，刘洪坤的氧气瓶由乳白色变成焦黑。

战友们忘乎所以地挖掘着，有的战士的十指被尖锐的混凝土块割破，渗透出殷红的鲜血，但他们流着泪水，仍不顾一切地挖掘着……

四楼彩钢制的房顶张牙舞爪地伸展着残缺的部分，注视着这撼天动地的一切，风起之处，发出呜咽的哭泣声。

其实，两位烈士牺牲的地点距离安全门不足两米，但这短短的两米，却成为了两位烈士最终难以迈过的生命门槛。人们不禁这样推测，假如两个人早一步跨过这道生命线，或者喜隆多西侧墙壁的钢梁能够再撑住几秒钟，就不会发生这场悲剧。

没人知道生命的最后时刻，两人说了什么。更没人知道，两个人在生命的最后时刻，是如何在高温浓烟之中，几乎将整个大楼全部侦查完毕。但面对残酷的现实，人们已经判断出两位烈士遇难的真正原因：三楼燃烧的大火使得支撑的钢梁变形，带动西墙的墙体以及构架发生垮塌，把四楼的地板砸塌了，完成侦查任务的两位烈士在即将撤退出安全门的最后时刻，随着倒塌的墙壁和楼板跌落至三楼……

面对眼前生死相依搂抱一团的遗体，战友们的视觉受到了强烈的冲击，眼角的温度似乎比火灾现场的水滴更滚烫得多……

人群中不知谁发出了一阵撕心裂肺的哭声，“参谋长，你醒醒!”“我的好队长，你不能死啊!”……

可两人再也醒不过来了。

所有人都不约而同地摘下了布满灰烬的战斗头盔。总队长张高潮和政委吴志强这两名年过半百的消防老兵，带着现场的所有官兵，在废墟之中、在战友身旁，默默地低下了连火魔都不曾撼动的头！

当他们的遗体被抬上救护车送走的那一刻，战友们齐刷刷地敬起军礼，中队长朱建国哭着喊道："给兄弟跪下，送送兄弟！"所有战士们一齐跪了下来，现场一片痛哭声。

"让我去医院，我去陪陪中队长，我们是一个屋的！"八大处中队排长郝泽铭大声痛哭，起身挣扎着要跟着中队长去医院。

"战友牺牲了，我们都十分悲痛。我们要继承队长的遗志，干好我们的本职工作。现在灭火战斗还没有完全结束，有骨气的人，听从指挥，继续战斗。中队长，下命令！"北京市公安消防总队副总队长李进流着眼泪，向官兵们下达了指令。

"兄弟们，起来！为了刘队长，走！我们进去！"八大处中队中队长朱建国抹干了眼泪，举起右手，发出了总攻的命令，带领官兵再次进入火灾现场。

战友们拿白布轻轻盖在了英雄的身上。

这两个同样来自齐鲁大地的战友，在生命的最后一刻，以同样的战斗姿态，将他们的青春和誓言永远定格在了这片土地上……

作者简介：张和平，中国作家协会会员、鲁迅文学院第二期公安作家研修班学员。现工作于北京市公安局延庆县局。

用我的真心换你的真情

——湖州市首届和第二届“我最喜爱的十大人民警察”郭春华速写

（节选）

郑天枝

引　言

郭春华很忙。自从他1980年5月调入公安机关成为一名人民警察起，换过很多不同的岗位，无论是担任基层领导还是成为社区民警，他始终都很忙。这一忙已经持续了三十二年，从青春勃发到满头银丝，他用无怨无悔书写着人民警察对人民的那份热爱之情……

怀着深厚感情做人做事

今年3月30日，刚过了晚饭时间，天色渐渐暗了下来。而度假区垄山村村头的一间房内却灯火通明，不少村民正在里面边喝茶边聊天，气氛很是热闹融洽，给村民们忙着添茶倒水的是社区民警郭春华。这间“夜茶馆”其实是郭春华所在的度假区公安分局仁皇山派出所垄山警务室。

垄山村属于城乡接合部，住在这里的都是当地农民和外来民工。原来这里就民风淳朴，平常吃过晚饭后，大家都喜欢找个地方坐下喝喝茶，聊聊家长里短。因为郭春华每晚都要在警务室忙到九点左右才回家，周围的群众都喜欢到警务室来，能帮上忙的就帮个忙，没事就拉拉家常。时间一长，老郭索性就开起“夜茶馆”了。大家一起坐下喝茶聊天，气氛很好，老郭也正好利用这个机会宣传安全防范知识，还可以了解村里的情况，一些小矛盾、小纠纷顺手就地化解了。

这个“夜茶馆”深受群众的欢迎，见到老百姓开心，郭春华更是乐此不疲，并一直坚持下来。老郭开“夜茶馆”这件事还上了《人民公安报》，这让当地的群众很是骄傲。

说起这件事，老郭“嘿嘿”一笑：我这儿可是天天开展“警务广场”活动呢！当初有这个想法，也是出于为群众着想，有了这个平台，大家的心就更容易沟通，一些看起来比较难办的事，也能够得到稳妥的处理。在我看来，这是郭春华怀着深厚感情做人做事最实在的体现。

“郭警官，真的谢谢您！我儿子的保险费拿到了，这二百元还您。”一位四川籍民工对郭春华说。原来，前不久他的儿子在辖区的农贸市场门口被本地人开的三轮车碰了一下，小孩因脚擦破了一块皮号啕大哭，双方争执不下。交警前来处理，双方依旧互不相让，引起了很多人的围观。后来，双方同时想到了郭春华。

接到电话，郭春华放下手中的活，立即赶到农贸市场着手调解。原来，开三轮车的老者是五保户，经济非常困难，没有能力接受对方提出到医院看病的要求，而小孩的父亲经济也很拮据。了解情况后，老郭提出请老者拿出二百元给小孩作为补偿，但老人拿不出这笔钱，双方仍僵持不下。见此，郭春华当即掏出二百元给小孩，化解了这起矛盾。随后，郭春华又帮助小孩尽快办完了各种证明和手续，使得学校给小孩办的保险及时赔付到位。

“当时，我想当然地认为公安机关会偏袒当地人，对外地人肯定不会尽心尽力地解决赔偿问题。”这位四川籍民工如是说。郭春华像对待亲人一样对待他的做法让他很感动，“郭警官对我们外地人一视同仁，一样热情周到。在这样的社区工作，我们很放心，也很安心。”

2008年大年三十的下午，郭春华整理好当天的巡逻记录本，跟值班的协警交代好工作后，骑上他的电瓶车急急忙忙向菜场赶去，他要去买饺子皮、饺子馅儿和熟食。从菜场回来，附近农村已经响起了零星的鞭炮声。

郭春华拎着这些物品走进了民工宿舍区的临时“宴会厅”。老郭一到，在此恭候的民工兄弟一起围拢过来，大家开始包饺子。包好了饺子，老郭亲自下厨，大家纷纷拿出准备好的食物摆放在桌子上，有的拿出家乡的腊肉，有的端出熏鱼，有的打开农家自酿的烧酒……

温馨的灯光下，郭春华和他们边吃边聊，从不喝酒的他此时也喝了一点儿，以表达他对这些远离故土的农民兄弟的友情。在这些民工眼里，他们早就将郭春华当作了自己的好朋友、值得信赖的好兄长。和民工兄弟在一起度过难忘的除夕夜，郭春华已经坚持了十年，它让我想到的还是“深情”这个词。

跟民工兄弟们吃好年夜饭，郭春华照例在生活区巡视一遍，叮嘱大家防火防盗，然后和大家依依惜别。今晚，郭春华还有一个任务，他要到村里的阿荣家去一趟，送上一份祝福和心意。

阿荣是垄山村的贫困户，是个残疾人。他老婆四年前因难产去世了，留下女儿，父女俩相依为命，生活得很苦。郭春华在走访时了解到这一情况，当即送给阿荣五百元钱，以解其燃眉之急。随后，老郭多次和村里协商，为阿荣的女儿办了低保。郭春华还和阿荣结成了帮扶对子，经常上门走访，帮助他解决一些力所能及的困难。每年的六一儿童节，老郭的爱人早早准备好了衣物和食品，和老郭一起登门慰问。每年过年小女孩的新衣服也都是老郭的爱人买好，由老郭在除夕夜送去，还给小女孩压岁红包。小女孩如今管郭春华叫“警察阿爹”……

说起这件事，郭春华想得很简单：人都有困难的时候，有能力帮助别人就尽一点儿心意，看到他们父女开心的样子，我也会多一些安慰。

热心做琐碎的好事并成为习惯

在郭春华看来，如果看到能帮得上的人而不去帮助，心里就会愧疚。“我们做每一件事都该尽力做到底。我们只不过多花了一点儿力气，多费了一些周折，但对老百姓来说往往是解决了大问题。”

2005 年 8 月，安徽籍民工小赵在工地某标段打桩时不慎将右手手指砸断，与工地负责人多次协商工伤赔付无果。无助的小赵走进警务室，向郭春华寻求帮助。

郭春华仔细了解了事情的原委及事故的责任，经过多方调查取证，并认真学习了劳动保障法等相关法律法规后，约见了施工单位的负责人，对其晓之以理，动之以情，最终这位负责人答应赔偿，并与小赵签订了一次性赔偿经济损失一万五千元的协议。

在警务室，当小赵捧着沉甸甸的赔偿金时，小伙子哽咽了，紧紧搂着郭春华，感谢老郭在自己最无助时给予的帮助。这件事让他感到自己虽身在异乡，举目无亲，但依旧得到了无私的爱。

村民吴某的妻子多年来一直与婆婆关系紧张，甚至到了水火不容的地步，夹在中间的老吴很是为难。一个大男人常常独自一人长吁短叹，觉得日子过得没滋没味。万般无奈之下，他找到了郭春华。

郭春华接过了这个难啃的分外活儿。起初，当郭春华上门做工作时，老吴的妻子很反感，要么躲着不见，要么责备老郭多管闲事。对此，郭春华并不介意。此后，只要有空，郭春华就往老吴家里跑，慢慢地老吴的老婆开始接受郭春华的劝导。趁热打铁，郭春华又做老人的工作，劝慰老人，使婆媳之间的关系有所缓和。今年春节，郭春华上门拜年，给老吴的孙女买了新衣服和水果，还当着老吴妻子的面给了老人二百元压岁钱。这让他们一家很感动。

春风能够融化坚冰，更何况人心都是肉长的。通过郭春华的不懈努力，终于让老吴一家和好如初，老吴逢人便夸郭春华：老郭有一副菩萨心肠呢……

今年4月的一天早晨，郭春华正在警务室忙碌着，一个叫田德松的小伙子前来报案，说是早晨上班时将一个皮夹弄丢了，内有一千多元钱，还有身份证、银行卡等。当时，小田到警务室报警其实没有抱多大的希望。

郭春华详细询问后，立即按照小田的描述，沿着这条路线寻找打听。后来终于了解到一个裁缝店的女子捡到过一个皮夹。

进了裁缝店，郭春华连忙对那女子说道：阿姨，恭喜您今早做了一件大好事！见是郭春华，那位阿姨便从抽屉里取出捡到的皮夹，交给了他。

当郭春华将找到皮夹的消息告诉小田时，他的家人正在埋怨他呢！接到电话，小田还有点儿将信将疑，他不相信这会是真的，因为从他报案到皮夹失而复得还不到一个小时。

当小田从郭春华手中接过皮夹，清点无误后，小伙子立即跑到附近的小店买了两包软中华香烟硬要塞给郭春华，以表达深深的谢意。郭春华却领着小田来到那家小店，将两包烟退了回去。

做这样琐碎的小事，对于郭春华来说，就像是家常便饭，并已经养成了习惯。正是因为郭春华做了这些不起眼的小事，拉近了他与群众的距离。日积月累，坚持做小事、做好事，已经上升为郭春华的人生信仰。在他看来，能为群众提供帮助，无论大小都是在尽自己的本分。

用情用爱叩开人的心坎

在湖州某监狱，这一天正是探监的日子。会见室里，一个老人对正在服刑的孙子说，要他好好改造，争取尽早出来重新好好做人。老人告诉孙子，他服刑后，是郭春华警官经常上门照料自己，给钱帮他买煤气，嘘寒问暖。听了老人的一番话，老人的孙子连连点头。

原来，老人的老伴过世了，儿子离婚后在市区又成了家，平时很少过问老人的生活。孙子这一“走”，让老人很伤心，加上年纪大了，生活自理都很困难。郭春华知道后，就时常上门安慰老人，帮助老人做家务，给老人生活的信心和勇气。

辖区的阿杰，原来在一个小区做保安，有一份收入，尚可养家糊口。后来，因为他犯了错误，被单位开除了。阿杰家中比较贫困，年迈的父亲摔坏了脚需要救治和照顾，儿子正在读书，妻子又没有稳定的收入；失去工作的阿杰没有了经济来源，对这个家庭来说无疑是雪上加霜。了解到阿杰的情况后，郭春华多次找他谈话。他觉得阿杰虽然犯过错误，但本质是好的，在这样的时刻应该伸手拉一把，而不能让他破罐子破摔。随后，郭春华多方打听，设法联系用人的单位，极力推荐并做担保，终于为阿杰找到一份合适的工作。这对于阿杰一家来说，好比是雪中送炭，阿杰很是感激，决心用努力工作来报答郭春华的这番心意。

前年，辖区内有一个叫阿华的居民被判刑，在市看守所服刑。其间，他七岁的儿子生病，在湖州某医院被诊断为脑瘤。家人随后又将孩子送到上海救治，被告知不能开刀；家人只好将孩子带回湖州治疗。

郭春华在走访中了解到这一情况后，上门送去五百元慰问金，之后还常去探望。没多久，阿华的儿子病情恶化，以致双目失明。阿华的家人估计儿子不久将辞世，提出让阿华见儿子最后一面。郭春华立即与相关部门联系协商，终于让阿华见到了儿子。

阿华从看守所回到家里十余天后，他的儿子就过世了。郭春华赶到阿华的家中慰问，又送去了二百元钱。随后，郭春华几次到看守所看望阿华，安慰他，鼓励他好好改造……

说起垄山村的严正荣，至今郭春华还感到内疚。那天在警务室，郭春华讲起严正荣时神色有些暗淡，几次强忍住眼泪：如果他有钱，或者我有钱能帮他治病，他的病是可以治好的，他不该走得那么早……

严正荣家是垄山村最困难的家庭，他本人手脚关节肿大，但由于经济困难，他不可能到好的医院用好的药物来治疗。原先，严正荣在一家企业传达室工作，有固定的收入；后来因病情严重了，就回家养病，单位帮他买了保险，每个月还给他三百元的生活费。但由于老婆和儿子没有工作，仅靠这三百元是无法过日子的。

严正荣找到了郭春华，想请老郭帮他的老婆和儿子找一份工作。郭春华答应了他，跑了好几家单位，苦口婆心反复做工作，终于让严正荣的妻儿有了一份稳定的工作和较好的收入。这对严正荣一家好比是“及时雨”，缓解了这个家庭的困难。

去年严正荣临死前的一个星期，郭春华到严家探视，与严正荣有了一席长谈。看到严正荣对生的眷念和对家庭的放心不下，那种期盼的眼神，让郭春华感到满心酸楚。

离开严家，郭春华即刻跑到严正荣原来工作的那个单位，找到负责人，想请他们伸出援助之手，捐一点儿钱让严正荣到好一点儿的医院看病，但未能如愿，其单位给的解释是“没有先例”。郭春华又来到村里相商，结果也没能“化”到为严正荣治病的钱。

过了几天，有人告诉郭春华说严正荣走了，他立即赶到严正荣家，拿出三百元钱交给严妻，并发动周围的乡亲捐款几千元给严妻用来办丧事。随后，郭春华又前往严正荣原单位求援，单位拿出了一千八百元。郭春华和乡亲们一起将这个苦命的人安葬了……

作为一名社区民警，郭春华苦过、累过，也有过辛酸。可是如果让郭春华离开社区警务室，他还真的舍不得、离不开。因为他离不开这里的乡亲，离不开这里的一草一木。郭春华用情用爱叩开别人的心坎，也在自己的心里种下了那份眷念。社区工作尽管艰辛，但他却觉得很幸福、很享受。

作者简介：郑天枝，中国报告文学学会会员、浙江省作家协会会员、湖州市作家协会副主席、鲁迅文学院第二期公安作家研修班学员。现供职于浙江省湖州市公安局。

电影文学剧本

天堂追凶

张文潮

片头

黑幕

淡入字幕：

你所看到的永远不是真相的全部，

除非你置身于真相之外。

字迹发生了奇妙的变异：五彩斑斓的光和影与变幻莫测的团团雾霭缓慢地交织在一起，在相互倾轧的胶着中不断幻化出匪夷所思的各类图案。没有具象的内容，只有纯粹的色彩让人迷离其中。

空灵般的音乐不断强化着这组抽象集合体的幻化效果。

叠出演职员表。

随着最后一幅画面的无限伸展，浩瀚的宇宙空间瞬间映现眼前。

一团莫名的、巨大的雾状球体浮在宇宙深邃之处，宛如空中飘逸的蒲公英。它周身发出的青色光芒将周边广袤的空间显现无遗，不断有细如发丝、长短不一的各色光线快速插进雾状球体中。

一个音色深沉的无名男声（画外音）：这是一个境由心生的世界，神秘不是它的特质，一以贯之的是它蕴含的无穷变化。在这里，一切生命元素都将获得彻底解构，并最终转化成两种结果：一种由此升入天堂，一种因此堕入地狱。这里，是本质的源泉……

淡入片名：天堂追凶

第一场。某城市医院。病房内。深秋。夜。

病房窗外的雨停了。

一片挂着雨珠的梧桐叶子飘然落至窗台。

病房里，心脏监测仪显示屏里的曲线在经过短暂微弱的波动后变成了一条直线。在仪器单调的嗡鸣声中，直线无限前伸。

在这间病房里有人刚刚死去。他叫王景山，时年三十九岁，生前系某城市刑警支队重案队队长。死因为突发性心梗。

医护人员双手拉起白布蒙住王景山的全身。

凸显着王景山周身轮廓的白布渐变成一束耀眼的白色光柱，继而闪电般消失在黑暗的深处。

第二场。黑暗至极的地方。

白色至极之相就是黑暗至极的地方。

一组记录着王景山从出生到去世期间所有生活信息的画面在眼花缭乱地快速分解中，衍化成为无以数计的马赛克画面模式，直至充满整个银幕后戛然而止。突然，这些载有王景山生前信息的无以数计的马赛克变成了众多体积均匀的微型立方体。一瞬间，所有微型立方体在相互交融中升腾为一团白色的雾霭。

升腾的雾霭渐隐在黑暗、无垠的空间里。

此时，万物寂灭，万般寂静。

悠然间，在寂灭一般的静中，“真理”的声音格外清晰。

某人（画外音）：你的过去一万四千六百一十天。

音色缥缈，非男非女。

第三场。（闪回）某城市繁华大街。深秋。下午。

一架高倍双筒望远镜正在跟踪观察一个体型健壮、皮肤黝黑的青年男子。望远镜里的青年男子神情安然，除了那身式样陈旧的衣服，外人是看不出他有什么与众不同的地方的。他叫黑龙，是个身负命案的犯罪嫌疑人。

黑龙东张西望地向镜头走来。他在一家街边小店前停下脚步。

王景山（画外音）：他停下了……好像在买烟。

黑龙接过窗口递出的烟，站在原地，拆开烟盒熟练地弹出一支，接着用舌尖滑过烟身后叼在嘴上点燃，随后继续朝镜头走来。

第四场。（闪回）某城市繁华大街。面包车内。深秋。下午。

身着军刀牌休闲猎服的王景山手握望远镜，神情高度关注着眼前的景象。此时，他同两名同事段强和安子隐蔽在停靠路边的一辆很不起眼的中型面包车里，密切观察着车外远处黑龙的一举一动。一张黑龙面部特写的照片端立在驾驶台上。

王景山的话音因激动而变得有些抖动：是、是他！没错！八年了……我等了你八年！孙子，这回看你还往哪儿跑！

王景山的异样神情让车内的同事有一些担心。

安子（安慰地）：王队，别激动啊，留神你这血压。

王景山继续在望远镜里观察着黑龙的动静。

安子：我看差不多了，收吧？

王景山（画外音）：别急！等他再近些。

挂在这些人胸前的刑事警察专用警徽显示出了他们特殊的身份，他们是正在执行抓捕任务的便衣警察。

王景山放下望远镜，目光始终紧盯着车窗外的黑龙（自言自语）：来吧，亲爱的宝贝，再近些……

抓捕时机终于到来——黑龙距离车前已经不到十米了。

王景山拿起对讲机轻声下令：注意了，准备拿人。

突然，王景山的身体开始变得扭曲起来，他手捂胸口一副疼痛难忍的样子。这突然的变故令车内同事顿时紧张起来。

段强：景山，你怎么了？

安子：王队？

王景山已是脸色惨白、冷汗淋漓。他强忍疼痛，一边把对讲机交给段强，一边吃力地吩咐着：赶紧……抓黑龙！

段强赶忙接过对讲机急促呼喊：行动！行动！行动！

随着段强的话音，安子已经拉开车门。

段强放心不下已在座椅上缩成一团的王景山：那你？

王景山（呻吟地）：快、快！

段强、安子二人跳出车外，向已经近在咫尺的黑龙奋力扑去。

第五场。（闪回）某城市繁华大街。面包车外。深秋。下午。

儿组便衣警察同时向黑龙迅速围拢过去。

黑龙从惊愕中猛然醒悟过来，惊恐异常地拔腿反向奔逃。

段强边追边喊：站住！警察！

黑龙近乎狂奔起来。一个躲闪不及的行人被他推倒在地。

一名年轻的便衣警察追上黑龙，拦腰将他抱住：往哪儿跑！

黑龙顺势一个背摔轻而易举地将这名年轻的便衣警察摔倒在地，转头向十字路口奔去。在他身后是紧追不舍的以段强和安子为首的众便衣警察。

惊恐不定的行人们四散躲闪。

第六场。（闪回）某城市繁华大街。深秋。下午。

从王景山双眼紧闭的脸部特写中叠出一组熙攘人群里警匪追逃的画面。极端的静交叠着极端的动构成了这幅整体画面的主调。

便道上的一名行人被黑龙推了一个趔趄，水果撒了一地。

一辆轿车被迫急刹车，正在横穿马路的黑龙顺势从轿车前盖翻身滑过。

黑龙飞身跃过便道栅栏。

黑龙飞速穿过通向另一边街道的窄小夹道。

黑龙拼命夺路而逃，安子在其后紧追不舍。

第七场。（闪回）某城市街道。深秋。下午。

这是一条市景相对冷清的街道。人稀车少。

一名跨在摩托车上的男子单脚支地正在和身边的女友吻别。粗大的双管排气筒里“突突”地冒着青烟。

黑龙急速奔近这对热吻中的年轻情侣。在距他们一米远的地方，黑龙腾空跃起，单腿向摩托车上的男子头部凌空踹去。戴头盔男子的头部受到了从后而至的猛烈撞击，头盔前沿在一股猛烈的惯性下重重地撞在女子的前额上。两人顿时昏倒在地。

黑龙趁机夺车而逃。

安子后脚跟到。正在他焦急地举目四望之际，两名全副武装的防暴警察分驾两辆警用摩托车呼啸而至。一名防暴警察留在原地救护那对重伤倒地的情侣，另一名则载着安子循着黑龙的逃跑方向奋力追去。

第八场。（闪回）某城市立交桥下。深秋。下午。

一名中年妇女沿着匝道旁的人行道漫步前行。人行道上行人稀少。她一只手举着一根香蕉津津有味地吃着，另一只手里牵着一只腊肠犬。妇人神情悠闲。

紧挨着人行道是一片开阔的草坪，在草坪的周边地带有序排列着许多高高大大的梧桐树，树干无节直上，枝繁叶茂。越过树梢，一条从纵横交错的立交桥上蜿蜒而出的干道尽收眼底。此时，车流如梭的路面上，载有安子的警用摩托车紧紧咬在黑龙的后面。这时，两辆警灯爆闪的警车从匝道上逆向急速驶来。看得出，警方是想通过前后夹击，欲将黑龙制伏在这条路段上。

一阵手机铃声从中年妇女的上衣兜里传出。她松开犬绳，掏出手机接听电话：喂，谁呀？哟，是秦姐啊……这会儿想起我了，甭说好听的，你们不到三缺一哪儿能想起我呀……

腊肠犬独自前行，渐渐地它加快了脚步，向空旷无人的草坪跑去。

中年妇女忽然觉察到正离她远去的腊肠犬，赶忙喝止：哎、哎……团团！团团！哎，我先挂了，我们家团团跑了，这小子一见草坪就没命，我先挂了啊……团团！

正在奔窜的黑龙发现自己很快就要身处绝境，情急之下，冒死驾车从接近地面的干道上凌空越起。

黑龙猛烈异常的举动大大出乎了所有警察的意料，更让人难以置信的是，落地后的黑龙毫发未损，摩托车马力依旧。

黑龙熟练地调整好摩托车引擎，在一阵轰鸣声中向草坪方向驶去。如果他能迅速穿越草坪，将能到达另一条干道上，这将使得警方的追捕变得遥不可及。

安子已经跳下警用摩托车蹿至干道边，眼看情势急转直下，他果断地掏出手枪瞄向黑龙：今儿一定得收拾你！

黑龙已驶进草坪。

第一枪未中。

第二枪，黑龙应声倒下。

后背受到枪击的黑龙在巨大惯性的作用下，向前滚翻了十余米后仰面朝天倒毙在草坪上。在他身旁，那只腊肠犬同样静静地躺在草坪上，一摊鲜血几乎罩住了它的脑袋。

空旷的草坪上传来中年女人凄厉的尖叫（画外音）：团团——

安子面色愕然，僵立在干道边。

第九场。（闪回）某城市繁华大街。深秋。下午。

一辆急救车带着刺耳的警笛在街道上呼啸而过。

第十场。（闪回）某城市繁华大街。急救车内。深秋。下午。

王景山套着氧气面罩平躺于车内。

一名男医生正熟练地对王景山的胸部实施着电击起搏。

男医生：300 再来一次，准备！

女护士：300 好了。

男医生：开始。

嘭——

受到 300 电压电击刺激的王景山，生命体征依旧微弱。

段强、安子二人焦急地关注着抢救过程。

第十一场。某城市医院。病房外。深秋。夜。

身材娇小的王景山妻被一名年轻女警员搀扶着走出病房，悲伤的王景山妻和难过的女警相互感染着痛失亲人和战友的悲情，在互相依扶中缓缓坐在楼道的长椅上。

王景山妻的脸颊挂着泪痕，目光黯然。

年轻女警员已是泪流满面：大姐……

王景山妻没有理会女警的安慰，嗫嚅着：明天……就是他四十岁的生日……他一直想去有海的地方度一个假……

在她们身旁伫立着段强和安子，二人悲痛无语。

冷月清光。

窗台上的那片梧桐叶子被一阵轻风吹起，在空中舞动着，向画面黑暗处飘去。

第十二场。一个从来没有昼夜的地方。

一团莫名的、巨大的雾状球体浮在宇宙深邃之处，宛如空中飘逸的蒲公英。它周身发出的青色光芒将周边广袤的空间显现无遗，不断有细如发丝、长短不一的各色光线快速进出雾状球体。

淡蓝色、呈丝状气态的王景山外形与其说是飞速投向那个巨大无比的雾状球体，不如说是被一股无法摆脱的迅驰之力吸入其内。

镜头越过王景山的气态外形穿透球体表面的青色光雾，一个内存巨大空间、弥漫着紫色光芒的球体内核映现在眼前。

一块庞大的不规则形通体黑亮的巨石——黑石——幽灵般悬浮在内核空间中央处，静如处子，周身散发着诡秘的黯淡光环。

王景山的气态状外形变为一团深紫色的雾团并向庞大的黑石快速飘移过去。雾团很快渗进黑石里，了无痕迹。稍顷，凹凸不平的黑石表面，在雾团渗进的地方生出一粒植物种子般大小的深紫色晶体，犹如一粒微小的水晶，泛着幽幽的光。

半空中，一只古铜色的手臂伸向发光晶体，形如枯槁般的手指小心翼翼地摘下晶体握在手心里。握拳状的手形骤然裂变为犀利的鹰爪，与刚才的手臂相关联的其他部位在镜头的快速移动中同样发生着不可思议的裂变——最终演变为一支体积硕大的猫头鹰。在这层从来没有昼夜的空间里，它叫库奇，是个鹰头人身的异体。

库奇展开巨大的翅膀，轻缓地飞离黑石，随后加速向右上空间振翅飞去。

第十三场。三角门。

这层空间的上空到处弥漫着稀薄的雾气。雾气朦胧中，三扇形状分别为圆形、正方形和梯形的巨型之门时隐时现。库奇穿越团团雾气振翅高飞，上述三扇巨门并未使它有丝毫停留之意，它继续朝着前方飞翔着，仿佛带着某种使命执着地寻找着它的归宿。终于，它在一扇巨大无比的三角门前放慢了飞行速度。

三角门，所有人类生命体终结后的必经之门。

库奇平稳地从空中降下，折身飞进三角门里。眼前又是一个巨大的空间，光线明亮、柔和，地表平整。在地平线的尽头耸立着两座体积高大坚实的金字塔。一座呈现暧昧的灰蓝色调，叫灰塔；另一座呈现明亮的金黄色调，叫金塔。两塔并排而立，间距适中。

第十四场。金塔外。赤日。

库奇缓缓地降落在巨大的金塔下。在它落地之际，它的鹰身变异为体型健壮的男身，而它的头部依旧还是猫头鹰的鹰头。

一个有着松狮犬头人身的异体从金塔坚固的塔身内倏然渗出。它的人身同样为男性特征，同样体型健壮，清晰的肌肉线条令它充满阳刚之美。在中阴站，它叫尼罗，金塔管理员。此时，站在塔身前的尼罗眯着那对特有的三角眼瞄着库奇。

库奇向尼罗缓步走来：你好啊，尼罗。

尼罗：你好，库奇。

库奇把手里的晶体交给尼罗：这个善者的灵体一直在我手里动个不停，看来它在世间的未了心愿还不少啊。

尼罗接过库奇递来的灵体：世道难测，亦得亦失；人在海中，头出头没。

尼罗手心里的灵体在飞速旋转。

尼罗：你得去一趟中阴地看看，我想这个善者的中阴身还没有醒来，他可能有些麻烦。你要尽快帮助他脱离幻象，回到真相中来！

库奇：好吧。

库奇转身之际，重新变异为猫头鹰，展翅离去。

尼罗回身渗进塔内。

第十五场。温热带地区。海滩。日照充足的白天。

炫目的一轮光晕里，伴有间断的人声，还有模糊的人影时隐时现。

男声：我喜欢大海……我们要去……有海的地方度假……

间断、缥缈的男声里有女人的笑声，是那种喜悦的笑声。

一股轻微的、不绝于耳的嗡鸣声让仰面躺在沙滩上的王景山从深度的昏迷中渐渐苏醒过来，因受到明亮光线刺激而收缩的瞳孔也终于恢复如初。他试探地扭动了一下自己的脖颈，发觉情况还好。

王景山吃力地坐起来，那股奇怪的嗡鸣声也在他的抱头呻吟中渐弱趋无。此时，他的精神似乎好转许多，开始动作迟缓地环顾起四周的景致——碧绿的椰林、蔚蓝的海水、白色的海滩、明亮的天空。景色纯净、一尘不染，只是人烟绝迹。

王景山细细打量周围的景致。显然，他产生了许多困惑和疑虑。他下意识地抓了一把身边的沙子，结果令他大为震惊——透明的沙子瞬间穿透了他的掌心！他本能地再次抓了一把，结果同样。

王景山试着站起，感觉自己站立无碍，并无异常。他迟疑地用鞋尖滑拨起脚下的沙子，透明的沙子同样瞬间穿透了他的鞋尖！刹那间，一股莫名的惊恐感令他站立不稳。

王景山高喊：有人吗？有人吗？

没有回音，只有空寂。

忽然，王景山的身后响起库奇平静的声音：你终于醒了。

王景山惊慌回身。

半空里正显现着库奇鹰头人身的半身影像。王景山大为愕然。

库奇：你挺会选风景，可惜这里不是真相，它很快就会消失的。

王景山的神情有些迷乱：你是谁？

库奇神态平和地望着他：我叫库奇，见到我可是不太容易啊。

王景山：我……我在哪儿？

库奇：在你自己的幻化之地。

王景山：我在做梦吗？

库奇：不完全是。这里是你旧梦结束的地方，也是你新梦即将开始的地方。

王景山走近库奇，轻蔑中夹着戏谑：哼，你在胡说些什么呀！我一定是在梦里，你就是我梦里的一个怪物！嗯……你叫什么来着？

库奇：库奇。

王景山（严厉地）：你给我听好了，我不管你是人还是鬼，你听清楚了，马上从这里给我滚蛋！别再让我看见你，否则我真的会让你“哭泣”的。我可不是小孩子，而且我也不喜欢小鸟！

库奇一改刚才的平和，变得庄重起来：我是鹰。

王景山（不以为然地）：都一样！

库奇重新恢复平和之情：从现在起，你已经开始接近真相了。我们很快还会再见面的。

库奇言毕，影像随之消失。

王景山孤独地向海滩走去。

王景山无意中发觉身下无影，惶惑不解！

王景山孤独地伫立在空旷的海滩上。在他恍惚的视线里，水洗般的海平面正幻出无数明亮的光斑。光斑摇摇晃晃，最终膨化成雾，并向四周弥散开来。

翻滚的浓雾中，王景山惊恐的眼神若隐若现。

第十六场。金塔内。

塔内空间似乎无限广阔。四周上下遍布金黄色的宽大台阶，每级台阶上面排列着众多大小不一、奇形怪状、忽闪着奇异光泽的石块，大似椰子，小如鸡蛋。放眼望去，是一个光怪陆离的场景。

整个空间布局看上去恰似一个庞大的超市，各列货架纵横分明。处处金光四射的台阶使塔内蓬荜生辉，令人目眩神迷。

尼罗手托灵体来到一侧台阶前，一座形如水台的立体物拔地而起，升至尼罗腰部齐高。随后，尼罗将灵体小心翼翼地放进台面上的一个嵌孔里，台面正中随之闪现出一块发光屏幕。

尼罗专注屏幕里的画面：先是王景山的头像；继而是一组符号加数字：“∧14610＊”、“＝3”、“＋8728”、“－614”；最后是一组数字提示：“14610－3－8728－614”。

第十七场。地铁站内。深秋。夜。

王景山悻悻地走进站内。

一列列车驶进站内。

王景山探头探脑地钻进车厢，车厢里的乘客稀稀落落，他在一处角落里坐下来，眼望窗外。

列车徐徐驶离车站。

第十八场。地铁列车车厢内。深秋。夜。

车厢窗外的隧道墙壁正在飞速后移。

在车厢内明亮光线的反射下，王景山眼前的窗玻璃上映现出或站或坐的乘客影像。

正在对着窗外发愣的王景山忽然感到眼前的景象有些异样——

怎么窗玻璃上没有自己的影像呢？他晃了晃脑袋，又摆摆手，眼前的窗玻璃上——真的没有自己的影像！

王景山的身旁忽然传来一个熟悉的声音。

库奇（画外音）：你不会再看到自己的影子了。

王景山扭过身子，惊讶地发现鹰头人身的库奇正同他并排坐在一起。

库奇扭头看他，神情悠然。

王景山正了正身子，怒目圆睁地向库奇探过身子，两个异体的头几乎碰在了一起。

王景山：你到底想要干吗？你把我的大海弄到哪儿去啦？

库奇不紧不慢道：别激动。如果你运气好的话，将来你会看到比大海要好过不知多少倍的景象。由于你的善力，你已经向那里迈出了第一步。

王景山（不屑地）：是吗？你说的那地儿门票一定很贵吧？

库奇：你说得没错，而且到达那个地方的门票还不止一张，没有通票。你能获得多少张门票这要取决于你从过去世里所带来的善力，幸运的是你已经首先具备了这种善力。至于多少嘛，这要看你的造化了。

王景山：离我远一点儿，你这个怪物！

库奇：秉性用事，鬼来当家。但愿你能在接下来的有限时间里早日获得天堂之身，祝你好运！

库奇言毕消失。

王景山四下环顾。车厢里的人神情安然，或看报、或听音乐、或闭目养神……没人注意王景山以及刚刚发生的事情。

不远处，一个小女孩一直静静地注视着焦躁不安的王景山。

王景山似乎觉察到附近正有一个异样的目光投向自己。

第十九场。地铁隧道内。深秋。夜。

列车在黑黢黢的隧道内疾驶。

库奇的半身影像幻化在隧道墙壁一侧，列车从其身旁疾驶而过。

隧道尽头出现了一个圆圆的亮点。

第二十场。金塔内。

尼罗手托王景山的灵体，穿过一道无形的屏蔽，从台阶下拾级而上。一排排石块悬浮在半空中，个个静如处子，只是每个石块都通体散发着飘忽不定的紫色光点。

尼罗顺着地面上的光标在一级台阶上找到一处位置。位置上方，一个精巧的、一立方寸大小的椎体物悬浮半空，通体透亮。此时，在它上方正闪烁着一组细小的数字："14610 - 3 - 8728 - 614"。

尼罗将灵体放进椎体物内。很快，椎体物幻化为一块闪耀着紫色光芒的不规则形石块。到这个时候，王景山过去世的全部信息在这层空间里，经过黑石的转化后浓缩幻化为一粒圆润的晶体——灵体——并被储存进这块非同寻常的石块里。

出乎尼罗意料的是，融有王景山灵体的石块，其体积竟比最大的石块还要大出许多!

第二十一场。殡仪馆火化室外。深秋。上午。

门口处，众警官围拥在装有王景山遗体的灵柩旁，神色凝重。

灵柩中的王景山身着崭新警服，一面鲜艳的国旗覆盖其身。王景山妻轻吻他的额头，与他悲情诀别。

火化工人将王景山遗体推进火化室内。

不远处，王景山目光呆滞，尾随其后。

第二十二场。殡仪馆火化室内。深秋。上午。

若干火化炉靠墙一字排开。

王景山的遗体被放至二号炉前。炉顶处一行红色提示语格外醒目：正在工作。

王景山惶恐不安地踟蹰向前。

火化工人的手指按下一枚绿色按钮，一副金属支架从二号炉里徐徐伸展出来。

王景山的惶恐不安变得加剧起来。他猛烈地扑向火化工人，试图阻止即将发生的事情。火化工人的身体并无被外力所触动，继续进行着手里的作业。

王景山站稳后又扑向玻璃幕墙，从那里可以看到等候在大厅里的死者家属。他猛烈地拍打着玻璃幕墙，希冀引起妻子和同事们的注意，告诉他们——他还活着！

王景山发疯般的呼喊和拍打，换来的却是人们漠然的反应。

王景山返身疯狂地扑向自己的遗体，试图拉起“他”。

王景山的遗体穿透王景山的手指正被缓缓地送进火化炉内。

王景山穿透炉壁，试图从炉内把载有自己遗体的金属支架推向炉外。金属支架始终按既定轨道向炉内正常滑行。

王景山因绝望而恼怒异常。突然，王景山被一只弱小的手臂迅即拉出火化炉。

火化工人的手指按下一枚红色按钮。

顷刻间，王景山的遗体淹没在炉内喷射而出的高压火焰里。

第二十三场。金塔内。

王景山灵体的光泽正在逐渐暗淡下去，最终变得如同毗邻的其他众灵体一样——飘忽不定。

尼罗目光深邃。

第二十四场。墓地一隅。深秋。上午。

苍松翠柏，墓碑成林。

王景山蜷缩在地，痛苦万状。

一个八九岁模样的小女孩蹲在王景山身边，目光里流露出同情和关切。她就是那个曾经在地铁车厢里出现过的小女孩。她叫苗苗，一袭缀有流苏的淡蓝色衣裙把她装扮得楚楚动人。

王景山似乎平静了许多，他慢慢睁开眼，视线游离在苗苗的身上。

苗苗的话语里透着一股少年老成的味道：别担心，一切都过去了……你现在感觉好点儿了吗？

王景山：你是谁？

苗苗：我叫苗苗。

王景山（迟疑片刻）：是你把我带到这儿的？

苗苗点点头：当然。知道吗？刚才你很危险！那个地方的火会烧伤你的灵魂，你会伤得很重。

王景山：这儿是天堂吗？

第二十五场。殡仪馆火化室内。深秋。上午。

二号炉。

传送装置正把炉内的金属支架缓慢拉出。

支架上，一具完整的全身人骨赫然摆在上面。

火化工人又将人骨推进另一炉内。

火化工人的手指按下标有“烘干”字样的按钮。

第二十六场。殡仪馆火化大厅外。深秋。上午。

大厅外露天阳台。

安子趴在围栏上，闷闷地抽着烟，一副心事重重的样子。段强从其身后走近，与其并排站立，望着远处的松林。

安子：谢了，段哥！

段强：什么？

安子：那件事。

段强缄默不语，嘴角露出一丝诡秘的笑意。

第二十七场。（闪回）某城市。立交桥下。深秋。下午。

安子举枪愣愣地呆立在道边，身后突然传来刺耳的刹车声。

段强从警车里蹿出，奔至安子身旁。

段强压低声音急切道：鸣枪了吗？

安子没有反应，依旧目视前方，神情恍恍惚惚的。

段强有些焦急：安子！

安子从恍惚中猛然醒来，向段强乞求道：段哥……

段强：你放了几枪？

安子：两枪……都打出去了。

安子的后一句让刚刚松弛下来的段强顿时变得紧张起来：什么？两枪都打他身上啦？

安子：我、我不知道。

段强突然发现前方情况有些异常，急忙从怀里掏出一架微型望远镜仔细观察。

望远镜里清楚地显示出，在黑龙的尸体旁还有一具狗的尸体。

段强放下望远镜，迅速夺过安子手里的枪，朝空中放了一枪。

段强将枪还给安子：你是一枪打死人一枪打死狗。不过，检察院可不会认为打狗一枪就是鸣枪行为。

安子呆若木鸡地望着段强。

第二十八场。殡仪馆火化大厅外。深秋。上午。

安子帮段强点上一支烟。

安子：这件事多亏了你！

段强（淡然地）：这事就到此为止吧……黑龙背着一条人命，他也是罪有应得。

安子：只可惜王队没有看到。

段强：不过我相信，他一定会看到的。

安子扭过脸看段强，目光疑惑。

不远处，一队送葬人群缓步走过。人群前首，一只撑开的黄伞格外醒目。黄伞下，一个年轻人怀抱骨灰盒徐步前行，神色黯然。

安子出神地望着前方——骨灰盒。

安子：你说王队一定能看到？

段强吐出一个烟圈，又轻轻吹散了它。

段强：当然。

安子：一个无法证实的“当然”。

段强：也是一个不能证伪的“当然”。

第二十九场。殡仪馆火化室内。深秋。上午。

王景山妻小心翼翼地将烘干后的尸骨从脚骨开始一块块累叠在一个金属托盘里：脚骨、腓骨、大腿骨、盆骨、肋骨、椎腔骨、头骨。

火化工人接过金属托盘放在压碎机上，启动液压动力。

压碎机发出一阵细碎的压骨声。

第三十场。墓地。墓碑群。深秋。上午。

王景山跟在苗苗身后慢慢走着，一副无精打采的样子。倒是苗苗显得若无其事，身子轻巧地在碑林中穿来穿去。

苗苗：你是警察？

王景山（漠然地）：我们去哪儿？

苗苗：带你回家啊。

王景山苦笑一下，随着苗苗继续朝前走着。

苗苗：你是怎么来的这儿？

王景山：我好像是做了一个梦，梦里有一个家伙，长着一个鹰的脑袋……

苗苗：它叫库奇，这么说你的灵魂已经被它送到金塔了。

王景山不由自主地停下脚步，发起怔来。

苗苗也停下来，回身发现王景山有些异样。

苗苗（安慰地）：只有善者的灵魂才会送到金塔里。如果你的灵魂被送进灰塔里，那你可就惨了！那个塔里都是恶者的灵魂。

苗苗说完，朝王景山做出一个鬼脸。

王景山的脑海里闪过一列疾驰的地铁列车。

苗苗：你怎么了？

王景山回过神来：我，没事。

苗苗：许多人这个时候都想搞清楚一些问题，其实不用着急，我也是过了一段时间才明白了转化后的一些事情。

王景山根本没有介意她的话，只是随意地、无聊地打量着四周。

王景山：你好像对这里很熟悉？

苗苗：有一段时间，我经常在这里。

王景山有些诧异：你是说……你经常在这里？

苗苗停下脚步，回头望着王景山。

苗苗：是的，在一段时间里。

王景山：可这儿……是墓地啊？

苗苗：你想说，小孩子不应该跑到墓地里来玩儿是吗？

王景山：嗯，我是说……你应该和你的爸爸妈妈在一起。他们要是知道你在这个地方，我想他们一定会吓坏的。

苗苗低下头，表情似乎有些沉重。

王景山走过去蹲在苗苗跟前，爱怜地拉起她的小手。

王景山：你是不是做错什么事了不敢回家？要是这样，没关系，叔叔送你回家，保证你爸爸妈妈不说你，好吗？

苗苗摇头。

第三十一场。墓地。苗苗墓。深秋。上午。

王景山低着头默默地跟在苗苗身后继续前行。

苗苗在一座墓碑前停下脚步。

苗苗：我最后的家在这里。

王景山顺着苗苗的目光最终将视线停在这座墓碑上。一张相片被精致地镶嵌在墓碑上面。相片里的人物正是苗苗，一张灿烂的笑脸迎对虚空。

相片下方两侧分别镌刻两行讣文：爱女苗苗，生于 1989 年 5 月 13 日，卒于 1998 年 9 月 4 日；父沈宝泉、母吴艳蕾泣立。

王景山惊诧异常地靠近墓碑，眼睛直勾勾地盯着墓碑，之后惊恐地转向苗苗。

王景山：你是谁?!

苗苗（平静地）：和你一样。

王景山（试探地）：我、我是死了吗？

苗苗：别担心，只要你的灵魂在金塔里，就不会失去什么……你在这里的新家就要到了，就在前面。

王景山恍惚中看到前方正有一队人群默默走来，他清清楚楚地看到了走在队首的妻子及其身后的段强和安子……

王景山妻怀抱骨灰盒，表情僵硬、低迷。

王景山惴惴不安地靠近人群，不知是胆怯还是担心什么，他并没有过于靠前。苗苗乖巧地跟在他身边，不时仰起头看看他。

王景山妻低头从“丈夫”眼前走过。

一阵清风吹起王景山妻脖上的白色纱巾。纱巾遮住她的脸颊，她抬头望了一眼蔚蓝的天空，目光迷离。

一片落叶打在段强的脸上。不知何故，段强微微侧身，目光直直地投向王景山那里，好像那里有什么秘密似的。

王景山（迟疑地）：老段……

苗苗：他看不见你，也听不到你的声音。

王景山耳畔渐渐混响起嘈杂的声音，他眉头紧皱地闭上眼睛。耳畔的混音渐晰渐强——都是马路上的噪声；隐隐约约中还有人的叫喊声“行动！行动！行动……”紧接着是汽车车门滚动的滑轨声。

苗苗（画外音）：叔叔、叔叔！

王景山被苗苗唤醒。

人群渐渐远去。王景山顿时陷入无尽的失落和茫然中，一切的一切真是让他——不知所措！

第三十二场。墓地。王景山墓。深秋。上午。

崭新的墓碑前摆满鲜花。

王景山：这个家好，至少水电费省了……

碑脚下供奉着一盒已打开盒盖的香烟，三根烟被整齐地从盒内抽出半截。

香烟吸引了王景山的目光。

第三十三场。黑石。

悬浮在空中的黑石，静如处子，周身依旧散发着诡秘的黯淡光环，令人敬畏。

第三十四场。金塔内。

王景山的灵体焕发出奇异的光泽。

第三十五场。霞光普照的地域。

边城——地处天堂的边缘地带，也是善者带业往生之地。那里，终日彩霞似锦。

越过一条长长的石阶，一棵巨大的黄桷树便迎面而来。被城墙禁锢了身体的它，枝枝蔓蔓却开始自由地舒展，掩映着圆拱形的城门，一片葱郁。

倚着这片苍翠，一座纵横千里的古城开始延伸。

比肩而立、错落有致的木房子，青石板铺就的街道，一块一块拼装起来的板壁，一木一石，分分寸寸，不动声色地蔓延出古城的悠远和从容，让人恋恋不舍。

第三十六场。一间木屋内。

这是一间四周开有精致雕花吊窗的大房间，青砖墁地。绚烂的彩霞从高高的天井落下来，斜射在做工考究的画梁和光洁平整的墙壁上。

纯粹是某种罕见的、神秘的机缘巧合，黑龙已经化身为边城居民，虽然穿的还是那身式样陈旧的衣服，可却拥有了天堂之身。尽管他还不能进入天堂内城，拥有永久性的天堂之身，但却彻底脱离了中阴之身，生活得十分安逸。

从天井投下的彩虹中，显现出一个神情平淡的老者的幻象。在距离老者幻象咫尺之遥的地方，黑龙恭敬而立，身上穿的还是那身式样陈旧的衣服。

老者：你终于来了。

黑龙：爷爷，我来了。托您的福，使我有幸能够在天堂里再次见到您！

老者：你错了！不是我带给你的福，你要感谢这只狗。

团团正安静地卧在黑龙的脚下，模样还是那么憨态可掬。

黑龙低头看了团团一眼。

老者：你在世间作恶多端，理应没有往生天堂的造化，实在是机缘巧合之故。

黑龙一阵狂笑。

老者：实话告诉你吧，这里是不会成为你的久留之地的。

黑龙：您说得没错，一点儿都没错，我是不会在此久留的。这里虽说是天堂，但它是天堂的边城……我要进到天堂的内城！

老者：这是不可能的！这只狗很快就要进到内城里，一旦它进入内城，这只狗的法力马上就会从你身上消失。而后，依着你原有的恶力，你将会在瞬间被因果大力场重新送进灰塔，直至地狱。没人能救得了你！

黑龙：放屁！

团团像是被什么惊动了，直起了身子，仰头注视黑龙。

黑龙：什么因果大力场？什么善有善报、恶有恶报？全是胡扯！我是恶人？可我现在就站在天堂里，谁又能把我怎么样呢？不过，倒是有一件事您可以利用您的天堂永久之身帮帮我，请您帮我找到一个小女孩。我之所以迟迟不能进到内城里和您团聚，全是这个小女孩的前因在作怪！她就在边城里，我见过她，可一转眼就不见了。我一定要找到这个小女孩，化灭这个前因！

老者：唉，孩子，有前因必有后果。无论你在这里怎么努力，都不会改变这里的一切，更不可能重新设计前因、重新影响后果。

这里，没有选择，只有承担！

黑龙：走着瞧，我会找到她的！（转向团团）你说呢？

团团目不转睛地盯着黑龙，安静沉默。

当黑龙重新抬起头时，彩虹里的老者幻象已经不见了。

作者简介：张文潮，鲁迅文学院第二期公安作家研修班学员。2011年发表中篇小说《警长和他的哥们儿》（《啄木鸟》2011年第9期），2012年发表微剧本《巡逻日》（《啄木鸟》2012年公安文学专号）。现工作于北京市公安局东城分局东方广场派出所。

文学评论

试论警察形象的真实性

张友文

传统的文学观念强调文学是客观现实的真实反映。海德格尔认为：“艺术是现实的模仿和反映。”他的这一观点可以追溯到古希腊和中世纪的“模仿论”。而当代我国的通行说法是：文学作为意识形态，是作家对客观社会生活的必然反映，通过对生活的去粗取精、去伪存真、由表及里，使之更具有普遍性。“模仿论”也好、“镜子说”也好、“客观现实的必然反映”也好，一句话，一切文学艺术都应该按照生活的真相和本来面目加以反映，这就是文学真实性。①

但是，真正的文学真实性并不是那么简单。在新时期的历史语境下，所谓的真实性标准实际上也是糅合了诸多政治话语——判定一部文学作品优劣的“真实性”，往往首先被置于政治坐标之中予以考量，政治标准在真实性话语生产中充当着认知机制、审美体验和意义结构等多重角色，它不断地搜集、认定、筛选、组织和分配适应它需要的“真实”，确立“真实”的等级秩序并控制着“真实”的再生产。因此，新时期初期借重政治话语的规训威力，“真实”标准迅速成为衡量文学艺术水准高下的首要标准，成为一种新的文学成规和话语权威。[②]

既然文学真实性问题如此复杂，本文仅就公安题材小说中的警察形象真实性谈点浅见。本人曾在《试论公安文学及警察形象》一文中指出：许多警察在当下的文学文本中是以“他者”而存在的，是文字操作者想象中的警察形象，正如西方人眼中的中国形象一样遭到了歪曲、解构，一点也不真实。时下的流行语如是说：接地气才能有底气、有灵气，才能凝心聚力。该文主要是针对警察形象是否与现实生活相符而作，旨在向广大码字工匠们呼吁，希望他们的作品遵从列宁的现实主义文学观，尊重现实，忠实于生活的本来面目，体现出社会生活的某些本质规律，写出真实的警察（只是论及表象的真实，因篇幅所限并没有展开，也就是说并没有触及警察的灵魂深处）。如今，本文仅就公安题材小说中警察真实的心理活动展开论述，目的在于发掘人物内心深处的奥秘。

本人从事公安文学研究达十多年之久，阅读的公安题材小说颇具数量，发现一些公安系统作家笔下的公安题材小说模式化问题较为突出。譬如人民警察正在与心仪之人说悄悄话，或正在尽情地享受美食，或正在病房里侍候亲人等，突然发案了，且发了大案，他们必须赶赴案发现场，置亲情人伦于次……这些警察就像一架架不知疲倦的机器超负荷地运转，他们有家不能回、有病不能休、有情不能诉成为常态，足见公安文学作品中的人民警察不再是“完整的人”，不再是有血有肉的人，而是成了一种符号、一类工具，很大程度上被异化了。

具体到作品，可参见武和平的长篇小说《掩盖》，其中有一场刑警胡子仇金虎顾不得休息，与逃犯进行恶战的情节：“大船起火后，胡子仇金虎在海水中折腾了一夜，将近黎明时分，筋疲力尽的胡子突然栽倒，薛驰一摸他的脑袋，烫得像火一样，便命他回家休息。”胡子不情愿地返回队里，将枪锁进柜里，准备回家，没料到发现了逃犯咬子邱建设……无独有偶，张策的中篇小说《无歌之夜》中的刑警分队长东方启明要与老婆离婚，同事问是怎么回事。他说：“什么怎么回事？我知道怎么回事？我上案子了，连轴转，回不了家。那天终于抽空回去说换换衣服，她说她要离婚。”同事劝他哄哄老婆。他说：“怎么哄？警车等在楼下，去河南驻马店抓人，大家可以等，案犯也可以等吗？我只能走。她说，你走了就别回来。”又如此小说中一个更加非人道的细节：因东方启明上案子，怀孕的妻子搬粮食缸时不幸流产。再如，朱维坚的长篇小说《暗算》中的刑侦副局长李斌良离婚后，女儿跟前妻一起生活。因工作性质特殊，李斌良难得有机会与女儿待在一起。而正当他与女儿手牵手在街头漫步享受天伦之时，案子发了，他丢下女儿拔腿就追……

上述公安文学作品中的警察形象给我的感觉是不真实。文学是人学。人民警察首先是人，然后才是警察，他们也有七情六欲，也有内心的苦恼和困惑，也有心理危机。为何上述作品只写出了人民警察的“形”，却没有发掘其“神”呢？正如武和平先生在给第二期鲁迅文学院公安作家研修班学员作题名为《从作者到作家的嬗变》的学术讲座时指出的那样：“当下许多警营作家笔下作品形浅意窄、有形无魂。”

公安文学从战争文学脱胎而来，不可避免地沿袭着二元对立的思维模式，此思维模式自然形成两大语言系统，即“我军”系统和“敌军”系统。“我军”系统由一系列光明的词汇组成：英雄人物，他们通常是出身贫苦、大公无私、英勇善战、不怕牺牲、不会轻易死亡、没有性欲、没有私念、没有精神危机，甚至相貌也有规定；“敌军”系统则是由黑暗的词汇组成：反面人物，他们通常喜欢掠夺财富，贪婪、邪恶、愚蠢、阴险、自私、残忍，有破坏性和动摇性，最终一定失败……[③]

在中国现代历史上，和平年景依然沿袭战时思维的现象普遍存在。两大语言系统可以用“好人一切都好”、“坏人一切都坏”的模式来概括。此模式归根结底还是现实主义，尤其是革命现实主义或社会主义现实主义文学的主要模式。这种“我”胜“敌”败的套路在十七年的“红色经典”小说、“农业合作化”小说以及新时期的改革小说中被广泛使用，公安文学传承这一模式无可厚非。

此模式在公安文学中具体表现为正义战胜邪恶，即人民警察克服重重困难制伏犯罪分子。如此运笔彰显了人民警察忠于职守、爱岗敬业、无私奉献等美好品质，建构了人民警察崇高伟岸的形象，美哉！这些人民警察怀着对党和人民的无限忠诚，不畏艰险、不怕牺牲、顽强拼搏、勇往直前，用汗水、鲜血乃至生命绘就了一幅幅气贯长虹的英雄画卷，谱写了一曲曲感天动地的壮丽凯歌，在读者心中树立了一座座不朽丰碑，壮哉！人民警察的对立面——犯罪分子则是贪婪、自私、阴险、狡诈的，他们掠夺财富不手软，杀人不眨眼……

从文学创作的实践历史来看，创作受传统和惯例的影响是一个普遍存在的现象。韩愈钟爱先秦散文，苏东坡“最喜陶渊明”……悠久而厚重的文学传统，无疑会给后来的文学创作提供坚实的基础和深刻的启发。但是，同样关注传统的美国批评家布鲁姆则把传统视为当下创作的压力，他强调文学创作作为一种创造性的活动，其生命和发展维系于不断的创新，维系于对传统的不断超越。④

由此可见，二元对立模式化的宏大话语束缚了公安文学的生命力和创造力，并致使主流意识过于彰显，人性深度发掘不够，故警察形象显得不真实，生命力也不会久长。

儿女情长的警察

实际上，本人通过十多年对公安文学的潜心研究，发现一些公安文学作品中的人民警察形象刻画得还是比较真实，堪称“这一个”（黑格尔语），譬如胡雪梅的中篇小说《花朵》（《北京文学·精彩阅读》2011 年第 11 期、《小说选刊》2012 年第 1 期转载）中的警察刘秋生即是。

此文本以电视新闻记者吴媚的口吻叙述。她奉组织之命在自家阳台上用台里新买的高清晰度摄像机拍一个野生的菜市场，伺机捕捉城管对它突击摧毁的抢眼画面。她用心观察了几天，没等到城管，倒是亲眼目睹了一起凶杀案。镜头里凶手正举刀追杀一个人，在场的、穿着警服的、瘦削的民警却没有出面制止，反倒躲到肉案板下面的狗洞里。在这个关键时刻，一个肥胖的妇女朝凶手高喊："住手！"凶手一愣，似乎真的住手了，被追赶的那个人趁机逃了。待凶手回头时，发现了躲在肉案板下面的警察，便挥刀向他砍去，那妇女冲上去夺刀，与歹徒搏斗了几个回合后牺牲。

吴媚非常想把这个懦弱胆小的人民警察曝光，但台长不同意，说有损党和政府的形象。第二天，她得知那个见义勇为的妇女是刑警于荣光的母亲。其母亲的死就像一片树叶落地，没有在社会上引起任何反响，报纸上说她疑似"遇到拦路抢劫""被人捅死"，"警方正在寻找目击者"。

目击者吴媚因没有出面举证而良心不安，她决定找到那个胆小的警察。事情就这么巧，她外出采访时看到一个男人正在对躺在地上的老人施救。他不惧老人的呕吐物，对老人进行嘴对嘴人工呼吸。等到看清那个好心人时，吴媚才发现，他正是她努力寻找的警察——刘秋生。她当众掴了他一耳光以解心头之恨，抱着老人的刘秋生并没有还手，还对她说"对不起"，因为他心里有愧。在医院里，吴媚听急诊部主任说，这个老人是刘秋生救的第六个人，刘秋生还有个患白血病的女儿朵朵正在医院12楼住院。吴媚从朵朵口中得知了刘秋生的许多英勇壮举，朵朵还说他经常给自己输血，并鼓励她坚强地活下来。

吴媚与刘秋生对话，满脸羞愧的刘秋生说当时自己没有与犯罪分子进行殊死搏斗，不是贪生怕死，他苟活着是想用自己的血延长女儿的生命。自从那件事发生之后，他再也没有脸穿警服，良心的拷问一直使他深受谴责，日夜不安。

吴媚弄清事情原委后，决定通过新闻媒体的力量呼吁人们来关心朵朵。随即，市民们自告奋勇地为朵朵献血。刘秋生磕头谢恩，向献血者谢恩，同时也是谢罪，向英雄于荣光及其母亲谢罪。白血病属不治之症，哪怕市民献的血再多，也不能挽救朵朵的生命。朵朵最终还是走了，警察刘秋生随即从 12 楼跳楼自尽。

我以为，刘秋生这个警察形象可用“刻骨铭心”来形容。他的忏悔意识不言而喻，此意识乃是文学获得人性深度的一种精神力量。“单纯以人性善来解释人的行为容易使作品流于肤浅，而单纯以人性恶来解释人的行为则容易减弱作品对现实的批判性并丧失文学的理想色彩。通过揭示心灵世界的冲突以及这种冲突所包含的丰富性和复杂性来说明人的行为和以此为基点来说明世界，则会显得更加深刻。”⑤

刘秋生为了女儿朵朵“苟且偷生”，这是真实“小我”的流露；而身着警服又需要他担起“大我”。刘秋生内心深处的“小我”与“大我”之间的搏斗就是一颗“受难的灵魂”（胡风语）在“燃烧”、“蒸沸”。刘秋生这个人物形象不是用好坏、善恶、美丑可以界定的。他在关键时刻退缩，从国家利益和警察职责来说，他是失职的，是丑的，甚至说是恶的，但是从伦理道德的眼光来看，则是善的行为，是他重父女情的表现。正如“关羽在华容道放走了敌军之首曹操，这在政治法庭和军事法庭中无疑是恶，是叛变行为，但是，在道德法庭面前，这又正是关羽不忘曹操往昔的知遇之情而表现出来的一种道义力量，它又是善的。”⑥

德国物理学家海森堡从量子力学的普通定律推导出来的“测不准”原理同样适用于对人民警察刘秋生的测量。人性是复杂的。法国狄德罗说：“人是一种力量与软弱、光明与盲目、渺小与伟大的复合物，这并不是责难人，而是为人下定义。”因此，我们不应当以牛顿式的决定论和线性的因果论来评判刘秋生身上的善恶、美丑现象，而是应该借助“测不准”原理来分析这个警察人物，由此才会发现他是一个复杂的组合体，是真实可信的。

左右为难的警察

再看看劳美的中篇小说《笔录》（原载于《广州文学》2007 年 10 期、《小说选刊》2007 年 11 期）。刑警队长新好与老婆离婚后，心情郁闷，但还是一心扑在案子上。自从接手一位年轻女性被杀案之后，“眼前晃动的又是那具血淋淋的女尸，皮肤白皙光滑的女尸”。加之所食酒精的作用，他便不由自主地跟在“一个穿着短裙身材亭亭脸蛋俏丽的女孩儿”身后，身体的器官也不由自主地膨胀起来。这是弗洛伊德的性心理在作怪。尾随着漂亮女孩的新好甚至产生了实施犯罪的肮脏念头，这都是人性的真实写照。俗话说：“百善孝当先，论心不论迹，论迹贫家无孝子；万恶淫为首，论迹不论心，论心天下无好人。”警察首先是人，然后才是警察。

人性与神性只有一步之遥，正如冰毒与麻黄也只有丁点之差。新好有贼心，却没贼胆。他错过了“勇敢”下手的大好机会，却让刘蓓的弟弟抢了先。于是，刚刚还有过龌龊心理的新好反倒有了从天而降的表现自我的机会，第一时间将刘蓓的弟弟逮了个正着。紧接着连那个无线索的女尸案也一同带破了。如此神速地破案，天下少见，领导高兴、同事羡慕、新好得意。局长欲给新好记功，要他准备先进事迹材料，还让他做好巡回演讲报告的准备。如果没有意外，按如此逻辑发展下去，新好的未来一片大好，他的心情自然也是无比欢愉。

正当新好沉浸在对美好光明前程的遐想之中时，局长的一句“有没有减轻或者从轻的情节?”把他给问懵了，让他费神思考半天也不得要领——局长话中有话呀。这话还未弄明白，又遇美女请自己吃饭。

肚子正在唱空城计的新好刚一出办公楼就碰见了“身材高挑面目清秀的”刘蓓。谁知她是守株待兔、有备而来。她抓住历史性机遇，在新好面前大献殷勤，并略施小技，就让新好稀里糊涂地接受了自己的吃请。

"世上没有免费的午餐"，"男人好吃就欠账，女人好吃就上当。"刘蓓请新好吃饭自然是有要事相求。新好酒醒之后，刘蓓将真实用意和盘托出。"新好，我从没想到事情会是这个样子，我舅舅和你们局长很熟，他找过你们局长，你们局长说，他管不了，只有一个办法，那就是我弟弟要有自首坦白的情节，可这些操作权都在你手里。新好，不管你怎么想我，可我在这个世上只有我弟弟一个亲人了，他不争气，他伤天害理，可我想救他一命，我有错吗?"一个弱女子为其弟弟求情保命确在情理之中。可是对于一名警察来说，这事就有些为难了。

局长说过，"一定要做到事实准确无误，对双方当事人负责，对法律负责，对我们的整个政法工作负责"。局长又说，"昨天，有人给我打电话，咨询这个嫌疑人能有多少可能性活命，我干脆地说我管不了，我们只能以完整的客观事实为依据，向检察机关报送有关材料，我说我也不能过多地用行政权力介入刑警队内部的工作。你不知道啊，新好，后来，这人都跑到我家里去了，我二话没说就把他们轰走了。我说，这事你千万别再问我，我这局长的权力有限。多年的老朋友了，唉，新好，做人真难啊!"局长说着，脸上呈现出无奈的表情。

面对刘蓓的请求，新好左右为难。除此之外，他还不知如何裁剪、增添自己的演讲报告材料，便向局长诉苦："我也不知该怎么写，写实在的，我没有多少事迹，写虚的，我又不会。""局长又意味深长地拍拍新好的肩膀。新好觉得局长的手很有力量。"加之"吃人家的嘴软，拿人家的手短"，聪明的新好似乎茅塞顿开，便开始精心运作，准备在笔录（有关刘蓓弟弟的口供）上"做手脚"，并将检察院、法院的朋友邀到一起，仔细地商讨对策，即群策群力，一起就如何才能让刘蓓弟弟免死想办法。

酒过三巡，事情也似乎摆平了。他给刘蓓打电话，让她来买单。刘蓓来后说了这么一番话："新好，现在，我收回我对你的无理要求，你该怎么做就怎么做，不要因这件事犯错误。弟弟他做伤天害理的事，理应受到该得到的处罚，就算我失去了他，我也已经对得起死去的父母，我也对得起他了，我不能让你因这件事犯错误，我不能在失去弟弟的同时，再害了你。新好，把这次请人吃饭的账结了，收回对人家所做的请求。我要你继续做个好警察、好男人。”

刘蓓的醒悟也促使了新好心理上的转变。“新好心想，我现在还是好警察好男人吗?”像这样的句子在文中多次出现，正是写出了新好内心的搏斗，直抵“受难的灵魂”和“满身带着精神奴役的创伤”，揭示了沉重的“精神上的积压”（胡风语）。

但是，刘蓓的一番劝说并没有让新好彻底地醒悟，他还是到看守所去将那份笔录重做了一次，并将这份新笔录给局长送去。“新好起身要离开时又看了一眼局长桌上的那份案卷，他下意识地用垂着的右手摸了摸裤子口袋，口袋里装着那份原始笔录，还有另外一份这个案卷的报告。”这个下意识的动作说明他的良知尚未泯灭，内心还在挣扎不已。

“自昨天以来，围绕着刘蓓弟弟的‘死和活’的问题，他始终在作着激烈的心理斗争，烦躁、焦虑，时而兴奋，时而忧郁，的确让他这个十几年来只一心用在奔波和破案上的一个心思的人大伤了脑筋。”这是正义与邪恶在大脑里打架，正像他所租房子对面的一对夫妻吵架一样。他听清了，那对夫妻争吵的事由是因刘蓓弟弟杀人而引发的。被害人母亲“死了闺女，身边这回连个说话的都没有了”。男人在诉说，“我是她亲侄儿，今儿个她非要我带着她去公安局，我说您去又有什么用，人都死了，公安局见这事见得多了，罪犯该怎么判人家自己会主持公道的，这是死人的案子，没人敢走后门，那小子死定了，人家警察不跟您说了吗，百分之九十九得判死刑。可老人就是不干，我只得打个的带她去了。可倒好，我上班晚了俩钟头，一进门组长就告诉我，刚才厂领导来检查，你那台机器工作着没人盯，一问也没请假，当即就宣布让你下岗。我找厂领导说明原委，人家说，这是规定，严重违反工作规定，就得下岗。你们说，现在的人真是一点人情都不讲了，我在那工厂干了二十年啊，说让我走人就是一句话。”天呐，正义何在？天理何在？“新好直觉得自己的心在发紧，抽搐。”他流泪了。是为下岗者？还是为受害者的母亲？说不清。新好的怜悯、同情之心在彼刻刻画得异常深刻和真实。他想，连人民警察都不去主持正义，这个社会将是什么样子？一番痛苦地心理斗争之后，新好还是决心把原始笔录交给局长，并附上了检讨书。

显而易见，新好和刘秋生一样，心灵煎熬非同一般。面对局长的暗示和美女的请求，新好进退维谷，其心理活动有开端、发展、高潮和结局，有顺向的延伸和逆向的倒转，时而理性占上风，时而感性占上风，情感和理智一直在他大脑中打架。换言之，在新好内心深处，有崇高的一面，也有鄙俗的一面；有阳刚的一面，也有阴柔的一面。但经过一番激烈的心理搏斗后，他最终还是坚守了道德底线，可喜可贺！

由此可见，《笔录》和《花朵》打破了我国古代小说“叙好人完全是好，坏人完全是坏”[7]的性格单一化的传统格局，大胆表现了“美恶并举”[8]的性格的丰富性。正如高尔基所言：“人们是形形色色的，没有整个是黑的，也没有整个是白的。好的和坏的在他们身上搅在一起了——这是必须知道和记住的。”[9]

刘秋生和新好两位警察的人格中有崇高的一面，也有卑下的瞬间，如前者为了女儿而苟延残喘，后者因接受美女吃请良知曾一度泯灭，这就是普通警察的真实写照。警察首先是人，也有喜怒哀乐。如果神性偏多，过于彰显“崇高”之类的品格，意识形态宣扬就过于直露；如果人性比例过大，又会与人民警察这一身份不相匹配。《花朵》与《笔录》则恰如其分地拿捏了人民警察形象中神性与人性的“黄金比例”。

法国罗曼·罗兰在《约翰·克利斯朵夫》的扉页上写道：“真正的光明绝不是永没有黑暗的时间，只是永不被黑暗所淹没罢了；真正的英雄绝不是永没有卑下的情操，只是永不被卑下的情操所屈服罢了。”那么，回望《花朵》与《笔录》两文，我们会发现警察新好、刘秋生也是英雄，且是真实的英雄。

大义灭亲的警察

丹麦著名的文学理论家勃兰兑斯说："文学史，就其深刻的意义来说，是一种心理学，研究人的灵魂，是灵魂的历史。"

对于人的内心世界是不是重视，主要取决于社会文明的发展程度如何，取决于社会的体制、机制如何，取决于社会对人、对人性的尊重与否。在中国古代秦汉以来的多数时间，在欧洲漫长的中世纪，人的思想情感受到儒家的义理或基督教教义的压抑，人们很难去正视自己真实的内心，从而也就很难去体会别人的心灵深处。[10]

《庄子》早就有言："中国之君子，明乎礼义而陋于知人心。"随着时代的发展和社会的进步，如今小说已经开始由"外"向"内"转。何顿的中篇小说《青山绿水》(《花城》2012 年第 4 期、《中篇小说选刊》第 5 期）即是明证。窃以为这是一篇非常有厚度、有深度、有广度的公安题材小说。因为它写活了人物，写出了真实的人民警察，且直抵人物的内心深处。

当这篇小说新鲜出炉时，诸多评论家皆围绕该文本中的女性主人公杨小玉做文章，说她心灵多么的纯洁、心地多么的善良，甚至把她比作莫泊桑笔下的羊脂球；还有评论家就小说题目说开去，说它富有象征性、隐喻性……而我特别想就男性主人公黄志说几句。

人民警察黄志生活得很不容易。不仅仅是家里年迈的老母和患智障的弟弟毛坨给他带来巨大的经济压力，更有其他方面的烦恼，即思想上的压力。借用他自己的话说："我觉得毛坨这一世挺好，把烦恼都交给了别人。就算母亲走了，我不在了，还有社会福利院能保他最基本的吃饭穿衣，所以他比我幸福，不像我，心里总有一些东西放不下，名誉啊、道德啊、升职啊、爱情啊，等等，因而烦恼、怅然、痛苦什么的。"其实，黄志自己能说出的痛苦就不算痛苦。如果算痛苦，也只能说是共性的，一般人也有。如今，我要从小说中挖掘黄志自己没有说出的内心煎熬。只有这样，这个人物才不负"这一个"的光荣称号。

随着时间的推移和情节的推进，黄志的精神压力是愈来愈大。其家境贫寒，父亲因病走得早，得益于叔叔的慷慨解囊才顺利地完成中学和大学学业，最终成为一名基层派出所警察。不用说，他能穿上官衣，与叔叔的鼎力相助分不开，叔叔的确有恩于他，是他的大恩人。但是，在性命攸关的关键时刻，他却亲手击毙了叔叔。用传统话语来形容他的行径就是“大义灭亲”，用时髦的主流意识话语来说就是彰显“忠诚”（人民警察核心价值观之一）意识。等到申请调到驼峰山派出所之后，黄志并没有因叔叔的事件心灰意冷，而是依然尽忠职守、严格执法，对偷木盗林者严惩不贷。

我以为，好的文学作品应与主流意识保持一定距离。如果相处太近，就有讴歌主旋律之嫌。于是在此我不想一味地用宏大话语来解读黄志这个人物，而是重在深入发掘其丰富的内心世界。

小说通过第一人称“我”来叙述故事，开篇伊始就说黄志家穷，穷得不得了，甚至到了“举家食粥酒常赊”的地步，因叔叔的资助才让他拥有了当警察这么个铁饭碗。如此黄志对叔叔是不是俯首称臣、毕恭毕敬呢？非也。对于叔叔的所作所为，他还是颇有微词。譬如叔叔要求他去给新婶婶——年轻的大寿星祝寿，他就非常不情愿，毕竟旧婶婶尸骨未寒。不过出于多方面的考虑，他还是硬着头皮去参加了。再如，叔叔因赌博被派出所同事们抓了，他不但不配合警察接受调查讯问，还嚣张得不得了，让黄志在同事及领导面前抬不起头来。为此，黄志也是满心不满。

后来，黄志竟亲手把叔叔——大恩人给枪杀了，把自己所倚靠的大树给放倒了。走笔至此，黄志这个人物“受难的灵魂”和内心的“搏战”（胡风语）就给淋漓尽致地揭示出来了。原来是叔叔现场捉奸，毫不犹豫地杀死了新婶婶的皮绊，然后手持凶器一步步地向新婶婶逼近，欲置她于死地。在这千钧一发的时刻，黄志赶到，在警示无效的情况下向叔叔开了枪。

事发后，流言四起，“有人说我喜欢上了只比我大两岁的婶婶，趁着这个机会一枪击毙了叔叔。另一个版本说得更离谱，说我和婶婶合起来贪叔叔的财，那个电视台的男人是我和婶婶做的套。还有一个版本说得也没边，说我大义灭亲是为了升官发财。街上的人，在我背后指指点点。”是的，恩人被自己置于死地、后台被自己撂倒，黄志本来就良心不安、痛楚万分，而漫天的流言蜚语更如雪上加霜，他可谓万箭穿心。这是非同一般的内心煎熬，只有身为人民警察的他才能深切地体会并默默地承受。小说的可贵之处在于作家并没有详细地描绘黄志这个人物复杂的内心世界，黄志本人也鲜有言语道出，我们读者只能凭借想象得之。这些空白的存在使文本具有了一种特殊的动力性和开放性，文学性大增。

其实，小说还有一条以杨小玉唱主角的线索，那就是黄志与杨小玉之间的情感纠葛。黄志爱杨小玉，杨小玉也爱黄志，二人两情相悦，相得益彰。杨小玉清纯、可爱、善良、美丽，对待黄志母亲和他的智障弟弟毛坨，态度都十分友好，乃至于毛坨都很喜欢她。如果小说按理性逻辑往前推进，杨小玉和黄志的生活应该会很幸福。可是，生活的幸福不能长久，黄志的大学同学向他道出了杨小玉曾经有过做小姐的历史，他们俩的幸福生活从此被打破。杨小玉曾经做过小姐的历史对黄志的精神世界产生了毁灭性的打击。尽管后来他们离婚了，但解除婚姻关系并没有从根本上解除黄志的精神苦闷，反而使他陷得更深且难以自拔。特别是当他身处僻远的驼峰山派出所，越发思念杨小玉，忏悔之情及思念之情相交织，再加之对叔叔的愧疚心理，自然造成了他沉重的“精神上的积压”（胡风语）。

话又说回来，人民警察黄志的灵魂深处还不是陀思妥耶夫斯基作品中的那种“旷野的呼号”，即不是纯粹形而上层面的灵魂的呼号，而是与现实土地紧贴在一起的，被现实风雨打击得遍体鳞伤的显得粗糙的灵魂的呼号。但这也符合中国国情，彰显了中国作风和中国气派。

《笔录》《花朵》和《青山绿水》或多或少超越了阶级政治的界限，让正义、良心的判断建立在人性之美丑和人道之有无的视角上，从而使得这些公安题材作品超越历史和时代的可能，更能引起读者心灵的震撼。这些文本之所以能产生如此强烈的审美效果，是因为其中的警察形象非常真实，特别是他们的心理非常真实。

列宁强调的现实主义真实性，除了前面所说的忠实于生活的本来面目之外，他还注重生活细节的真实、具体、生动，富有生活气息，注重心理感受的真实。所谓心理感受的真实，即在艺术创造中，在对外部世界获得独特感受的同时，还必须深入人的心灵世界，挖掘人物内心深处的奥秘。[11]“如果说马克思、恩格斯的文艺真实观，突出的是细节与本质真实的有机统一，那么列宁在新的时代，及时地吸取了心理科学所提供的最新成果和文学创作所取得的最新成就，对文艺作品的真实性提出了‘感受真实’的新要求。”[12]

总之，本文所引用的三篇公安题材小说基本上都能够做到“挖掘人物内心深处的奥秘”，遵从列宁的现实主义文学观，故而其间的警察形象饱满且接地气，也就显得比较真实。

注释：

①黄国荣：《文学的真实性及其他》，载《文艺报》2013 年 9 月 30 日。

②李明彦：《从“真实性”到“人性”：新时期文学话语类型转换的逻辑考察》，载《文艺争鸣》2012 年 8 月号。

③陈思和主编：《中国当代文学史教程》，复旦大学出版社 1999 年版。

④王先霈、孙文宪主编：《文学理论导引》，高等教育出版社 2005 年版。

⑤刘再复、林岗：《罪与文学》，中信出版社 2011 年版。

⑥刘再复：《性格组合论》，安徽文艺出版社 1999 年版。

⑦鲁迅：《中国小说的历史的变迁》，见《鲁迅全集》第九卷，第 338 页。

⑧鲁迅：《小说史大略》，见《中国现代文艺资料丛刊》第四辑。

⑨高尔基给马·加·西瓦齐夫的信，见《文学书简》，人民文

学出版社。

⑩王先霈：《文学文本细读讲演录》，广西师范大学出版社2006年版。

⑪张玉能：《马克思主义文论教程》，华中师范大学出版社2005年版。

⑫《马克思主义文艺理论发展史》，中国文联出版社2001年版。

注：此文系湖北省教育厅人文社会科学研究项目（项目编号：2012G129）

作者简介：张友文，自号功不唐捐斋主，笔名碰乡、永伏，全国公安文化理论研究专业委员会（协会）理事、中国人民公安大学公安文化研究所特聘研究员、鲁迅文学院第二期公安作家研修班学员，公安文学推介者、公安文学言说者。出版三部公安文学评论专著：《点击公安文学》（全国首部公安文学评论专著）、《聚焦公安文学》（湖北警官学院院级重点项目）和《盘点公安文学》（2011年湖北教育厅人文社科项目）；主办公安文学网：http：//www. lib. hbpa. edu. cn/；http：//youwen2039. blog. 163. com/现供职于湖北警官学院。

后　记

在公安部党委和全国公安文联领导的亲切关怀下，在鲁迅文学院领导的特别关爱下，我们来自全国的五十名公安作家于 2013 年 10 月开始，在北京参加了为期四个月的鲁迅文学院第二期公安作家研修班的学习。

这是一次难得的追梦之旅，这是一段今生也难以忘怀的光阴。也许未必每一位朝圣者都能修成正果，但这一次朝圣却让我们经受了心灵的洗礼，完成了一次内心真切的涅槃。这一段光阴是这样的弥足珍贵，每一寸的移动，都凝结着师长的期待、手足的深情和我们虔诚的敬仰！

我们的梦，在鲁院开出了绚丽的花朵。

为了报答，我们以作品集结。这些作品可能还不很成熟，但却是我们庄重的汇报。

感谢鲁迅文学院、全国公安文联和群众出版社对我们这个作品集的出版给予的大力支持，感谢中国人民公安大学在我们学习进修期间提供的悉心关照。

这本书是全体学员集体智慧和汗水的结晶。小说部分由纪富强、张遂涛、崔楸立编辑，散文部分由张新军、韩伟林编辑，诗词部分由苏雨景、关长安、郭文芳、王皓琳、郑天枝编辑，报告文学部分由王玉山、张和平、毛永温编辑，电影剧本和文学评论部分由张文潮、张友文编辑。杨素宏、李万军负责本书的后期宣传策划。逯春生、王际源作为执行编辑，完成了本书的统稿工作。

集结是为了出发。带着恩泽和感动，我们依依不舍地告别了这一段光阴。我们还会带着更大的热情和坚韧，去追寻我们的梦想，以不负重托与期待。

水平有限，加之时间仓促，集子中存在的错讹不足，请见谅。

鲁迅文学院第二期公安作家班全体学员

二〇一四年二月